Johannes Müller-Salo
Auf Achse

Johannes Müller-Salo, Dr. phil., Jg. 1988, arbeitet als wissenschaftlicher Mitarbeiter am Institut für Philosophie der Leibniz Universität Hannover. Dort forscht er zu Problemen der praktischen Philosophie, insbesondere zu den Themen Alltag und Stadt sowie Klima und Digitalisierung.

Im Reclam Verlag erschienen *Klima, Sprache und Moral. Eine philosophische Kritik* (2020) und *Offene Rechnungen. Der kalte Konflikt der Generationen* (2022), sowie, als Herausgeber, *Gewalt. Texte von der Antike bis in die Gegenwart* (2018, Neuausgabe 2023).

Johannes Müller-Salo

Auf Achse

Arbeit, Wohnen und die
Zukunft der Mobilität

Reclam

Der Verlag behält sich die Verwertung der urheberrechtlich geschützten Inhalte dieses Werkes für Zwecke des Text- und Data-Minings nach § 44b UrhG ausdrücklich vor. Jegliche unbefugte Nutzung ist ausgeschlossen.

2025 Philipp Reclam jun. Verlag GmbH,
Siemensstraße 32, 71254 Ditzingen
info@reclam.de
Umschlaggestaltung: Kosmos Design
Umschlagabbildung: picture alliance / imageBROKER / Stefan Ziese
Druck und buchbinderische Verarbeitung: Friedrich Pustet GmbH & Co. KG,
Gutenbergstraße 8, 93051 Regensburg
Printed in Germany 2025
RECLAM ist eine eingetragene Marke
der Philipp Reclam jun. GmbH & Co. KG, Stuttgart
ISBN 978-3-15-011504-6
reclam.de

Inhalt

1. **Eine ungeliebte Notwendigkeit** 7
   Vom Leben an zwei Orten 8
   Ausgependelte Anerkennungsordnungen 12

2. **Als die Menschen pendeln lernten** 16
   Die Rhythmen von Leben und Arbeit 16
   Pendeln als Produkt der Industrialisierung 19
   Mit dem Haus aufs Land – mit Bus und Bahn in die Stadt 23
   Gleichheit auf vier Rädern: Fahrzeuge und Fahrzeugklassen 32
   Der Siegeszug der Eisenbahnen 37
   Bahnpolitik als Sozialpolitik 39

3. **Pendeln zwischen Armut und Achtung** 44
   Distinktion und Wertschätzung 45
   Von Schienen und Straßen 49
   Die Durchsetzung des Autos 56
   Anerkennungspolitik: Autopendler – und alle anderen 60
   Mobilitätsarmut 64

4. **In die Städte pendeln: Entfernung und Erwärmung** 71
   Die Klimakrise als Pendelkrise 75
   Wer pendelt, ist auch Mensch: halbierte Anerkennung 80
   Recht auf Stadt = Recht auf Parken? 84
   Eine kurze Geschichte des Fahrrads 90
   Dem Pendeln ein Ende machen 95

5. **Mein Auto, unser Bus und eure Bahn. Pendeln als Kulturkampf** 103
   Ein Highway ist die Freiheit 104
   Gesellschaftlich geplante Vorfahrt 113
   Die autogerechte Stadt 124
   Mobile Gleichberechtigung 132

6. Pendeln als Schule der Demokratie 141
   Beobachtung und Auftritt im öffentlichen Raum 141
   Bahnen als Bühnen 147
   Vielfalt will verteidigt werden 150

7. Alltag in der pendelnden Gesellschaft 161
   Stadt, Land, Work 161
   Das Pendeln der anderen. Die übersehene
   Haus- und Sorgearbeit 169
   Verdoppelte Leben 175
   Die Schönheiten der Strecke 180

8. Missverstandene Befreiung. Die Zukunft
   des Pendelns 187

Anmerkungen 191
Literaturhinweise 208
Dank 215
Personenregister 216
Sachregister 218

1.
Eine ungeliebte Notwendigkeit

Wir leben in einer pendelnden Gesellschaft. Bewusst wird uns das meist nur im Berufsverkehr. Vor dem ersten Kaffee im Büro oder dem ersten Handgriff an der Werkbank beginnt der Tag mit Stop and Go. In großen deutschen Städten verbringen Pendlerinnen und Pendler während der Rushhour zusammengerechnet mehrere Tage pro Jahr im Stau. In Nürnberg waren es 2023 durchschnittlich 53 Stunden, in Aachen 54, in Hannover 57, in Leipzig 65 und in Hamburg sogar 74 Stunden.[1] In anderen Ländern sieht es nicht anders aus. So summierte sich 2023 die Stauzeit von Pendlerinnen und Pendlern in Helsinki auf 62 Stunden, in Marseille auf 68, in Warschau auf 96 und in London auf ganze 143 Stunden.[2]

Auch viele Busse bleiben im dichten Verkehr hängen. Und die Deutsche Bahn setzt mit der Idee einer »15-Minuten-Pünktlichkeit« ihre ganz eigenen Maßstäbe. In der offiziellen Verspätungsstatistik des Konzerns wird in dieser Kategorie die Ankunft eines Fahrgastes als pünktlich gewertet, wenn die planmäßige Ankunftszeit um weniger als 15 Minuten überschritten wurde.[3] Im Jahr 2024 erreichten den Zielwert der »15-Minuten-Pünktlichkeit« im Fernverkehr nur zwischen 55,3 Prozent (Juni) und 72,1 Prozent (Februar) aller ICEs und ICs.[4] Die Zahlen bleiben selbst dann schlecht, wenn man der Bahn ihr dynamisches Pünktlichkeitsverständnis durchgehen lässt.

Doch Pendeln ist weit mehr als nur Berufsverkehr. Darum geht es in diesem Buch. Der tägliche Weg wird in der pendelnden Gesellschaft zum strukturierenden Prinzip. Weil unsere Gesellschaft ohne das Pendeln nicht funktioniert, zeigt sich in der Analyse des Pendelns, wie unsere Gesellschaft funktioniert. Am Pendeln hängt die Verkehrswende, ohne die es keine klimaneutrale Gesellschaft geben wird. Pendelströme erzählen von den wirtschaftlichen und gesellschaftlichen Strukturen im Land: Wo ballen sich die Arbeitsplätze, wo wohnen wir – und warum wohnen wir nicht dort, wo wir arbeiten? Können Menschen die Zentren gut erreichen oder lohnen sich die langen täglichen Fahrten nicht mehr? Drohen den Städten gerade jene Menschen auszugehen, die den täglichen Betrieb am Laufen halten, in den Kitas oder in den Geschäften? Wie zeigen sich Reichtum und Armut im Unterwegssein, wer hat viele Wahlmöglichkeiten, wem bleiben nur schlechte Optionen? Wie begegnen wir uns im täglichen Verkehr in einer Gesellschaft, in der Begegnungen zunehmend rar werden? Wie verändert die Digitalisierung das Pendeln und damit das Verhältnis von Stadt und Land? Der Fragenkatalog ließe sich weiter ergänzen. Pendeln birgt ein großes Potential, wenn es darum geht, gesellschaftliche Strukturen der Gegenwart zu durchleuchten.

Vom Leben an zwei Orten

Im Jahr 2022 pendelten 60 Prozent aller in Deutschland sozialversicherungspflichtig Beschäftigten, insgesamt 20,3 Millionen Menschen.[5] Was aber verstehen wir unter Pendeln? Hierauf lassen sich im deutschen Kontext verschiedene Antworten geben. In der gerade erwähnten Statistik gilt als Pendlerin, wer auf dem Weg zur Arbeit die Grenze der eigenen Gemeinde überquert. Die landläufig als »Pendlerpauschale« bezeichnete Entfernungspauschale hingegen wird allen Arbeitnehmerinnen und Arbeitnehmern ab einem Kilometer Entfernung zwischen Wohnsitz und Arbeitsstätte und unabhängig vom genutzten Verkehrsmittel gewährt. Der »Pendleratlas« der Bundesagentur für Arbeit wiederum stellt umfangreiche Daten zur täglichen Mobilität bereit, wobei diejenigen registriert werden, die auf dem Weg zwischen Wohnsitz und Arbeitsort die Grenze eines Kreises beziehungsweise einer kreisfreien Stadt überqueren.[6]

Es gibt einen Unterschied zwischen Menschen, die pendeln, und Menschen, die »nur« zur Arbeit fahren. Wer eine Gemeindegrenze überquert, mag zwar in der Statistik als Pendlerin auftauchen. Doch Menschen, die in unmittelbarer Nachbarschaft zu einer solchen Grenze wohnen und morgens bequem in zehn Minuten mit dem Rad ihren Arbeitsplatz in der nächsten Kommune erreichen, würden sich vermutlich mehrheitlich selbst nicht als Pendlerinnen oder Pendler bezeichnen. Ein weiteres Problem ergibt sich mit Blick auf Großstädte, wie die Daten zu Hamburg oder Berlin vor Augen führen: Laut dem »Pendleratlas« waren 2022 in Hamburg 18,4 Prozent sowie in Berlin 14,4 Prozent der sozialversicherungspflichtig Beschäftigten Pendlerinnen und Pendler.[7] Das bedeutet konkret: Sie arbeiten an Orten außerhalb Hamburgs oder Berlins, überqueren auf dem Weg zur Arbeit die Grenzen der Städte. In der Statistik nicht erfasst sind damit die vielen Menschen, die *innerhalb* der Städte auf dem Weg zur Arbeit lange unterwegs sind, sei es von Harburg nach Altona oder von Köpenick nach Charlottenburg. Um über soziostrukturelle und kulturelle Konsequenzen des Pendelns nachzudenken, sollte man sich also besser nicht zu abhängig von den geschilderten formalen Definitionen machen. Wer in wenigen Minuten an seiner Arbeitsstätte ist, auch wenn sie in der nächsten Kommune liegt, ist nicht wirklich eine Pendlerin – und wer eine Stunde mit dem Auto oder dem Bus in einer Richtung unterwegs ist, pendelt auch dann, wenn er dabei das Stadtgebiet nicht verlässt.

Unsere pendelnde Gesellschaft beruht auf dem *Grundprinzip der klaren räumlichen Trennung von Wohnort und Arbeitsstätte*. Unter Arbeitsstätte ist dabei zunächst der Ort der *Lohn*arbeit zu verstehen, auch wenn dies eine in vielen Hinsichten problematische Verkürzung ist, wie sich noch zeigen wird.[8] Wer pendelt, bewegt sich dauerhaft zwischen zwei deutlich voneinander getrennten Orten mit je eigener Identität hin und her. Dabei sind beide Orte dem Pendler bestens vertraut. Er besitzt hier wie dort, was Quill R Kukla in der Philosophie der Stadt als *Territorium* bezeichnet:

> Das Territorium bezeichnet einen Raum, in dem eine Person Autorität und raumbezogene Handlungsmacht besitzt – sie gehört in einem umfassenden Sinne in diesen Raum. [...] Die Aneignung eines Territoriums verlangt körperliches und wirksames Wissen darüber, wie man sich in einem Raum bewegt – die Art von Wissen, die sich im Laufe der Jahre aus der Praxis entwickelt. [...] Dazu gehört auch zu wissen, wie man sich in alltäglichen Interaktionen mit anderen Menschen verhält, was ein spezielles, ausgefeiltes Set an Fähigkeiten voraussetzt.[9]

An beiden Orten kennen Pendlerinnen und Pendler die Abläufe und Regeln. Sie können am Wohnort wie am Ort der Arbeitsstätte auf einen reichen Erfahrungsschatz und praktisches Wissen zurückgreifen, um die alltäglichen, wiederkehrenden Handlungen souverän zu meistern. Im Folgenden werde ich entsprechend unter Pendlerinnen und Pendlern diejenigen verstehen, die sich zwischen zwei – oder auch mehreren – voneinander getrennten Räumen dauerhaft hin- und herbewegen und dabei eine relevante Strecke zurücklegen müssen. Es ist müßig, abstrakt darüber zu streiten, wie viele Kilometer zwischen den beiden Räumen liegen und wie lange die einzelnen Wege mindestens sein müssen, um vom Pendeln und nicht mehr nur vom Weg zur Arbeit zu sprechen.

Zwischen Wohnort und Arbeitsstätte liegt ein Zwischenraum, der für Pendlerinnen und Pendler in vielen Hinsichten *terra incognita* bleibt. Individuelle Orte, so formuliert es der Kulturhistoriker Wolfgang Schivelbusch, werden zu »Momente[n] des Verkehrs, der sie erschließt«.[10] Der Zwischenraum interessiert nur, insofern er täglich effizient bewältigt werden muss. Die Autopendlerin hält nach der grünen Welle Ausschau, nicht nach den Leuten, die in den Häusern neben den Ampeln wohnen. Was wir beim Pendeln erleben, erleben wir im Auto, im Bus oder in der Bahn. Wir steigen am Wohnort ein und betreten eine Umwelt eigener Art, die schon durch ihre physische Beschaffenheit, durch ihre Türen, ihre Fenster und ihr Dach, den durchquerten Zwischenraum auf Distanz hält. Mit diesem Zwischenraum haben die sinnlichen Erfahrungen auf den Pendelwegen entsprechend wenig zu tun. Karosserien und Fenster dämpfen die Außengeräusche, die Gespräche im Bus oder das Radio prägen die Klanglandschaft. Das Dach hält das Wetter fern, die Klimaanlage regelt die Temperatur. Am Arbeitsort wird nicht eine in ihren Übergängen sinnlich erfahrbar gewordene Durchquerung eines konturierten Raums abgeschlossen, sondern eine künstliche Umwelt verlassen: Wir steigen aus dem Auto, dem Bus oder dem Zug aus.

Die pendelnde Gesellschaft ist eine segregierte Gesellschaft, da sie auf räumlicher Trennung beruht. In einer segregierten Gesellschaft werden Menschen nach Kriterien wie dem sozioökonomischen Status, der kulturellen Zugehörigkeit oder der ethnischen Herkunft bestimmte Positionen im Raum zugewiesen. Von der eigenen sozialen Stellung hängt ab, wer welche Position im Raum erhält. Michel Foucault hat die disziplinierende Organisation der »Verteilung der Individuen im Raum« als zentrales Charakteristikum einer modernen Gesellschaft bestimmt.[11] Nicht nur in diesem Sinne sind pendelnde Gesellschaften genuin moderne Gesellschaften. Ein Hauptanliegen dieses Buches besteht darin, herauszuarbeiten, wie auf Basis des Grundprinzips der pendelnden Gesellschaft, der räumlichen Trennung von Wohnort und Arbeitsstätte, Positionen im Raum vergeben und dadurch soziale Hierarchien etabliert werden. In den Fragen, wer wie von wo womit und wohin pendelt, zeigt sich, wer welchen sozialen Status und welches Ansehen genießt, wer welche Chancen erhält und wem welche Möglichkeiten verschlossen bleiben. Wo es ums Pendeln geht, drängt sich die soziale Frage auf.

Ausgependelte Anerkennungsordnungen

Das vorliegende Buch betrachtet Praktiken des Pendelns nicht aus der Perspektive der Geographie, der Mobilitätsforschung oder der Stadtplanung, sondern aus dem Blickwinkel und mit den Methoden einer praktischen, normativen Philosophie. Im Mittelpunkt stehen dabei *Anerkennungsordnungen*, das heißt Hierarchien von Achtung und Missachtung, Wertschätzung und Geringschätzung, die etwa dort etabliert werden, wo sich eine Gesellschaft nach dem Grundprinzip der räumlichen Trennung von Wohnort und Arbeitsstätte strukturiert. Um die Wirkmächtigkeit dieser Anerkennungsordnungen analysieren zu können, werde ich mich im Folgenden sowohl mit der Geschichte des Pendelns als auch mit aktuellen Debatten sowie der Zukunft der täglichen Mobilität auseinandersetzen.

Es gibt einen guten Grund, gerade jetzt auf die pendelnde Gesellschaft und ihre Anerkennungsordnungen zu schauen. Die Klimakrise verlangt von uns, unsere tägliche Mobilität grundsätzlich zu hinterfragen und umzugestalten. Dieser Zwang zur Veränderung eröffnet zugleich die vielleicht einmalige Chance, mit den Praktiken des Pendelns auch die dadurch etablierten und gefestigten Anerkennungsordnungen zu überarbeiten. Wenn wir das Pendeln schon neu erfinden müssen, warum sollten wir die sozial- und gesellschaftspolitischen Fehler vergangener Zeiten dabei wiederholen? Das Pendeln sollte nicht nur grüner, es sollte auch inklusiver und gerechter werden.

Auf den ersten Blick liegt es nahe, Probleme des Pendelns als Probleme der *Gerechtigkeit*, der fairen Verteilung von Ressourcen, zu verstehen. Wo werden mit staatlichem Geld welche Formen von Verkehrsinfrastrukturen geschaffen und unterhalten? Welche Formen täglicher Mobilität werden wie finanziell gefördert? Wer muss für die eigene Mobilität wie viel im Monat ausgeben – und wer kann selbst welchen Einfluss auf die Höhe dieser Kosten nehmen?

Jede normative Auseinandersetzung mit unseren Praktiken des Pendelns muss sich solchen Fragen stellen. Dennoch werde ich meine Analyse in diesem Buch nicht mit einer Theorie der Gerechtigkeit, sondern im Anschluss an Konzepte der *Anerkennung* entwickeln. Wer nach Anerkennung fragt, fragt danach, wer welche Ressourcen erhalten sollte, aber auch danach, wer in welchem Maße geachtet oder geringgeschätzt wird.

Die philosophische Debatte um Anerkennung ist verwickelt. Wo von Anerkennung die Rede ist, können sehr verschiedene Dinge gemeint sein. In einem Versuch, die Diskussion zu kartieren, hat der finnische Philosoph Heikki Ikäheimo zwischen drei Bedeutungsfamilien von Anerkennung unterschieden.[12] Anerkennen kann erstens bedeuten, eine Person oder Sache als das zu erkennen, was sie oder es ist. Bei dieser Form von Anerkennung – im englischen Begriff *recognition* ist diese Bedeutungsnuance auch alltagssprachlich greifbar – geht es um *Identifikation*. Verschaffe ich mir ein angemessenes Bild von einer Sache, in dem alle wichtigen Elemente präsent sind? Bin ich in der Lage, zu erkennen, was eine Person oder eine Situation ausmacht? Mit Blick auf unser Thema wird diese Dimension von Anerkennung etwa dort relevant, wo aus den Diskussionen um das Auto und die Bahn ein Kulturkampf wird. Sind wir bereit, verschiedene Formen der Mobilität als das anzuerkennen und zu begreifen, was sie sind, nämlich von gesellschaftlich geschaffenen Strukturen abhängige und durch sie ermöglichte soziale Praktiken? Oder schaffen wir uns Zerrbilder, verklären wir mit erheblichen sozialen Folgekosten eine Mobilitätsform zu dem, was sie nie sein kann, etwa zur Trutzburg einer individuellen Freiheit ohne soziale Einbettung?

Zweitens kann mit Anerkennung die *Akzeptanz* von Normen, Werten, Regeln oder Gründen gemeint sein. Wenn wir einen Grund anerkennen, heißt das im Regelfall, dass wir ihn in der jeweils gegebenen Situation für gut, zumindest für gut genug halten. Wir versuchen, unser Leben nach Werten zu gestalten, die wir für uns akzeptieren. Normen, die wir anerkennen, sehen wir als Richtschnur unseres Verhaltens an. Die Bedeutung dieser Form von Anerkennung für eine Untersuchung alltäglicher Mobilität liegt auf der Hand: Als soziale Praktik wird das Pendeln durch Werte bestimmt und durch Normen geregelt. Diese Werte finden ihren betonierten Ausdruck in der Gestalt unserer Verkehrswege, und die Normen des Verkehrsrechts prägen unser Handeln weit über Straßen und Schienen hinaus.

Drittens kann Anerkennung direkt auf *Personen* bezogen sein. Hierbei lassen sich eine direkte, intersubjektive Ebene und eine institutionelle Ebene voneinander unterscheiden.[13] In der direkten Begegnung können Menschen einander durch bestimmte Einstellungen und Handlungen intersubjektiv anerkennen, zum Beispiel indem sie ihre Arbeit wechselseitig wertschätzen, indem ihnen das Wohl der anderen am Herzen liegt und sie einander mit Respekt begegnen. Auf institutioneller Ebene werden Menschen etwa als Personen anerkannt, indem ihre bürgerlichen und politischen Grundrechte respektiert und die aus diesen Rechten resultierenden Ansprüche in der Politikgestaltung berücksichtigt werden. Auch diese Form der Anerkennung ist für die Analyse des Pendelns zentral. Viele der Debatten um die Zukunft unserer alltäglichen Mobilität lassen sich auch als Ringen um Anerkennung für den eigenen Lebensentwurf, die eigenen Wertvorstellungen, für das, was die eigene Person ausmacht, verstehen. Politik anerkennt Grundbedürfnisse auf Mobilität oder verweigert deren Anerkennung, indem sie Mobilität auf bestimmte Weise organisiert. Konfligierende materielle Interessen allein vermögen die Schärfe mancher Diskussion um das Pendeln nicht erklären. Es geht immer auch um die Frage, wer sich als Person mit eigener Perspektive Gehör verschaffen kann, sich dadurch ernst genommen und anerkannt weiß.

Ich kann in diesem Buch keine eigenständige Theorie der Anerkennung entwickeln. Vielmehr werde ich an verschiedene in der philosophischen Debatte um Anerkennung prominent gewordene Gedanken und theoretische Ideen anknüpfen. Mit ihrer

Hilfe lassen sich die Anerkennungsordnungen herausarbeiten, die unsere Praktiken des Pendelns prägen; Ordnungen, die über gut zweihundert Jahre hinweg gewachsen sind, die sich in den gebauten Strukturen ebenso niederschlagen wie im Recht und in der Literatur, zu der Gleise und Alleen ebenso gehören wie geteilte Erwartungen, Assoziationen und Wertvorstellungen.

Wo Anerkennung im Mittelpunkt steht, werden Fragen nach materieller Gerechtigkeit nicht übersehen. Vielmehr lassen sich beide Perspektiven systematisch miteinander verknüpfen, wie die Philosophin Nancy Fraser aufgezeigt hat. Sie schlägt vor, »Umverteilung und Anerkennung als Dimensionen der Gerechtigkeit« zu verstehen,[14] und warnt davor, das eine gegen das andere auszuspielen:

> In der politischen Philosophie z. B. neigen die Theoretiker der Verteilungsgerechtigkeit dazu, die Identitätspolitik schlicht zu ignorieren [...] Genauso neigen Theoretiker der Anerkennung dazu, die Verteilung zu ignorieren, so als habe die Problematik der kulturellen Unterschiede nichts mit der Problematik sozialer Gleichheit zu tun.[15]

Es sollte möglich sein, über Anerkennung zu sprechen, ohne Probleme der materiellen Gerechtigkeit zu verschweigen.

2.
Als die Menschen pendeln lernten

Pendeln ist eine spezifisch moderne Kulturtechnik. Es versteht sich nicht von selbst, dass Menschen an einem Ort wohnen und an einem anderen Ort arbeiten und dazwischen zweimal täglich teils lange Strecken auf sich nehmen. Vielmehr ist Pendeln nicht nur auf technische, sondern auch auf soziale und ökonomische Voraussetzungen angewiesen, wie sie erst im Zeitalter der Industrialisierung entstanden sind.

Mit dem deutschen Ausdruck »pendeln« wird versucht, die Raum-Zeit-Struktur und den Rhythmus einer spezifischen Form von Mobilität zu beschreiben. Dabei lässt sich die Angemessenheit des Sprachbilds in einer Hinsicht bezweifeln: Ist, wer pendelt, immer auf dem Sprung? Das Pendel steht schließlich niemals still, sondern wechselt am Umkehrpunkt nur seine Richtung. So schlimm ist es im täglichen Berufsverkehr dann doch nicht. In einer anderen Hinsicht ist das Bild vom Pendel jedoch aufschlussreich: Das Pendel halten von außen wirkende Kräfte in Bewegung. Gleiches gilt für Pendlerinnen und Pendler, deren immer wiederholte Fahrt soziostrukturelle Kräfte prägen, von harten ökonomischen Interessen bis hin zu Wünschen nach sozialer Achtung.

Die Rhythmen von Leben und Arbeit

Um den genuin modernen Charakter des Pendelns besser zu verstehen, lohnt der historische Vergleich. In vorindustrieller Zeit lebte die übergroße Mehrheit der Menschen in unmittelbarer Nachbarschaft ihrer Arbeitsstätte, direkt auf den Höfen oder in den Wohnungen über den Werkstätten. Es fehlten Möglichkeiten und gute Gründe, Wohn- und Arbeitsort räumlich klar zu trennen. Dessen ungeachtet kannten jedoch auch schon frühere

Epochen Formen der Arbeitsmobilität mit ihren spezifischen Mustern der Bewegung in Raum und Zeit.

Idealtypisch lassen sich mindestens zwei solcher Muster unterscheiden. Sehr alt ist die an den Wechsel der Jahreszeiten und damit an die klimatischen wie naturräumlichen Gegebenheiten gebundene saisonale Mobilität. Menschen trieben ihr Vieh im Frühjahr auf die Alm und führten es im Herbst zurück in die Täler. Der Krieg war über lange Zeit hinweg ein Saisongeschäft. Eliten und Adlige reisten, im alten Rom ebenso wie in der Frühen Neuzeit, zwischen ihren Landsitzen und ihren repräsentativen städtischen Residenzen hin und her, um ihre ökonomischen und politischen Interessen zu verfolgen und ihre soziale Stellung zu demonstrieren.

Das zweite Muster, das viele Arbeitsbiographien prägte, ist die eine große Ortsveränderung auf Zeit. Sie sollte auf die eigene Zukunft vorbereiten und die Kenntnisse und Fähigkeiten vermitteln, die es für ein anschließendes Arbeitsleben an einem Ort brauchte. Interessanterweise findet sich dieses Muster in sehr verschiedenen sozialen Schichten. Der Adel schickte seine Söhne auf *Grand Tour*, auf Kavaliersreise durch Europa. Die heranwachsenden Herrscher sollten Wissen erwerben und das Leben an anderen Fürstenhöfen kennenlernen. Dabei konnten sie vor allem ihre Fähigkeiten trainieren, sich unfallfrei durch das komplexe Netz adliger Sozialbeziehungen mit seinen feinen Nuancen von Rang und Ehre zu bewegen. Sprösslinge des Bürgertums gingen an die Universitäten, um für einige Jahre zu studieren und die formalen Bildungsqualifikationen zu erwerben, die es brauchte, um anschließend auf Lebenszeit in den Staatsdienst einzutreten, sich als Jurist niederzulassen oder die väterliche Pfarre zu übernehmen. Ab dem Mittelalter schließlich gingen in vielen Handwerken junge Männer nach ihrer Gesellenprüfung auf die Walz. In ihren Wanderjahren verbesserten sie ihre technischen Fähigkeiten und lernten die jüngsten Entwicklungen in ihrem Handwerk an anderen Orten kennen. Die zunehmend institutionell durch die Zünfte geregelte Wanderschaft war nicht selten die Voraussetzung dafür, sich zur Meisterprüfung anzumelden und somit die Möglichkeit zu erhalten, an einem festen Ort zum niedergelassenen Meister mit eigenem Betrieb zu werden.

Der Blick auf diese typischen Muster sollte natürlich nicht dazu verleiten, die Vielfalt an Mobilitätsformen zu unterschätzen, die frühere Zeiten kannten. Römische Verwaltungsbeamte, die den *cursus honorum*, die standesgemäße Reihe öffentlicher Ämter, durchliefen, verrichteten an den unterschiedlichsten Orten des Imperiums ihren Dienst. Das deutsche Mittelalter ist ohne die Institution des Reisekönigtums nicht zu verstehen. So waren etwa karolingische und ottonische Herrscher permanent im Reich unterwegs, zogen von Pfalz zu Pfalz oder Abtei zu Abtei, um durch Präsenz ihre Herrschaftsansprüche durchzusetzen. Und manche Handwerker, die keinen Meistertitel erwerben konnten, blieben auf der Reise. Auch bleibt die saisonale Mobilität als Muster menschlichen Arbeitens bis in die Gegenwart hinein wichtig. Den Auftrieb und Abtrieb an der Alm gibt es noch immer. Viele Arbeiterinnen und Arbeiter reisen im Sommerhalbjahr weit, um – schlecht bezahlt – bei der Ernte zu helfen.

Die Moderne hat manche seit langem bestehende Muster sogar weiter vertieft. Um nur ein besonders eindrucksvolles Beispiel zu nennen: Ab dem späten 19. Jahrhundert reisten Arbeiter aus Italien und Spanien jährlich mit dem Dampfschiff bis ins reiche Argentinien, um dort als Saisonarbeiter bei der Ernte zu helfen. Die bezeichnenderweise *golondrinas*, ›Schwalben‹, genannten Männer kehrten mit Ende des südamerikanischen Sommers zurück nach Europa, wo sie pünktlich zur hiesigen Erntezeit wieder eintrafen.[1]

Es wäre also falsch, verschiedene zeitliche Muster der Arbeitsmobilität gegeneinander auszuspielen und einige pauschal für modern und andere für überholt zu halten. Dies gilt umso mehr, als sich die Gründe für das Entstehen sehr unterschiedlicher Mobilitätsformen oftmals strukturell ähneln. Wer ein Phänomen wie das der *golondrinas* erklären will, wird auf zwei Dinge zu sprechen kommen: auf neue technische Möglichkeiten wie auf sozioökonomische Strukturen. Technisch zuverlässig funktionierende Schiffsrouten ermöglichten eine Arbeit als Saisonkraft im fernen Argentinien; der in Aussicht gestellte Lohn und die prekäre sozioökonomische Lage in der Heimat lieferten die Gründe dafür, eine solche Reise auf sich zu nehmen. Nicht anders ist es mit dem Pendeln als dominantem Muster moderner Arbeitsmobilität. Technik ermöglicht den täglichen Weg zur Arbeit an einem weiter entfernt liegenden Ort, soziale und ökonomische Gegebenheiten begründen ihn.

Pendeln als Produkt der Industrialisierung

Eine kurze Geschichte des Pendelns kann mit Karl Marx beginnen. In seinen ökonomiehistorischen Untersuchungen hat Marx hervorgehoben, dass der moderne Kapitalismus ohne die Mobilität der Arbeit nicht denkbar ist. Reformen wie die Aufhebung der Grundherrschaft im Zeitalter der entstehenden Moderne sorgten dafür, dass viele Landarbeiter mit ihren Familien nicht mehr fest an ihre Scholle, an ihren Heimatort gebunden waren. In seinem Manuskript *Grundrisse der Kritik der politischen Ökonomie* (1857/58) schreibt Marx:

> Wenn z. B. die großen englischen Grundeigentümer ihre retainers [Bediensteten, J. M.-S.] entließen [...]; ferner ihre Pächter die kleinen Häusler verjagten etc., so war damit erstens eine Masse lebendiger Arbeitskräfte auf den Arbeitsmarkt geworfen, eine Masse, die in doppeltem Sinn frei war, frei von den alten Klientel- oder Hörigkeitsverhältnissen und Dienstverhältnissen und zweitens frei von allem Hab und Gut [...]; auf den Verkauf ihres Arbeitsvermögens oder auf Bettel, Vagabundage und Raub als die einzige Erwerbsquelle angewiesen.[2]

Die neue Freiheit großer Bevölkerungsgruppen ging mit sozioökonomischer Prekarität einher. Schon aus einem Mangel an Alternativen strömte ein großer Teil der aus der Grundherrschaft und vergleichbaren Rechtsformen entlassenen Landarbeiter in die urbanen Zentren der Industrialisierung und trug so entscheidend zum rasanten Wachstum der Städte bei. Die Städte sahen sich dadurch mit immer drängender werdenden Fragen der Organisation urbaner Sozialstrukturen und alltäglicher Mobilität konfrontiert.

Die historische Perspektive ist unverzichtbar, um unsere gegenwärtigen Praktiken des Pendelns und die durch sie aufrechterhaltenen Anerkennungsordnungen zu verstehen. Deswegen werde ich im Folgenden, ohne jeden Anspruch auf Vollständigkeit, einige zentrale geschichtliche Entwicklungslinien nachzeichnen und auf paradigmatische Beispiele eingehen, an denen sich die Entstehung der modernen Alltagsmobilität besonders gut beobachten lässt.[3]

Die ersten modernen Industrien entstanden an Orten, die beste Voraussetzungen für die Ansiedlung von Fabriken boten. Dazu zählte neben der Verfügbarkeit von Arbeit und Kapital der in der Frühphase der Industrialisierung so wichtige Zugang zu natürlichen Ressourcen, allen voran Kohle, aber auch Holz sowie Ton zur Produktion von Ziegeln. Mit den Fabriken stieg das Bedürfnis nach Arbeitskräften, die denn auch in Massen zum Beispiel in englische Städte wie Manchester oder Birmingham wanderten. Die Städte selbst wuchsen zunächst kaum mit.[4] Fabriken und industrielle Anlagen wurden neu errichtet, die zugewanderten Arbeiterinnen und Arbeiter aber mussten sehen, wie sie in den wenigen vorhandenen Wohnhäusern oder in Provisorien unterkommen konnten. Zu den großen Gewinnern gehörten städtische Hausbesitzer, deren Objekte in zentraler Lage sich in Goldgruben verwandelten. Denn mit dem knapper werdenden Angebot stiegen die Preise für ein Dach über dem Kopf, so undicht und verfallen es auch sein mochte. Friedrich Engels, Marx' engster Weggefährte, hat in seiner Studie zur *Lage der arbeiten-*

den Klasse in England die Situation in Manchester kurz nach 1840 so beschrieben:

> Die paar Hundert Häuser, die dem alten Manchester angehören, sind von ihren ursprünglichen Bewohnern längst verlassen; nur die Industrie hat sie mit den Scharen von Arbeitern vollgepfropft, die jetzt in ihnen beherbergt werden [...]; nur die Industrie gestattet es den Besitzern dieser Viehställe, sie an Menschen für hohe Miete zur Wohnung zu überlassen [...]; nur die Industrie hat es möglich gemacht, daß der kaum aus der Leibeigenschaft befreite Arbeiter wieder als ein bloßes Material, als Sache gebraucht werden konnte, daß er sich in eine Wohnung sperren lassen muß, die jedem andern zu schlecht und die er nun für sein teures Geld das Recht hat vollends verfallen zu lassen.[5]

Die Stadtzentren, in denen *the great unwashed*, wie es schon bald redensartlich hieß, das Heer der Ungewaschenen und Verarmten, unter widrigsten Bedingungen lebte, galten immer mehr als gesundheitsgefährdend, kriminell und moralisch verkommen. Engels geht die industrialisierten Städte in seiner Darstellung der Reihe nach durch. Berichte über Unrat, unbeseitigt in den Straßen liegende Exkremente, Ungeziefer sowie Wohn- und Hoflöcher, deren »Schmutz sich nicht beschreiben lässt«,[6] füllen seinen Text.

Wer etwas auf sich hielt und es sich leisten konnte, suchte angesichts dieser Verhältnisse das Weite und zog an den Stadtrand oder ins erste Dorf vor den Toren der Stadt. Ortschaften wie das damals noch gut sechs Kilometer von der City entfernt und außerhalb Londons gelegene Paddington oder, zeitlich etwas versetzt, Charlottenburg westlich des alten Berlins erlebten dadurch ein rasantes Wachstum.

Mit der Flucht der Bessergestellten ins Umland begannen jedoch auch die Verkehrsprobleme. Denn das Herz des Wirtschaftslebens schlug weiter in den Stadtzentren. Der Hochadel und die zu Geld und wirklichem Einfluss aufgestiegene kleine Gruppe der Fabrikbesitzer und großen Industriellen konnten ihre eigenen Gespanne unterhalten. Wer hinreichend bei Kasse war, konnte gelegentlich auch einen Wagen wie die ab Mitte der 1830er Jahre zunächst in London, später auch in anderen Metropolen Europas und Nordamerikas verfügbaren *Hansom cabs* ordern. In dieser von einem Pferd gezogenen Kutsche fanden zwei Personen Platz. Klein und wendig, wie sie war, überzeugte sie durch Geschwindigkeit auf kürzeren Strecken. Für regelmäßige Fahrten im turbulenten Londoner Verkehr eignete sie sich weitaus besser als die bereits seit Mitte des 17. Jahrhunderts auf den Straßen der englischen Hauptstadt allgegenwärtigen *Hackney carriages*, größere, von zwei Pferden bewegte Kutschen.

Die entstehende Mittelschicht aber, die Angestellten aus den Büros der Londoner City, die sich zwar ein Häuschen oder eine Wohnung am Rand der Stadt, aber kein eigenes Gespann und auch keine tägliche Wagenmiete leisten konnten, nutzten zunächst die einfachste aller Lösungen: Sie gingen zu Fuß. Davon berichtet auch Charles Dickens in seiner berühmten Weihnachtserzählung *A Christmas Carol* (1843).[7] Bob Cratchit ist als Angestellter täglich den Schikanen seines Chefs Ebenezer Scrooge, Geizkragen und Misanthrop, ausgesetzt. Einer der vielen Wutausbrüche Scrooges verrät, dass Cratchit ein schmales Gehalt bezieht: »Mein Handlungsgehilfe, fünfzehn Schilling die Woche, Frau und Kinder, und redet über frohe Weihnachten.«[8] Dickens lässt keine Zweifel an der verhältnismäßigen Armut der Familie aufkommen: Die Cratchits »waren keine ansehnliche Familie, denn sie waren nicht gut angezogen: ihre Schuhe waren alles andere als wasserfest, ihre Kleidung ärmlich […].«[9] Dennoch hat es Cratchit als *clerk*, als kaufmännischer Angestellter, so weit gebracht, dass er sich ein Haus mit vier Zimmern leisten kann.[10] Es liegt in Camden Town, einem der ersten Orte nordwestlich der alten City, der im Zuge des Bevölkerungswachstums Londons schon seit der Wende zum 19. Jahrhundert hin ausgebaut wurde. Dickens schildert Cratchits Feierabend am Tag vor Weihnachten:

Das Büro wurde augenblicklich geschlossen, und der Handlungsgehilfe, dem die langen Enden seines weißen Wollschals bis unter die Taille baumelten (denn er konnte sich keines Überrocks rühmen), rutschte dem Weihnachtsabend zu Ehren als Letzter in einer Horde von Jungen den Cornhill auf einer Eisbahn hinab, ganze zwanzigmal, und rannte dann so schnell er konnte heim nach Camden Town, um Blindekuh zu spielen.[11]

Die Straße Cornhill liegt im Herzen der City. Wer von dort nach Camden Town läuft, ist in einer Richtung mindestens 70 Minuten lang unterwegs. Cratchit, und mit ihm Tausende andere, nahm zweimal täglich einen langen Fußweg auf sich, um mit seiner Familie den überfüllten, heruntergekommenen Vierteln der Stadtmitte zu entfliehen. Viele der frühen Pendler waren Fußgänger.

Schon diese Schlaglichter auf die Anfänge der täglichen Mobilität verdeutlichen, wie mit der Durchsetzung des Grundprinzips der pendelnden Gesellschaft, der räumlichen Trennung von Wohnort und Arbeitsstätte, zugleich neue Anerkennungsordnungen etabliert wurden. Nur manche konnten ins Grüne ziehen. Und nur wenige konnten von dort bequem in die Städte pendeln. Die Ausdifferenzierung begann.

Mit dem Haus aufs Land – mit Bus und Bahn in die Stadt

Die Industrialisierung zog die Menschen vom Land in die Städte, so dass diese ihre Einwohnerzahlen vielerorts in nur wenigen Jahrzehnten vervielfachten und sich in der Fläche ausdehnten. Das rasante städtische Wachstum nahm unterschiedliche Formen an, wie die Beispiele von London und Paris verdeutlichen.

In London waren private Investoren die treibenden Motoren der Stadtentwicklung über die Grenzen des alten Stadtkerns hinaus.¹² Dabei lässt sich ein wiederholt ablaufendes Muster erkennen. Zunächst suchten im frühen 19. Jahrhundert die Eliten das Weite. Der junge Theodor Fontane reiste in den 1840er und 1850er Jahren mehrfach nach England. Er arbeitete dort als Journalist und erwies sich als präziser Beobachter des sozialen Wandels seiner Zeit. So berichtete er in *Ein Sommer in London* (1852/54) auch von den Vororten, in die sich die Reichen zurückgezogen hatten:

> Mortlake ist eine jener hundert grünen Oasen, die nach allen Seiten hin die große London-Wüste umzirkeln. Dorthin eilt der City-Kaufmann, um nach der Hitze des Tages und Erwerbs in frischer Luft sich satt zu trinken; dort, fern dem lauten Strom der Menschen, freut sich sein Auge am stillen Themsestrom; und hinter sich den Weltverkehr und das Spiel der Spekulation, wirft er sich hier in den Rasen seines Parks – mit seinen Kindern zu spielen. […] Die City ist ein Einerlei, aber hier lebt Mannigfaltigkeit und ihr Reiz. Prachtvoll erhebt sich die Villa des reichen Handelsherrn.¹³

Nicht nur den Spitzen der Gesellschaft erschien die grüne Heiterkeit verlockend. Langsam, aber stetig wuchs mit der Industrialisierung die Finanzkraft der Mittelschicht und später auch der besser ausgebildeten Teile der Arbeiterschaft. Hinzu gesellten sich technische Durchbrüche im Bereich der industriellen Produktion von Baumaterialien. In dieser Lage erkannten Unternehmer und Spekulanten ihre Chance. Neben den beschaulichen Zufluchtsorten der Wohlhabenden am Stadtrand oder in den Orten ringsum der City entstanden schon bald jene von der Mittelschicht bewohnten Meere aus Ziegelstein, die London bis heute prägen. »Ganze Stadtteile«, beobachtete Fontane, »bestehen aus Häusern, die sich so ähnlich sehn wie ein Ei dem andern.«¹⁴

Die Reichen sahen sich nun durch die Neuankömmlinge in ihrer Ruhe gestört und um zentrale Distinktionsmerkmale gebracht. Sie taten das Naheliegende und zogen noch ein Stück weiter hinaus. Mit wachsendem Wohlstand drangen später auch Teile der Arbeiterschaft in die neu erbauten Viertel, was wiederum Gruppen der Mittelschicht veranlasste, ebenfalls weiterzuziehen.

Wie sehr Fragen der Anerkennung und gesellschaftlichen Stellung schon die ersten Jahrzehnte des Pendelns prägten, verdeutlicht exemplarisch ein Schriftwechsel von Londoner Polizisten mit ihren Vorgesetzten aus den Jahren 1860/61. Die Polizisten baten um eine Aufhebung der Residenzpflicht, also der Vorschrift, im Distrikt der eigenen dienstlichen Tätigkeit auch wohnen zu müssen. Sie verwiesen dabei nicht nur auf die horrenden Mietpreise und das Problem, dass selbst für viel Geld nur heruntergekommene Zimmer zu bekommen waren, in denen sie auf engstem Raum mit der ganzen Familie leben mussten. Die Polizisten führten vielmehr explizit auch Fragen bürgerlichen Ansehens an: Sie »schämten« sich für ihre Wohnverhältnisse und fühlten sich dadurch degradiert, dass sie »mit Personen von schlechtem Ruf im selben Haus« wohnen müssten.[15] Ohne die Residenzpflicht könnten sie »kleine, geeignete Häuser« außerhalb der Stadt zum selben Preis mieten und so ihren Familien die »gebotene Achtung vor dem, was sich schickt« vermitteln. Die Polizisten wollten Pendler werden.

Der zuständige Superintendent hielt von der Bitte wenig. Er beklagte Verluste an Zeit wie an Möglichkeiten zur sozialen Disziplinierung. Würde die Bitte akzeptiert, verlöre man auf einen Schlag jede Kontrolle über die Polizisten, wenn sie gerade nicht im Dienst seien. Auch könne man die Untergebenen im Krankheitsfall nur schlecht besuchen. Solche Besuche seien jedoch notwendig, um sicherzustellen, »dass der Kranke alles in seiner Macht Stehende zur Wiederherstellung seiner Gesundheit unternimmt«.[16] Um die Wohnungsprobleme zu lösen, empfahl der Superintendent stattdessen die Errichtung eigener Wohnhäuser für die Polizei innerhalb der City.

Die kleine Episode ist aufschlussreich. Pendeln ermöglichte eine räumliche Trennung zwischen Wohnort und Arbeitsstätte.

Wer pendelte, konnte sich der sozialen Überwachung durch Arbeitgeber und Vorgesetzte jenseits der Arbeitszeiten entziehen. Das Pendeln verstärkte damit Trends der räumlichen Distanzierung sozialer Gruppen, die bereits im 18. Jahrhundert eingesetzt hatten, wie der Historiker Walter Demel mit Blick auf den großbäuerlichen Haushalt erläutert:

> Beispielsweise scheint sich die Tischgemeinschaft und abendliche Gemeinschaftsarbeit in Hallenhäusern holsteinischer Hufner mit der Einrichtung einer »guten Stube« allmählich aufgelöst haben. Durften die Dienstboten mit der »Kernfamilie« nicht mehr zusammen essen und wurden sie in eigenen Gesindekammern untergebracht, fühlten sie sich freilich auch ungebundener.[17]

Aus dem Wunsch, der Sozialkontrolle der Arbeitgeber und Herren zu entgehen, wurde rasch eine Statusfrage. Wer in die Vororte zog, bewies, dass er nicht nur materiell, sondern auch in seiner Lebensgestaltung hinreichend unabhängig war. So gesehen erhielten die frühen Pendler einen Vertrauensvorschuss seitens der Gesellschaft. Man traute ihnen zu, immer wieder pünktlich zur Arbeit zu erscheinen und im Privatleben die guten Sitten auch dann hochzuhalten, wenn der Dienstherr nicht hinsehen und nicht zurechtweisen konnte.

London wuchs so im 19. Jahrhundert durch eine vorangehende Elite und eine nachziehende Mittelschicht sowie eine zunehmend besser situierte Arbeiterschaft in Wellen über sich und über die bestehenden politischen Grenzen hinaus. Verschiedene Strukturreformen waren die Folge, von der Gründung der *Metropolitan Police* 1829, die bis dahin lokal organisierte, kleinere Polizeieinheiten zusammenführte, bis hin zum *London City Council* 1889, einer Verwaltung für den gesamten Londoner Ballungsraum. Damit wurden zuallererst die Grundlagen für eine organisierende Stadtpolitik geschaffen, die so lange kaum möglich war, wie frisch erbaute Teile der Metropole in anderen Grafschaften lagen und somit anderen Rechtsbezirken zugeordnet beziehungsweise verschiedenen, teils konkurrierenden politischen Gremien unterstellt waren.

Im Zentrum der Stadt blieben die pulsierenden Geschäftsviertel und, teilweise in unmittelbarer Nachbarschaft, Slums von unfassbarer Armut zurück, etwa rund um die großen Industrieanlagen des verschrienen Londoner East End. Der US-Schriftsteller Jack London lebte dort im Jahr 1902 für einige Wochen und beschrieb seine Erlebnisse später in *The People of the Abyss* (1904). Die Zustände der »Menschen am Abgrund«, die London schilderte, deckten sich in vielen Hinsichten mit dem Elend der Arbeiter in Manchester, das Engels sechzig Jahre zuvor beobachtet hatte. Die Kinder der Gegend starben »wie die Fliegen«, aus Verzweiflung begangene Suizide waren ebenso an der Tagesordnung wie Begegnungen mit Frauen jeden Alters, die tagsüber auf den Kirchhöfen schliefen und sich nachts »für drei Pennys, oder zwei, oder einen Laib faden Brots« prostituieren mussten.[18]

Anders verlief die Entwicklung in Paris. Die dortige Ausgangslage beschreibt der Historiker David Jordan so: »Vom Ende des 1. Kaiserreichs bis zum Beginn des 2., von 1815 bis 1853, wankte das alte Paris unter dem wachsenden sozialen, ökonomischen und politischen Druck und brach schließlich zusammen.«[19] Die Stadt füllte sich als unangefochtenes Zentrum Frankreichs schon seit dem 18. Jahrhundert immer weiter, verdichtete sich »zu einem wirren, überfüllten, chaotischen Dschungel«.[20] In den zu großen Teilen noch aus dem Mittelalter stammenden Gebäuden und in den alten, oft noch engen und verwinkelten Gassen häuften sich die sozialen Konflikte und Krawalle. Mehrfach wurde die Stadt in diesen Jahrzehnten von katastrophalen Choleraepidemien heimgesucht.

In Reaktion auf diese Lage erhielt die französische Hauptstadt nach 1850 eine Radikalkur. In enger Absprache mit Kaiser Napoleon III. baute der Seine-Präfekt Georges-Eugène Haussmann die Stadt grundlegend um. Er schuf das einheitliche Stadtbild der Balkone und Boulevards, das Paris bis heute zur wiedererkennbaren Marke macht. Um eine Großstadt mit vielen Zentren und klaren Strukturen zu schaffen, ließ Haussmann im großen Stil abreißen. Allein auf der Île de la Cité, dem ältesten Teil der französischen Hauptstadt, mussten Wohnungen für 15 000 Menschen dem Bau dreier öffentlicher Gebäude weichen.[21] Die Politik des Kaisers und seines Vertrauten Haussmann verschärfte die Ungleichheiten zwischen dem armen Osten und dem reicheren Westteil der Stadt, in dem unzählige neue Wohngebäude für die Eliten und die wachsende bürgerliche Mittelschicht entstanden. Wo ärmere Viertel nicht ganz verschwanden, wurden Sichtachsen in sie hineingeschlagen, nicht zuletzt aus Gründen polizeilicher Kontrolle. Die Industrie wurde in die Vororte verlegt, die Wohnungspolitik »macht[e] den Stadtrand zur Heimat der Verbannten und Entwurzelten«.[22] Spätestens mit Haussmann begann man in Paris damit, Probleme in die *banlieue* zu verschieben.

So unterschiedlich die städtische Politik auch ansetzte, so zeigte sich doch in London und Paris wie auch in vielen anderen sich vergleichbar schnell entwickelnden Städten bald dasselbe Problem: Sie wuchsen erheblich in die Breite. Für die tägliche Mobilität mussten damit neue Lösungen gefunden werden. Die eigenen Beine reichten nicht mehr aus, um die wachsenden Distanzen zu überwinden.

In den 1820er Jahren entschloss sich Stanislas Baudry, ehemaliger Militär in der napoleonischen Armee, zur Vergrößerung seines Geschäfts.[23] Im Zentrum des westfranzösischen Nantes hatte er seit einigen Jahren ein Dampfbad betrieben. Um die Anlage großflächig erweitern zu können, verlegte er sein Bad in ein weiter vom Stadtzentrum entlegenes Viertel. Damit stand Baudry zugleich vor einem Problem: Wie konnte er sich seiner treuen Kundschaft weiter versichern, wenn das Dampfbad nun deutlich schlechter zu erreichen war? Baudrys Antwort hieß: *Les Dames Blanches*, ›die weißen Damen‹. So taufte er die regelmäßig abfahrenden Kutschen, die das Zentrum von Nantes zuverlässig mit seinem Dampfbad verbinden sollten. Sechzehn Personen fanden in jeder seiner von weißen Pferden gezogenen Kutschen Platz.

Baudry erkannte bald, dass mit Kutschen mehr Geld zu verdienen war als mit Badefreuden. Seine Kutschen fuhren zu vorab festgelegten, bekannten Zeiten – und für den Preis von 15 Centimes durften nicht nur Badegäste, sondern jede und jeder mitfahren. Die Idee einer Kutsche »für alle« (*omnibus*, die deklinierte Form des lateinischen Wortes *omnis*, ›alle‹) war revolutionär. *Omnibus* nannte denn auch der erste Konkurrent Baudrys in Nantes seinen nur wenige Zeit später etablierten eigenen Fahrdienst. Baudry selbst exportierte seine Idee nach kurzer Zeit in die französische Kapitale. 1828 nahm die von ihm gegründete *Entreprise générale des omnibus des Paris* ihre regelmäßigen Fahrten auf, zunächst zwischen der Bastille und der Place de la Madeleine.

Die Pferdebusse eroberten die Städte rasant. Während Baudry noch in Nantes an seinem Geschäftsmodell arbeitete, begründete Simon Kremser 1825 in Berlin die erste Pferdebuslinie, die das Brandenburger Tor mit Charlottenburg verband. Ab April 1829 bot George Shillibeer die erste Busverbindung in London an, zwischen der Bank of England und Paddington.

Schon die Wahl der ersten Strecken verdeutlicht, in welchem Maße der Omnibus von Anfang an auf die Bedürfnisse von Pendlern hin angelegt war. Dies zeigen nicht nur die regelmäßigen Abfahrtszeiten, sondern etwa auch Shillibeers Versprechen, dass die Busse in jedem Fall fahren – selbst dann, wenn sich nur wenige Passagiere einfinden.[24] Frühe Versuche, die Pferdebusse durch dampfbetriebene Busse zu ersetzen – dampfbetriebene Schiffe für den Pendelverkehr gab es etwa auf der Londoner Themse schon seit 1815 –, scheiterten am energischen Widerstand der Konkurrenz. Mehr Erfolg hatte in vielen Städten jedoch die Verlegung des Pferdebusses auf die Schiene. Schon 1807 verkehrte im walisischen Swansea die erste auch für den Personenverkehr genutzte Pferdebahn.[25] Ab den 1860er Jahren setzte sich das Konzept in vielen Städten erfolgreich durch. Gegenüber dem

Pferdebus hatte die Pferdebahn zwei entscheidende Vorteile: Sie konnte zum einen deutlich mehr Passagiere transportieren. Angesichts der Zustände vieler Straßen versprach der Betrieb auf Schienen zum anderen größere Sicherheit und Stabilität. Nicht wenige dieser Bahnen wurden später erfolgreich als Straßenbahnen elektrifiziert.

In der zweiten Hälfte des 19. Jahrhunderts und teilweise bis weit ins 20. Jahrhundert hinein wurden die Bahnen, ob von Pferden gezogen oder elektrisch betrieben, vielerorts zum wichtigsten öffentlichen Verkehrsmittel. Auch mittelgroße Städte erreichten schnell ein hohes Fahrgastaufkommen, wobei neben Tagesausflüglern vor allem Pendler das Angebot nutzten. So kamen etwa die Pferdebahnlinien in Mannheim im Jahr 1899 auf insgesamt 4,49 Millionen Fahrgäste. In Mainz nutzten 1902 11,5 Millionen Fahrgäste die elektrische Straßenbahn, die im Fünf-Minuten-Takt und auf den Hauptstrecken sogar im Zweieinhalb-Minuten-Takt fuhr. 1914 zählte man in Mainz bereits 43 Millionen Fahrten.[26]

Wie vieles andere im Frühkapitalismus wuchsen auch die Angebote an Pferdebussen und Pferdebahnen zunächst wild und kaum kontrolliert. Immer neue Unternehmen schossen aus dem Boden und lieferten sich erbitterte Konkurrenzkämpfe. Nicht wenige Betreiber rutschten schon nach kurzer Zeit in die Zahlungsunfähigkeit. Angesichts dieser Lage zeigten sich in der zweiten Hälfte des 19. Jahrhunderts zunehmend politische Konsolidierungsbemühungen. Städtische Behörden versuchten, die Angebote stärker zu kontrollieren, und förderten, etwa durch Enteignung oder Aufkauf, die Entstehung von Nahverkehrsunternehmen mit monopolartiger Stellung. So schuf ein kaiserliches Dekret 1855 für Paris die mit exklusiven Rechten zur Beförderung von Personen ausgestattete *Compagnie Générale des Omnibus* (CGO) und brachte damit Ordnung in den Busverkehr.[27]

Derlei Bestrebungen waren nicht zuletzt aus Gründen der Fahrsicherheit geboten. Miteinander konkurrierende Pferdebusanbieter lieferten sich nicht selten im Wortsinne Wettrennen um die Kundschaft,[28] wobei es immer wieder zu schweren Unfällen kam. Überhaupt verschärften Hunderte von Pferdebussen, die in den großen Metropolen unterwegs waren und sich dort unter die privaten Kutschen, die für einzelne Fahrten anmietbaren Wagen und die vielen zum Zweck der Warenlieferung genutzten Fuhrwerke mischten, eine ohnehin schon chaotische Verkehrslage. Fontane gibt auch hiervon ein anschauliches Bild:

> Da stehst du eingeklemmt zwischen langen Wagenreihen und erkennst die Unmöglichkeit, auch nur das Trottoir zu gewinnen, das so nah ist und doch so fern. Jedes Anrücken der Wagen bringt dich in die äußerste Gefahr, unter die Räder zu geraten. [...] So weit dein Auge reicht, alles eine Wagenburg, ein verfahrenes Defilee.[29]

Auch im Vereinigten Königreich erreichte das Problem die Politik. Am 7. Juni 1855 schilderte der liberale Abgeordnete Joseph Paxton vor einem Parlamentskomitee die Situation im Herzen Londons:

> Wie dem Komitee bewusst sein wird, ist es auch sehr schwer, an bestimmten Stunden des Tages von irgendeinem Teil des West End aus die City of London zu erreichen. Der Verkehr ist so enorm und die Straßen sind so verstopft, dass es für jeden Geschäftsmann unmöglich ist, einen Termin in der City of London zu vereinbaren, ohne nicht mindestens eine halbe Stunde mehr als eigentlich erforderlich sein sollte einzukalkulieren, wenn er in der Lage sein will, den Termin auch einzuhalten.[30]

Paxton scheiterte mit seinem konkreten Vorschlag, die städtische Verkehrsinfrastruktur völlig neu zu gestalten. Doch zeigt bereits diese 170 Jahre alte Diskussion, was auch heute noch gilt: In dicht besiedelten Metropolen kann die Zukunft des Pendelns nicht allein auf den Straßen liegen.

Gleichheit auf vier Rädern:
Fahrzeuge und Fahrzeugklassen

Es lohnt, an dieser Stelle einen Blick auf die alltägliche Praxis des Busfahrens im 19. Jahrhundert zu werfen. Diese war nicht nur aufgrund der fest vorgegebenen Streckenführung und regelmäßigen Taktung der Fahrzeuge revolutionär. Sie war zugleich einer der alltäglichen Orte, an denen Menschen neue Formen sozialer Beziehungen und wechselseitiger Anerkennung erprobten.

Der kanadische Philosoph Charles Taylor, der einflussreiche Beiträge zur Philosophie der Anerkennung verfasst hat, hebt die Tiefe des sich hier vollziehenden Wandels hervor.[31] Taylor zufolge war Anerkennung in der Vormoderne im Wesentlichen eine Frage der *Ehre*, die von der in vielen Fällen schon bei Geburt verliehenen sozialen Stellung nicht zu trennen war. Der Mensch war Bauer, Bürger oder Adliger und hatte damit seinen festen Platz in einer sozialen Hierarchie. Diese legte fest, wer sich wem gegenüber wie zu verhalten hatte und wer wem welche Form der Ehrerbietung schuldete. An die Stelle der Ehre, so Taylor, tritt in der Moderne das Ideal universeller, gleicher *Würde*, die dem Grundsatz nach Interaktionen auf Augenhöhe verlangt.

In den Omnibussen des 19. Jahrhunderts wurde der von Taylor beschriebene Übergang von vormodernen Ideen der Ehre zu modernen Ideen gleicher Würde sehr konkret erfahrbar. Denn die nicht selten als geradezu ungeheuerlich empfundene Neuerung des Pferdebusses bestand darin, dass auf einmal Personen unterschiedlicher Herkunft und verschiedener Stände, die langsam zu Schichten und Klassen wurden, dicht gedrängt im selben Fahrzeug Platz nahmen. Ob Adelige, Emporkömmlinge oder gesellschaftliche Mittelschicht: Jeder durfte mitfahren, wenn er nur den Fahrpreis entrichtete – einen Preis, der für alle gleich bemessen war.

Welches Unbehagen die Aufhebung sichtbarer sozialer Unterschiede bereiten konnte, hatte der Philosoph und Theologe Blaise Pascal schon anderthalb Jahrhunderte zuvor herausfinden müssen. Pascal wurde nicht nur durch seine *Gedanken* (1670) und seine berühmte Wette auf Gottes Existenz bekannt. Er war zugleich am vermutlich ersten Nahverkehrsunternehmen Europas beteiligt: Anfang des Jahres 1662 hatte König Ludwig XIV. es drei französischen Adligen gestattet, auf ausgewählten Strecken in Paris einen kutschenbetriebenen Linienverkehr einzurichten. In der königlichen Betriebsgenehmigung waren bereits Grundprinzipien des heutigen ÖPNV festgeschriebenen: Die Kutschen fuhren auf festen Routen zu bestimmten Uhrzeiten und unabhängig von der Anzahl der an einer Mitfahrt Interessierten. Der Fahrpreis hatte stets derselbe zu sein, ein Passagier musste nicht deswegen mehr bezahlen, weil außer ihm niemand sonst wartete.[32] Pascal steuerte Geld zum Unternehmen bei; eventuell stammte die Idee zum Linienverkehr per Kutsche sogar von ihm selbst.

Am 18. März 1662 verkehrte die erste der *carrosses à cinq sols*, der ›Kutschen für fünf Sous‹. Als unerhörte Neuheit erregten die Gespanne breite Aufmerksamkeit und kamen in Gestalt der Komödie *Die Intrige in der Fünfsouskutsche* schon im selben Jahr auf die französischen Bühnen. Der Sonnenkönig höchstselbst, so wird berichtet, fuhr »zum Vergnügen« einmal mit.[33] Ungeachtet dieser breiten Aufmerksamkeit erwies sich das Unternehmen als wirtschaftlicher Misserfolg. Die Gründe hierfür waren vielfältig. Auch wenn die Mitfahrt in den öffentlichen Kutschen im Vergleich zur privaten Anmietung einer Kutsche viel günstiger war, blieb die Fahrt für einen Großteil der Stadtbevölkerung unbezahlbar. In einer Zeit, in der Wohn- und Arbeitsstätte oftmals in direkter Nachbarschaft zueinander lagen, fehlte vielen Menschen zudem schlicht der Grund, eine Kutschfahrt anzutreten.

Entscheidend für den Misserfolg dürfte jedoch auch die Frage des sozialen Status gewesen sein. Ludwig XIV. hatte in seiner Genehmigung als mögliche Passagiere explizit »Prozessführer« vor Gericht und andere Personen genannt, »die nicht über die Mittel verfügen, eine Sänfte oder Kutsche zu benutzen«.[34] Damit hatte der Monarch klargestellt: Die öffentliche Kutsche richtete sich an Personen von Stand, zumindest Personen von Ehre und Ansehen. Das Parlament verschärfte diese Zielgruppenbestimmung anschließend noch. Plakate der Betreiberfirma, die für die neue Linie warben, enthielten explizite Hinweise:

> Wir weisen darauf hin, dass durch den Ratifizierungsbeschluss des Parlamentes und zum Zwecke der größtmöglichen Freiheit und Annehmlichkeit der Bürger allen Soldaten, Pagen, Lakaien und allen anderen Bediensteten, Arbeitern und Armen die Mitfahrt strengstens untersagt ist.[35]

Die Kutsche war eine Frage der Ehre. Die Ironie bestand dabei darin, dass die Regeln, die das Ansehen des öffentlichen Verkehrs sichern sollten, maßgeblich zu seinem ökonomischen Scheitern beigetragen haben dürften. Wer unter diesen Bedingungen eine der *carosses à cinq sols* bestieg, erwies sich zwar als Person von Rang und Namen, legte damit jedoch zugleich für alle Welt sichtbar offen, dass er knapp bei Kasse war und sich kein eigenes Gespann leisten konnte. Ein solches Unternehmen konnte keine Zukunft haben.

Die neue Anerkennungsordnung, die die Busse etablierten, blieb im gesamten 19. Jahrhundert gewöhnungsbedürftig. Noch in Fontanes letztem Roman *Der Stechlin* (1897/98) äußert die Baronin Berchtesgaden in einer Mischung aus altem Standesbewusstsein und Ergebenheit ins Unausweichliche: »Wir tun jetzt (leider) so vieles, was wir, nach einer alten Anschauung, eigentlich nicht tun sollten. Es ist, mein ich, nicht passend, auf einem Pferdebahnperron zu stehen, zwischen einem Schaffner und einer Kiepenfrau [...].«[36] Auch Jerome K. Jerome, einer der erfolgreichsten Autoren des viktorianischen Englands, blickte 1900 auf die Straßenbahn als Soziallabor:

> Aber was der Fremde in Dresden am meisten bestaunt, sind wohl doch die Trambahnen. Diese ungeheuren Fahrzeuge sausen mit zehn bis zwanzig Meilen pro Stunde durch die

Strassen und nehmen Kurven und Ecken wie irische Autofahrer. Jedermann fährt mit ihnen, ausser Offiziere in Uniform, die nicht dürfen. Damen im Abendkleid, die zum Ball oder in die Oper wollen, Austräger mit ihren Körben sitzen Seite an Seite. Sie sind allmächtig im Strassenverkehr, und jeder und jedes beeilt sich, ihnen aus dem Wege zu gehen.[37]

Manche Busunternehmen reagierten auf Bedürfnisse sozialer Exklusivität mit der Einführung verschiedener Beförderungsklassen. Nicht selten gab es neben der geschlossenen Fahrzeugkarosserie eine nicht überdachte Sitzbank auf dem Dach der Karosse. Wer hier saß, zahlte weniger und war dafür Wind und Wetter ausgesetzt. Noch weiter gingen Firmen wie De Tivoli, die in London Busse mit drei Klassen einsetzten:[38] Vor der großen Kabine des Wagens, die Platz für vier Personen bot und als zweite Klasse lief, befanden sich zwei Einzelkabinen erster Klasse. Wer dort saß, schaute seitwärts auf die Straße und konnte jeden Kontakt mit anderen vermeiden. Der Rest, die dritte Klasse, saß auf dem Fahrzeugdach auf einer langen Bank. Die aufwendige Konstruktion führte dazu, dass insgesamt deutlich weniger Passagiere Platz fanden. Ein wirtschaftlicher Erfolg wurde De Tivolis Modell nicht. Ohnehin sollte nicht vergessen werden, dass die Fahrten im Omnibus natürlich um ein Vielfaches günstiger waren als das Mieten einer kleinen Kutsche, aber dennoch für große Teile etwa der Arbeiterschaft unbezahlbar blieben. Entsprechend erzählte schon Friedrich Engels in seinem bereits erwähnten Bericht über das Elend englischer Arbeiter von den Wohnorten der Bourgeoisie, den »villenartigen Gartenhäusern« und den »luftigen Höhen«, von

> einer freien, gesunden, Landluft in prächtigen, bequemen Wohnungen, an denen halbstündlich oder viertelstündlich die nach der Stadt fahrenden Omnibusse vorbeikommen. [...] Und das Schönste bei der Sache ist, daß diese reichen Geldaristokraten mitten durch die sämtlichen Arbeitervier-

tel auf dem nächsten Weg nach ihren Geschäftslokalen in der Mitte der Stadt kommen können, ohne auch nur zu merken, daß sie in die Nähe des schmutzigsten Elends geraten, das rechts und links zu finden ist.[39]

Der Fahrpreis hielt Arbeiter und Unterschichten von den Bussen fern. Zugleich bewahrte der Omnibus die Mittelschicht davor, die Not der anderen näher betrachten zu müssen. In den ersten öffentlichen Verkehrsmitteln wichen einige althergebrachte soziale Schranken neuen, durch Geld regulierten Anerkennungsordnungen.

Gleiches galt auch für die Eisenbahn. Ihre Erschließung für den Personennahverkehr folgte in vielen Städten vergleichbaren Mustern. Der Ausbau des Schienennetzes nahm insbesondere nach 1850 schnell an Fahrt auf, wobei es zumeist private Eisenbahngesellschaften waren, die neue Strecken errichteten. Die Bauherren versuchten, die zu den jeweiligen Linien gehörenden Bahnhöfe so nah wie möglich an die städtischen Zentren heranzuführen. Das erklärt, warum in vielen großen Städten vor allem Kopfbahnhöfe entstanden. Die feste Bindung der Stationen an einzelne Linien führte mancherorts zum Bau einer Vielzahl von Bahnhöfen, die teilweise in unmittelbarer Nachbarschaft zueinander lagen, wie etwa der Lehrter und der Hamburger Bahnhof in Berlin, die Bahnhöfe St. Pancras und King's Cross in London oder die nur wenige hundert Meter voneinander entfernt gelegenen Pariser Stationen Gare du Nord und Gare de l'Est. Berlin brachte es so allein bis 1875 auf acht Kopfbahnhöfe: Potsdamer (1838), Anhalter (1841), Stettiner (1842), Frankfurter (1842), Hamburger (1845), Görlitzer (1866), Ost- (1867) und Lehrter Bahnhof (1871). Nur die am Ostbahnhof endende Königlich-Preußische Ostbahn, die Berlin mit Küstrin und weiter mit Königsberg verband, wurde von Anfang an staatlich betrieben.[40]

Der Siegeszug der Eisenbahnen

Linienführung und Bahnhofsbau verrieten, welche Formen der Mobilität die Eisenbahnpioniere im Blick hatten – und welche nicht. Die Eisenbahn versprach satte Gewinne, wenn es um den Fernreiseverkehr sowie um Güter- und Militärtransporte ging. Der Personennahverkehr stand zunächst nicht auf dem Programm. Die Eisenbahnbauten der ersten Jahrzehnte trugen nicht zur Lösung der Probleme täglicher Mobilität in den Ballungszentren bei. Vielmehr verschärften sie die Lage weiter. Zum einen beanspruchten die Strecken und Bahnhöfe viel Fläche in einem immer dichter bebauten Raum für sich. Zum anderen musste nun auch der innerstädtische Verkehr zu, von und zwischen den Bahnhöfen organisiert werden. Wer etwa in der Mitte des 19. Jahrhunderts von Hamburg nach Danzig reiste, musste sich in Berlin, wo er eigentlich nur umsteigen wollte, per Kutsche durch den dichten Stadtverkehr von einem Bahnhof zum nächsten quälen.

Es war vor allem die Politik, die jetzt nach Lösungen zu suchen begann. In Berlin wurde schon 1851 eine erste Verbindungsbahn zwischen den damals existierenden Kopfbahnhöfen gebaut, die auf den Straßen der Hauptstadt selbst verlief. Angesichts des stetig wachsenden Straßenverkehrs erwies sich diese Lösung schon bald als nicht mehr tragfähig. 1867 begannen die Bauarbeiten zur Berliner Ringbahn, die außen um die Stadt herum und damit teilweise durch eine noch bäuerliche, von Agrarwirtschaft und dörflichen Strukturen geprägte Landschaft verlief. Ab 1872 wurden Teile der Strecke für den Personenverkehr freigegeben, 1877 war der Ring fertiggestellt.[41]

In diesen Jahrzehnten wurden die meisten Eisenbahngesellschaften in Preußen schrittweise verstaatlicht. Schon der Bau der Ringbahn war von staatlichen Geldern abhängig gewesen und verzögerte sich dadurch um einige Jahre. Das nächste große Bahnprojekt, die Berliner Stadtbahn, zeigte dann in aller Deutlichkeit, dass Nahverkehrsplanung im großen Stil ohne staatliche Planung und Förderung nicht funktioniert. Zum größten Teil auf gemauerten Viadukten angelegt, gehört die Strecke zwischen Charlottenburg und dem Ostbahnhof bis heute zu den wichtigsten, in jedem Fall zu den bekanntesten Verkehrsadern Berlins. 1875 wurde der Bau begonnen, 1882 konnte Kaiser Wilhelm I. mit einer Probefahrt die Strecke eröffnen. Kein Kostenplan wurde eingehalten, der preußische Staat musste Geld nachschießen und stritt sich mit der Stadt Berlin um die Verteilung der Kosten, die sich schließlich auf über 71,5 Millionen Mark beliefen. Zum Vergleich: Der Etat des Deutschen Reiches hatte im Jahr der Eröffnung, 1882/83, ein Volumen von etwas über 600 Millionen Mark. Als größter Kostentreiber erwies sich in Zeiten des Baubooms von Anfang an der für den Bau der Strecke notwendige Erwerb von Grundstücken. Flächenknappheit und der Wunsch, die Kosten zu dämpfen, erklären denn auch die Planung des konkreten Streckenverlaufs. So wurde im Abschnitt zwischen den Stationen Hackescher Markt (damals: Börse) und Jannowitzbrücke der alte Königsgraben, ein Element der historischen Stadtbefestigung, zugunsten der Linienführung zugeschüttet, um nicht zu viele Hausbesitzer entschädigen zu müssen.[42]

Berlin verdankte zentrale Achsen seines Schienennahverkehrs somit staatlicher Finanzierung und Organisation. Durch die Anlage und Streckenführung der Ring- wie der Stadtbahn wurde zugleich erheblicher Einfluss auf die weitere Stadtentwicklung genommen, wie etwa der rasante Ausbau des nun gut ans Stadtzentrum angeschlossenen Charlottenburgs zeigt. Auch die sozialpolitische Komponente war nicht zu übersehen: »Mit der Einrichtung von Personenzügen sollte der Arbeiterbevölkerung die Möglichkeit gegeben werden, billigere Unterkünfte außerhalb der Stadt zu finden.«[43]

Die neue Stadtbahn traf auf eine nach besserer Mobilität hungernde Stadtbevölkerung. Davon zeugt etwa ein Bericht der *Illustrierten Zeitung* vom 25. Februar 1882, der zugleich verdeutlicht, dass die Nutzung eines neuen Verkehrsmittels eine Kulturtechnik darstellt, die Übung braucht und erlernt sein will:

Eine besondere Anweisung der Plätze findet nicht statt, jeder muss sich selbst das Coupé öffnen, event. für das rechtzeitige Aussteigen sorgen, Reisegepäckbeförderung ist ausgeschlossen. Ein Zug besteht gewöhnlich aus Lokomotive (ohne Tender) und vier Wagen. Wer in diesen keinen Platz findet, muss auf den nächsten, in fünf bis zehn Minuten eintreffenden Zug warten [...]. Die wirkliche Erstürmung eines Coupés, wie sie bei großem Andrang in Szene gesetzt wird, macht die Benutzung der Bahn für Frauen, Kinder und schwächliche Personen geradezu gefährlich, um so mehr, als der Zug kaum eine Minute hält und sich ohne ein lautes Abfahrtssignal wieder in Bewegung setzt. Hoffentlich braucht zur Erlernung dieser Modalitäten nicht erst das Lehrgeld schwerer Unglücksfälle gezahlt zu werden.[44]

Bahnpolitik als Sozialpolitik

Staatliche Einflussnahme war auch dort festzustellen, wo der Ausbau des Personennahverkehrs primär durch private Unternehmen erfolgte. Erneut bietet London hierfür anschauliche Beispiele. Angesichts der geschilderten massiven Verkehrsprobleme begann man auch in der Hauptstadt des Vereinigten Königreichs zunehmend damit, über neue Funktionen der Eisenbahnen nachzudenken. Im Bemühen, ihre Strecken so nahe wie möglich an das Stadtzentrum heranzuführen, sahen sich auch die englischen Eisenbahngesellschaften mit den horrenden Enteignungskosten konfrontiert. Hausbesitzer in den völlig verarmten Gegenden der Stadt ließen sich leichter und für deutlich weniger Geld zum Verkauf ihres Eigentums bewegen, weswegen auch Teile der innerstädtischen Slums dem Eisenbahnbau wichen. Die Bewohnerinnen und Bewohner der betroffenen Häuser bekamen bestenfalls eine minimale Entschädigung, nicht selten ähnelte der Abriss der Gebäude Vertreibungen. In einer Streitschrift von 1861 verdeutlichte der anglikanische Geistliche William Denton (1823–1883) der interessierten Öffentlichkeit das Ausmaß der Probleme. Allein eine einzige geplante neue Linie, deren Strecke kaum eine halbe Meile lang sei, führe zum Abriss von 899 Häusern, »die fast ausschließlich von Armen bewohnt werden, und die mindestens weit über 9000, vermutlich mehr als 10 000 Personen beherbergen«.[45] Denton beklagte, dass die Verantwortlichen in Politik und Wirtschaft nicht danach fragten, welche Strecken die kürzesten und besten seien, sondern nur schauten, »ob die Menschen an einem bestimmten Ort dazu in der Lage sind, wirksamen Widerstand gegen ein vorgeschlagenes Projekt zu leisten oder nicht«.[46] Standen in der City of London 1851 noch 14 580 bewohnte Häuser, waren es 1901 nur noch 3391. Angesichts dieser Zahlen verwundert es nicht, dass der Eisenbahnbau manchem wie »ein erbarmungsloses Armageddon« erschien.[47] Die verbliebenen Slums gerieten so unter immer größeren Druck.

Die Politik reagierte hierauf kaum mit eigenständiger staatlicher Verkehrsplanung, wohl aber mit einer strengeren Regulierung des privaten Bahnverkehrs. Wenn die Eisenbahngesellschaften dafür sorgten, dass der Wohnraum der Armen und Ärmsten im Stadtzentrum stetig weiter schrumpfte, dann mussten sie ihren Beitrag dazu leisten, neuen bezahlbaren Wohnraum in den Vororten zu erschließen. Dieser Grundgedanke wurde in der britischen Politik erstmals mit dem *Great Eastern Railway Act* von 1864 umgesetzt.[48] Zum einen wurde die betreffende Eisenbahngesellschaft verpflichtet, Züge verkehren zu lassen, deren Abfahrtzeiten sich nach den typischen Schichtplänen von Arbeiterinnen und Arbeitern richteten. Zum anderen wurde festgelegt, dass für die Fahrten in diesen speziellen Arbeiterzügen *(workmen trains)* nur ein deutlich reduzierter Fahrpreis erhoben werden durfte. Dadurch suchte die Politik dem Problem zu begegnen, dass Alternativen wie der Pferdebus für die arbeitende Klasse zumeist unbezahlbar waren und oft zu den aus Sicht der Arbeiterinnen und Arbeiter falschen Uhrzeiten fuhren: Die

Frühschicht in den großen Industriebetrieben hatte längst begonnen, bevor die ersten Busse starteten und die Angestellten der Mittelschicht in ihre Büros brachten.

Die Politik schuf dadurch im Eisenbahnverkehr eine eigene, vierte Wagenklasse, die schon bald treffend als *parliamentary class* bezeichnet wurde.[49] Die im Laufe von Jahrzehnten erlassenen Regeln wurden dann im *Cheap Trains Act* von 1883 vereinheitlicht.[50] Das Gesetz befreite die Einnahmen für Fahrpreise von unter einem Penny pro zurückgelegter Meile von der Steuer. Im Gegenzug konnten staatliche Stellen die Eisenbahnbetreiber dazu verpflichten, hinreichend viele günstige Tickets für Arbeiterinnen und Arbeiter vorzuhalten und Arbeiterzüge fahren zu lassen, die an jeder Station hielten. Durch diese Regelungen nahm die Politik auch gezielten Einfluss darauf, an welchen Orten ringsum des Londoner Zentrums schon bald neue Arbeitervorstädte entstanden. In aller Klarheit zeigen sich hier verschiedene Dimensionen von Anerkennungspolitik – Streckenführung, soziale Baupolitik, Preisgestaltung, Zeitplanung –, die die Durchsetzung des Grundprinzips der pendelnden Gesellschaft, der räumlichen Trennung von Wohnort und Arbeitsstätte, begleitete.

Ungeachtet der für einen Teil der Arbeiterschaft positiven Entwicklung verschärfte neben dem Eisenbahnbau bald auch die Errichtung der ersten U-Bahn-Strecken die Wohnprobleme der Ärmsten weiter.[51] Jahrzehntelang hatte man in London schon über die Errichtung einer unterirdischen Schienenverbindung nachgedacht, als im Februar 1860 die Bauarbeiten begannen. Anfang 1863 wurde die *Metropolitan Railway* zwischen Paddington und Farringdon, am westlichen Rand der City of London gelegen, eröffnet. Die ersten U-Bahn-Linien stellten alle Beteiligten vor enorme bauliche Herausforderungen. Noch konnten, zumal im sumpfigen Untergrund Londons, keine Tunnel in die Erde gegraben werden. Dies gelang erst mit der 1890 eröffneten *City and South London Railway*, die zugleich als erste U-Bahn-Strecke der Welt vollständig elektrifiziert war. Bei den vorherigen U-Bahn-

Linien musste man nach der Methode *cut and cover* vorgehen, also den Untergrund öffnen, einen Graben anlegen, dort hinein die Strecke samt aller technischen Strukturen bauen und abschließend die Anlage mit einer Dachkonstruktion verschließen. Die so entstandenen Tunnel lagen zumeist sehr nah an der Oberfläche. Für ihren Bau mussten abermals ganze Straßenzüge verarmter Viertel weichen. Da die ersten U-Bahnen dampfbetrieben liefen, mussten zudem regelmäßig Schächte angelegt werden oder Abschnitte unverschlossen bleiben, damit die Lokführer Gelegenheit hatten, Rauch und Dampf ihrer Fahrzeuge abzulassen.

Die gerade erwähnte, 1890 eröffnete *City and South London Railway* war nicht nur ein technischer Durchbruch. Sie führte auch zur Etablierung einer neuen Anerkennungsordnung. Denn diese U-Bahn kannte von Beginn an nur Passagiere einer einzigen Wagenklasse. Hier begegneten sich zum ersten Mal in nennenswerter Anzahl Pendlerinnen und Pendler aller sozialen Gruppen, zumal die Fahrkarten, anders als in den Pferdebussen, für weite Teile der Gesellschaft erschwinglich waren.

Um 1900 waren diejenigen öffentlichen Verkehrsmittel, die auch heute noch unsere tägliche Mobilität prägen, im Grundsatz entwickelt: der Bus, die Straßenbahn, der Regionalzug, die S- und die U-Bahn. Was in den nächsten Jahrzehnten folgte, waren qualitative Verbesserungen wie die Motorisierung von Bussen und die Elektrifizierung von Bahnen, vor allem aber ein quantitativer Ausbau der öffentlichen Verkehrsinfrastruktur. Die Menschen lernten, mit Bus und Bahn zu pendeln, lange bevor wirtschaftliches Wachstum und technische Durchbrüche es ihnen ermöglichten, sich auch allein, mit dem Fahrrad oder dem Auto, täglich auf den Weg zu machen.

Die Rückschau auf die Entwicklung alltäglicher Mobilität im 19. Jahrhundert verdeutlicht, wie Praktiken des Pendelns von Anfang an mit Auseinandersetzungen um Anerkennung verbunden waren. Wer wurde wann wie mobil oder – weitaus entscheidender – wem wurde wann welche Form von Mobilität durch entschlossene staatliche Politik zugänglich gemacht? Was überließ man dem Markt und behielt es damit faktisch den wohlhabenderen Teilen der Gesellschaft vor? Inwiefern erwiesen sich Fragen der Mobilität als Fragen von Ehre und Achtung, wie verknüpften sich tägliches Fahren und die soziale Stellung? Wie sollte man mit der von Beobachtern wie Denton beklagten Ungerechtigkeit umgehen, dass die Ärmsten aus dem Maschinenraum der Industrialisierung immer wieder den höchsten Preis für die Mobilität anderer zu entrichten hatten? Wo begann eine Verkehrs- und Sozialpolitik, die Armut nicht nur als zu verwaltendes Übel ansah, sondern die Potentiale des Pendelns nutzte, um bezahlbaren Wohnraum zu erschließen? Schließlich, wo hatte eine Gesellschaft anerkannt, dass Mobilität kein Luxus, sondern ein menschliches Grundbedürfnis ist?

Angesichts der Dynamik der Entwicklungen, der schieren Ausmaße von Landflucht und Bevölkerungswachstum, war die Politik lange Zeit nur begrenzt dazu in der Lage, Probleme der Anerkennung und der Gerechtigkeit systematisch zu bearbeiten. Heute stehen wir, aufgrund der Klimakrise wie aufgrund der Digitalisierung und des Wandels unserer Arbeits- und Lebensformen, vor einem neuen, grundlegenden Umbau unserer Verkehrsinfrastruktur. Anders als die Politik im 19. Jahrhundert verfügen wir über die technischen, sozialen und finanziellen Ressourcen, um aktiv zwischen sehr verschiedenen Optionen wählen zu können. Hier liegen Chancen für eine inklusive Anerkennungspolitik.

3.
Pendeln zwischen Armut und Achtung

Im Pendeln werden soziale Unterschiede sichtbar. Wer täglich zur Arbeit fährt, legt seine gesellschaftliche Position offen, ob ungewollt oder in bewusster Zurschaustellung. Dies ist nicht nur eine Frage der Verkehrsmittel oder der Tages- beziehungsweise Nachtzeit, sondern der Pendelstrecke selbst. Das Grundprinzip der pendelnden Gesellschaft, die räumliche Trennung von Wohnungsort und Arbeitsstätte, ermöglicht es, Menschen im Raum nach Vermögen und sozialem Ansehen zu sortieren.

In unseren Siedlungen und Städten wurden soziale Unterschiede immer auch räumlich markiert. An den Marktplätzen und in den ersten Straßen der Stadt wohnten die reichsten Familien, direkt neben den gesellschaftstragenden Funktionsgebäuden, den Rathäusern, Amtssitzen und Kirchen. Bestimmte Gruppen lebten in ihren eigenen Vierteln, in den Straßen der Handwerker, den Straßen der Händler oder den jüdischen Ghettos. Wer es konnte, blieb die meiste Zeit unter Seinesgleichen. Wer sich doch zwischen den sozialen Schichten und somit zwischen verschiedenen Straßenzügen und Vierteln bewegen musste, konnte dies aufgrund der begrenzten Größe der allermeisten Städte problemlos tun.

Das unkontrollierte Wachstum einiger Städte seit Beginn der Industrialisierung schien das alte Prinzip der räumlichen Unterscheidung von Menschen nach sozialen Kriterien zunächst zu durchbrechen. Die Städte wurden zu groß und zu voll, die Wege zu weit. Um getrennt von den Ärmsten und nach sichtbar eigenem Stil wohnen zu können, hätte etwa die gutbürgerliche Schicht in Gegenden ziehen müssen, in die sie zunächst nicht ziehen konnte. Dazu lagen diese zu weit von ihren Arbeitsplätzen entfernt. Den Unterhalt einer eigenen Kutsche konnten sich nur die Reichsten leisten. Sie waren dann auch die Ersten, die aus den Städten flohen und dadurch die soziale Ordnung im Wohnen wieder sichtbar werden ließen.

Wie im vorherigen Kapitel gesehen, war es die Erfindung der öffentlichen Verkehrsmittel, die ganz neue Möglichkeiten der sozialräumlichen Trennung eröffnete. Mit Bussen und Bahnen wurden längere Distanzen für den alltäglichen Verkehr erschlossen. Moderne Gesellschaften sortierten sich neu im Raum und erlernten mit der Kulturtechnik des Pendelns eine Technik der feinen Unterschiede zwischen Arm und Reich, zwischen abgehängten und angesehenen Bevölkerungsgruppen. Die Villen der Reichen standen wieder in sicherer Distanz zu den Häusern der Mittelschicht und den Wohnungen der Armen. Kamen die Nachrücker den Etablierten im Wortsinne zu nahe, zogen diese ins nächste neue Viertel weiter.

Distinktion und Wertschätzung

Es war gerade auch die Schicht der Angestellten, der vielen Mitarbeiter in den Büros und Kanzleien, die im 19. Jahrhundert darum bemüht war, ihren neu gewonnenen Wohlstand durch räumliche Distanz zu demonstrieren. Ein beredtes Zeugnis davon legt *The Diary of a Nobody*, das ›Tagebuch eines Niemands‹, ab, das zunächst als Fortsetzungsstory in den 1880er Jahren im *Punch*, einem Satiremagazin, in dem vor allem Großbritanniens Mittelschicht über sich selbst lachte, veröffentlicht wurde. Das Werk der Gebrüder Grossmith erschien dann 1892 als Buch und gilt heute als Klassiker des britischen Humors.

Das Tagebuch führt Charles Pooter, Angestellter in der City of London und das Musterbeispiel eines zu Wohlstand gekommenen Pendlers. Die Pooters, so beginnt die Erzählung, haben gerade ein Haus in Holloway anmieten können, einer jener in der zweiten Hälfte des 19. Jahrhunderts rasch urbanisierten Ortschaften nördlich des alten Londons. Täglich fährt Mr. Pooter von dort zur Arbeit, der Garten des neuen Heims grenzt direkt an die

Schienen: »Nach meiner Arbeit in der City bin ich gern zu Hause. Denn, was soll gut an einem Zuhause sein, wenn man nie dort ist? *Home, sweet Home*, das ist mein Motto.«[1] Auf diesem Überzeugungsfundament richten sich die Pooters ein.

Der Witz des Buches besteht darin, dass Mr. Pooter sich in seiner Bedeutung und seiner sozialen Stellung permanent zu ernst nimmt und aus diesem Grund keine Peinlichkeit auslässt. Beständig präsent ist auch das Thema der sozialen Trennung und der Mobilität im Raum. Als er mit drei Bekannten an einem sonnigen Sonntagnachmittag versucht, eine Gaststätte zu betreten, wird Pooter nach seinem Wohnort gefragt: Holloway ist nicht gut genug, er wird abgewiesen – im Gegensatz zu seinen Bekannten, die aus Blackheath sind, einer Gegend im Londoner Südosten. Die Bekannten haben kein Problem damit, Pooter vor der Tür warten zu lassen, während sie in aller Ruhe einkehren. Der so an seine Position im Raum verwiesene Mann zieht es vor, seiner Frau von der Schmach nicht zu berichten.

Mit seinem Sohn führt Mr. Pooter ein ernstes Gespräch über die tägliche Fahrerei. Lupin Pooter ist ein Draufgänger und Taugenichts, der die vom Vater erarbeitete soziale Position der Familie nutzt, um talentbefreit von einer Anstellung in die nächste zu stolpern. Nachdem er durch eine Börsenspekulation zu etwas Geld gekommen ist, mietet sich der Sohn direkt eine *pony-trap* an, eine sportliche, zweirädrige Kutsche. Mr. Pooter ist über diese »ungeheure Verschwendung« empört. Lupin hält seinen Vater für »etwas veraltet« und antwortet lapidar: »Man muss ja irgendwie in die City kommen.«[2] Der Vater setzt lieber auf Beständigkeit: »Mein Junge, als Ertrag von einundzwanzig Jahren Fleiß und strikter Konzentration auf die Interessen meiner Dienstvorgesetzten habe ich [...] eine Gehaltserhöhung von hundert Pfund erhalten.«[3]

Das Buch endet mit Mr. Pooters größtem Glück. Sein Chef teilt ihm mit, dass er in Anerkennung seiner Verdienste sein Haus in Holloway kaufen und ihm übergeben werde.[4] Der missratene Sohn Lupin hatte den Vater kurz zuvor noch wissen lassen, dass er das Elternhaus verlassen müsse, um ein möbliertes Appartement in Bayswater, nahe des Hyde Parks, zu beziehen: Durch eine gute Adresse könne man nie etwas verlieren, und Holloway sei nun einmal *a bit off*, also ein wenig abseits, vielleicht auch ein wenig daneben.[5] Die Schlussszene ist bezeichnend: Indem er Mr. Pooter als Anerkennung für seine jahrzehntelange Arbeit den Haustraum im Vorort sichert, macht der Chef ihn zugleich auf den sozialen Abstand zwischen ihnen beiden aufmerksam. Denn diese Wohltat ist so groß, dass Mr. Pooter sie niemals wird erwidern können.

The Diary of a Nobody ist ein Buch, in dem sich eine statusbewusste Mittelschicht selbst wiederfinden konnte. Mr. Pooter ist in seiner übertriebenen Sorge um die eigene Ehre eine lächerliche Figur. Aber er ist eben auch ein Mann, der sich durch Pflichtbewusstsein und durch treue Hingabe seine Position erarbeitet hat. In der Geschichte Pooters wird sichtbar, wie wichtig die Platzierung im Raum für die soziale Stellung eines Menschen ist. Die Arbeit ermöglicht respektables Wohnen – und respektables Wohnen erlaubt es, einen sozialen Status zu demonstrieren und Kontakte zu knüpfen, die das eigene berufliche Fortkommen befördern. Im Pendeln werden Arbeit und Wohnen im Wortsinne miteinander zu einer Achse der Anerkennung verbunden. Deswegen gilt: Zeig mir, wie, woher und wohin du pendelst, und ich kann dir sagen, wer du in der Gesellschaft bist.

Axel Honneth, der in der Tradition der Kritischen Theorie der Frankfurter Schule arbeitet, hat den Begriff der Anerkennung in den Mittelpunkt seiner Sozialphilosophie gestellt. Er stützt sich dabei sowohl auf Hegel als auch auf den US-amerikanischen pragmatistischen Philosophen und Psychologen George Herbert Mead. Eine Grundüberlegung Honneths besagt, dass Menschen auf die Anerkennung durch andere Menschen angewiesen sind, um ihre eigene Identität zu entwickeln und eine positive Beziehung zu sich selbst aufzubauen. Mich selbst akzeptieren und positiv auf mich selbst blicken kann ich nur dann, wenn ich mich von anderen als der Mensch, der ich bin, mit meinen allgemeinen

Rechten wie meiner persönlichen Biographie und meinen besonderen Fähigkeiten anerkannt weiß.

Honneth unterscheidet verschiedene Formen der Anerkennung und, damit verbunden, verschiedene Formen sozialer Missachtung. An dieser Stelle sind Formen von Anerkennung interessant, die Honneth mit den Begriffen der Wertschätzung und der Solidarität umschreibt. Anerkennung gilt hier »den besonderen Eigenschaften, durch die Menschen in ihren persönlichen Unterschieden charakterisiert sind«.[6] Die individuellen Eigenschaften und Fähigkeiten eines Menschen können von anderen geschätzt und gelobt oder ignoriert und abgewertet werden.

Wir alle werden in dem, was wir sind und was wir tun, permanent von anderen beurteilt. Diese Urteile beruhen oftmals auf Werten, die in der gesamten Gesellschaft akzeptiert oder doch von hinreichend großen Gruppen geteilt werden. Geteilte Werte bieten den Einzelnen bei der Frage Orientierung, was gut und was schlecht, was lobenswert und was kritikwürdig ist. Personen können, so Honneth, entsprechend danach beurteilt werden, »in welchem Maße sie an der Umsetzung der kulturell definierten Werte mitwirken können«.[7] Eigenschaften und Fähigkeiten von Personen sind dann wertvoll, wenn sie »dazu in der Lage erscheinen, zur Verwirklichung der gesellschaftlichen Zielvorgaben beizutragen«.[8]

Welche Werte in einer Gesellschaft gelten, welche Eigenschaften und Fähigkeiten in welchem Umfang wertgeschätzt werden, zeigt sich unter anderem daran, welche Arbeit wie entlohnt wird und soziales Ansehen genießt. Doch Wertschätzung als Form der Anerkennung findet sich nicht nur am Monatsende auf dem Konto oder in warmen Worten für das Geleistete. Wertschätzung wird auch in Beton gegossen und in Busfahrpläne eingespeist. Gerade weil das Pendeln in vielen Hinsichten staatlich geplant und öffentlich organisiert werden muss, zeigt sich hier, was und wen wir achten beziehungsweise wo es mit der Anerkennung nicht weit her ist. Indem sich Politik und Öffentlichkeit kaum um die Verbesserung bestimmter Pendelwege kümmern oder, im Gegenzug, bestimmten Pendelwegen besondere Aufmerksamkeit schenken, wird implizit immer auch der Wert bestimmter Arbeiten und bestimmter Wohnverhältnisse beurteilt. Indem die Gesellschaft die Bedürfnisse spezifischer Gruppen von Pendlerinnen und Pendlern kaum in den Blick nimmt, bringt sie auch zum Ausdruck, dass sie von den Fähigkeiten dieser Gruppen nur wenig hält. Wer für seine Arbeit schlecht bezahlt wird und sich in seiner Tätigkeit kaum anerkannt sieht, stößt oftmals auch auf besonders große Hindernisse auf dem täglichen Arbeitsweg.

Von Schienen und Straßen

Die Geschichte des Pendelns ist eine Geschichte der gesellschaftlichen Wertschätzung bestimmter Arbeits- und Wohnformen. Dies zeigen schon frühe Beispiele wie die bereits erwähnten Arbeiterzüge, die zu speziellen Uhrzeiten verkehrten und zu deutlich ermäßigten, staatlich geregelten Tarifen genutzt werden konnten. Eine solche Maßnahme kann als Wertschätzung der Fähigkeiten der Arbeiterschaft interpretiert werden. Immerhin nahm sich die Politik ihrer alltäglichen Mobilitätsbedürfnisse an. Zugleich, das sollte nicht übersehen werden, wurde den Fahrgästen in solchen Zügen ein Platz in der sozialen Hierarchie zugewiesen. Wer diese Züge nahm, legte offen, dass sein Lohn für eine »reguläre« Fahrt mit dem neuen Verkehrsmittel Eisenbahn nicht ausreichte.

Die Hierarchien werden noch deutlicher, wenn man die Arbeiterzüge mit einem Verkehrsmittel wie den sogenannten Bankierszügen der Berliner S-Bahn vergleicht. In der Berliner Stadtentwicklung zeigte sich ein schon von London her bekanntes Muster: Sobald es die verkehrstechnischen Möglichkeiten erlaubten, zog die Elite aus dem Zentrum hinaus in eigens für sie geschaffene Villenvororte im Grünen. Ein Investor, der Hamburger Immobilienmogul Johann Anton Wilhelm von Carstenn, kaufte etwa die Rittergüter Wilmersdorf und Lichterfelde und verwandelte die Areale in Wohnviertel für Wohlhabende. Er hatte dieses Vorgehen in Hamburg zuvor schon erprobt und dort in den 1860er Jahren die Villensiedlung Marienthal erschaffen. Vertraglich vereinbarte Carstenn mit der Anhalter Bahngesellschaft die Einrichtung eines Bahnhofs und konnte den in seine Straßen ziehenden Pendlern somit eine optimale Anbindung ans Stadtzentrum garantieren. Nebenan in Potsdam, mit seinem königlichen Saisonbetrieb, hatte man die Vorzüge des Pendelns schon seit Jahrzehnten erprobt:

> Die Potsdamer, die mit der Bahn fuhren, waren hauptsächlich Berliner aus der obersten Militär- und Beamtenhierarchie, die im Sommer in Potsdam wohnten, weil der Hof sich im Sommer in den Potsdamer Schlössern aufhielt. Diese hochgestellten Militärs und Beamte suchten mehrmals in der Woche ihre Ministerien usw. in Berlin auf, wo die Büros mit den Archiven und dem untergeordneten Personal verblieben. So fing die städtebauliche Trennung von Arbeitsplatz und Wohnen ganz von oben an.[9]

Im frühen 20. Jahrhundert wurden dann die Bankierszüge eingerichtet. Diese Züge verbanden eben die Villenvororte im Südwesten Berlins mit dem Potsdamer Fernbahnhof in direkter Nachbarschaft zum Potsdamer Platz. Die Züge hielten auf dem Weg zum Stadtzentrum nur einmal; so blieb die gut betuchte Bewohnerschaft der neu geschaffenen Vororte weitestgehend unter sich. Hinzu kamen »besonders komfortabel ausgestattete Fahrgasträume. Dicke Polsterungen und eine gediegene Innenausstattung [...] sprachen ein besonderes Publikum an.«[10]

Natürlich kann es unter vielen Umständen sinnvoll sein, Züge einzusetzen, die Vororte schnell und ohne Zwischenhalt mit einem Stadtzentrum verbinden. Entscheidend ist jedoch der Umstand, dass dieser Mobilitätsvorteil exklusiv den wohlhabenden Geschäftspendlern der Villenkolonien und nicht der weitaus größeren Gruppe von Pendlerinnen und Pendlern aus anderen Vororten gewährt wurde. Daran ändert auch das Argument nichts, dass die Wannseependler zu den zahlungskräftigsten Kunden der Berliner Bahnen gehörten. Denn das setzt die in Frage stehende Anerkennungsordnung bereits voraus: Wer so denkt, hat schon entschieden, dass der Zugang zu alltäglicher Mobilität nach den Kriterien von Einkommen und Vermögen verteilt werden soll.

Soziale Hierarchien spiegelten sich auch in der distinktionsbewussten Ausstattung der verschiedenen Wagenklassen. Die Armen reisten in den Zügen zunächst ohne Dach. Sie waren Wind und Wetter ebenso ausgesetzt wie dem Rauch der Lokomotiven. »Auch nachdem gesetzlich vorgeschrieben [war], die Waggons der 3. und 4. Klasse zu überdachen […], [machten] diese mehr den Eindruck geschlossener Güterwagen denn Personenwagen.«[11] Im Gegensatz dazu prägten Traditionen adligen und bürgerlichen Reisens, wie Kulturhistoriker Schivelbusch aufgezeigt hat, die Gestalt europäischer Bahnwagen der höheren Klassen:

> Die Wagen, in denen sie fahren, sind auf die Eisenbahn montierte Kutschen. […] Das Abteil, diese so gut wie unveränderte Übernahme des Kutschenkastens, soll den Reisenden der 1. Klasse (und in reduziertem Maße auch der 2. Klasse) versichern, dass er weiterhin wie in einer Kutsche, nur billiger und schneller, reist.[12]

Die ersten europäischen Züge verfügten nicht einmal über Gänge, die die einzelnen Abteile miteinander verbanden. In den USA hingegen existierten keine langen Traditionen des Reisens in der Kutsche. Die Eisenbahn erschloss große Teile eines weiten Landes, in dem Reisen zuvor oftmals nur per Schiff und auf den großen Flüssen möglich waren. Entsprechend orientierte sich der US-Waggonbau am Vorbild des Dampfschiffes. Man reiste im Großraumwagen und war somit während der Fahrt mobil. Amerikanische Reisende, so berichtet Schivelbusch, sprachen denn auch »auf europäischen Bahnen vom ›Eingesperrtsein in einem kleinen Abteil‹ und [empfanden] es als unangenehm, während der Reise nicht frei durch die Wagen und den Zug sich bewegen zu können«.[13] Die konkrete Ausgestaltung sozialer Distinktion in den neuen Verkehrsmitteln folgte auf beiden Seiten des Ozeans historisch eingeübten Mustern.

Die Politik war über lange Zeit hinweg Getriebene der rasanten Modernisierungsprozesse. Auch fehlte ihr oft die Freiheit, sich bewusst zwischen grundsätzlich verschiedenen Alternativen in der Organisation täglicher Mobilität entscheiden und so aktiv Wertschätzungspolitik betreiben zu können. Dies änderte sich erst mit den technischen Durchbrüchen im Bereich des motorisierten Individualverkehrs. Es ist damit an der Zeit, die im vorangegangenen Kapitel begonnene Darstellung zentraler Entwicklungen in der Geschichte des Pendelns fortzusetzen.

Nach 1900 begann der Siegeszug des Automobils. Zwar waren deutschen Ingenieuren wie Carl Benz und Wilhelm Maybach schon in den 1880er und 1890er Jahren große Erfindungen und beeindruckende Fahrzeuge gelungen. Doch die Pioniere des Pendelns im eigenen Pkw arbeiteten nach der Jahrhundertwende in den USA.

Das Wachstum der Städte in den Vereinigten Staaten wies im 19. Jahrhundert viele Parallelen zu europäischen Entwicklungen auf. In der ersten Jahrhunderthälfte waren die Städte zumeist noch so klein, dass sich tägliche Wege zu Fuß bewältigen ließen.[14] Der Ausbau der Eisen- und vor allem der Straßenbahn erlaubte es nach 1850 auch vielen Angehörigen der Mittelschicht, sich den engen und schmutzigen Stadtzentren zu entziehen, in den Vororten zu wohnen und von dort aus täglich in Richtung Downtown zur Arbeit zu pendeln. Einen solchen typischen Suburbanisten präsentiert etwa Franz Kafka, der die USA nie mit eigenen Augen gesehen hat, in seinem Roman *Der Verschollene* (1911). Herr Pollunder wohnt auf einem kleinen Landgut in der Nähe von New York, »wo er aber allerdings nur die Abende verbringen konnte, denn er war Bankier und sein Beruf hielt ihn in Newyork den ganzen Tag«.[15] Pollunder schwärmt vom freien Land, wo man den Vorortzug pfeifen hört,[16] und erkundigt sich bei seinem Besucher Karl Roßmann: »Scheint es Ihnen nicht auch, daß man auf dem Lande sozusagen befreit wird, wenn man aus der Stadt herkommt.«[17]

Eisenbahngesellschaften boten denjenigen, die in den neu entstandenen Vororten von Boston, Chicago oder New York lebten, vergünstigte Tickets an, sofern sie mehrmals in der Woche auf derselben Strecke unterwegs waren. Aus diesen *commutation tickets* leitet sich der englische Begriff für Pendlerinnen und Pendler ab: *commuter*.[18] Ähnlich wie in Europa waren es auch in den USA private Unternehmen, die den öffentlichen Nahverkehr ausbauten und dabei mit Baukonsortien eng kooperierten. Nicht selten waren sie als Aktiengesellschaften organisiert und arbeiteten unter hohem Konkurrenzdruck nach den Grundsätzen der Gewinnorientierung und Profitmaximierung. Lokale Behörden und staatliche Autoritäten milderten die daraus resultierenden Entwicklungen, anders als in den europäischen Staaten, zumeist nicht mit klaren Auflagen zur Durchführung des Bahnbetriebs ab. Die Entwicklung der Straßenbahnnetze orientierte sich denn auch schwerlich an den Interessen der gesamten Stadtgesellschaft und folgte kaum grundsätzlichen stadtplanerischen Überlegungen.

All dies führte nicht nur zu einer wachsenden Unzufriedenheit mit den Bahnen. Viele Gesellschaften gerieten auch wirtschaftlich immer stärker unter Druck, als nach der Wende zum 20. Jahrhundert große Investitionen für den Ausbau oder die Sanierung der Bahnnetze zu stemmen waren. Die Öffentlichkeit erwartete von den nach rein privatwirtschaftlicher Logik funktionierenden Verkehrsunternehmen, die notwendigen Maßnahmen selbst zu finanzieren. Viele Firmen waren dazu aber nicht in der Lage. In den 1920er und 1930er Jahren häuften sich die Insolvenzen.

Zeitgleich nutzten in den frühen 1920er Jahren mehr Menschen als je zuvor die Straßenbahnen. 1923 wurden in den USA

15,7 Milliarden Einzelfahrten statistisch erfasst.[19] Die Tram wurde insbesondere zum öffentlichen Verkehrsmittel der Arbeiterschaft. Mit der Straßenbahn fuhren Arbeiterinnen und Arbeiter nicht nur in die Fabriken, sondern in der knapp bemessenen Freizeit auch an die Ränder der großen Städte und somit hinaus aufs Land. Parallele Entwicklungen zeigten sich, teilweise zeitversetzt, auch in anderen Staaten. In den ersten Jahrzehnten des 20. Jahrhunderts boomte in Europa der öffentliche Nahverkehr auf den Schienen und Straßen. Die Straßenbahnnetze wurden massiv ausgebaut und elektrifiziert und verdrängten die Pferdebahnen. Motorisierte Busse lösten die alten Pferdebusse ab. Am 31. Oktober 1910 waren in London jeweils genau 1142 motorisierte Busse wie Pferdebusse zugelassen. Nur vier Jahre später war der letzte Pferdebus von den Straßen der britischen Hauptstadt verschwunden. Im selben Jahr, 1914, wurden 800 Millionen Fahrten mit der Londoner Straßenbahn gezählt.[20]

Auch die Eisenbahn erlebte im frühen 20. Jahrhundert ihre Hochzeit als bevorzugtes Verkehrsmittel täglichen Fahrens. Arm in Arm trieben Eisenbahngesellschaften und Bauunternehmen die Suburbanisierung voran. In immer größerer Entfernung von den alten Stadtzentren wurden Dörfer zu Vorstädten ausgebaut oder neue Viertel gleich ganz aus dem Boden gestampft. Die Abhängigkeit neuer bürgerlicher Wohnmöglichkeiten von attraktiven Pendelverbindungen wurde nirgendwo deutlicher sichtbar als im sogenannten *Metro-land* im Nordwesten Londons.[21] Eine ganze Region wurde hier von der *Metropolitan Railway* systematisch als Wohnort erschlossen. Die Eisenbahngesellschaft gründete ein eigenes Bauunternehmen und verkaufte mit Gewinn Häuser und Grundstücke an aufstrebende Angestellte, die dadurch zugleich zu Pendlern und somit verlässlichen Kunden der eigenen Eisenbahnlinie wurden. Noch Jahrzehnte später, lange nach dem Zweiten Weltkrieg, galt *Metro-land* je nach Perspektive als Sinnbild des bürgerlichen Idylls im Grünen oder aber als Inbegriff der unerträglichen Enge und Ödnis des Lebens im Vorort.

Innovationen und rekordverdächtige Fahrkartenverkäufe konnten aufmerksame Beobachter jedoch bald nicht mehr darüber hinwegtäuschen, dass sich der öffentliche Verkehr auf der Schiene wie der Straße auf dem Rückzug befand, zunächst in den USA, dann auch andernorts. Die vorhandenen städtischen Strukturen beförderten diese Entwicklung. Ein zuverlässig funktionierendes Straßenbahnnetz ließ sich angesichts eines ständig zunehmenden Autoverkehrs in den engen Straßen der US-Zentren immer weniger aufrechterhalten. Den Kampf um den begrenzten städtischen Raum entschied das Auto vielerorts für sich. Am Vorabend des Zweiten Weltkriegs war der Straßenbahnverkehr in den Vereinigten Staaten so gut wie am Ende.[22]

Die Geschichte des Untergangs der Straßenbahnen in den USA hält einige Lehren bereit. Hier zeigt sich, dass der Triumph des Autos kein Selbstläufer war, sondern auf eine Vielzahl historischer Umstände zurückzuführen ist. Dazu gehörten vor allem eine fehlende systematische Verkehrsplanung, eine das Auto begünstigende stadträumliche Entwicklung, eine rein profitorientierte Verkehrspolitik und eine dadurch bewusst in Kauf genommene geringe Attraktivität der öffentlichen Verkehrsmittel. Wenn sich US-Amerikanerinnen und US-Amerikaner nach 1910 immer häufiger für ein Auto entschieden, lag dieser Wahl also nicht einfach nur eine persönliche Präferenz zugrunde. Die bestehenden Strukturen selbst legten den Autokauf nahe. Wenn wir heute diskutieren, warum Menschen ein bestimmtes Verkehrsmittel wählen, muss genau diese Strukturfrage in den Blick genommen werden: Inwiefern ist auch in der Beschaffenheit der städtischen Räume, in den existierenden Verkehrsnetzen und Siedlungsformen eine Wahlempfehlung bereits mit eingebaut und die Sache damit vorentschieden? Präferenzen für einzelne Verkehrsmittel lassen sich erst auf Grundlage einer Analyse der gegebenen Strukturen einordnen und bewerten. Ich komme in späteren Kapiteln auf diesen Punkt zurück.

Die Durchsetzung des Autos

Der Aufstieg des Autos beruhte auf seiner Massentauglichkeit. Dafür steht kein Modell so wie das Model T, das Henry Ford 1908 auf den Markt brachte. Der Ford Model T war von Anfang an auf eine breite Kundschaft hin angelegt. Mit der Einführung der Arbeit am Fließband 1913 bereitete Ford nicht nur der industriellen Warenproduktion des Fordismus den Weg, sondern sorgte auch dafür, dass seine Autos bei gleichbleibend hoher Qualität deutlich günstiger verkauft werden konnten. Sein unternehmerisches Programm beschrieb er so:

> Ich werde ein Auto für die breite Mehrheit bauen. Es wird für die Familie groß genug sein – und zugleich klein genug für den Einzelnen, um es zu fahren und zu pflegen. Es wird aus den besten Materialien und von den besten Mitarbeitern nach den einfachsten Entwürfen gebaut werden, die die moderne Ingenieurskunst zu bieten hat. Dabei wird es im Preis so niedrig sein, dass jeder Mann mit einem guten Gehalt eines besitzen und mit seiner Familie den Segen vergnüglicher Stunden in Gottes großen, offenen Räumen genießen kann.[23]

Der Ford Model T, im Volksmund auch *Tin Lizzie* genannt, blieb jahrzehntelang das am meisten verkaufte Automodell der Welt. Die großen drei der Autoindustrie, neben Ford noch General Motors und Chrysler, trieben die Motorisierung der US-amerikanischen Gesellschaft mit großem Erfolg und schwindelerregenden Wachstumszahlen voran. Allein in den 1920er Jahren stieg die Zahl der in den Vereinigten Staaten zugelassenen Pkw von 8,1 Millionen (1920) auf 23,1 Millionen (1929) Fahrzeuge. Damit besaß um 1930 jeder fünfte US-Amerikaner ein Auto,[24] wobei die Zahlen regional teilweise beträchtlich schwankten: So kam in Los Angeles schon 1930 ein Auto auf 1,5 Einwohner, während im selben Jahr in Chicago nur jeder achte Einwohner über einen Pkw verfügte.[25] Der Ford Model T, der 1913 noch 600 US-

Dollar gekostet hatte, war zehn Jahre später für unter 400 US-Dollar zu erhalten; Chevrolet reduzierte im selben Zeitraum seine Stückpreise von 1200 US-Dollar auf knapp unter 500 US-Dollar.[26] Schon bald darauf ließen sich ähnliche Preisentwicklungen auf dem britischen Markt beobachten. So kostete ein kleineres Modell der Marke Austin 1920 noch stolze 495 Pfund. Zehn Jahre später konnte es fabrikneu für 125 Pfund erstanden werden.[27]

Wer es sich irgendwie leisten konnte, stieg aufs Auto um – und suchte die Distanz. So erzählt John Dos Passos in seinem klassischen Großstadtroman *Manhattan Transfer* (1925) vom reichen Anwalt George Baldwin, den es eines Tages in die *Subway* verschlägt. Baldwin hält es in der Enge und dem Lärm der U-Bahn kaum aus. Sein Begleiter erwidert kühl:

> Es tut euch Plutokraten ab und zu ganz gut, wenn ihr seht, wie die andere Hälfte der Menschheit reist … Vielleicht bringt es euch dazu, ein paar von euren kleinen Spielkameraden […] zu veranlassen, daß sie mit ihrem Gekabbel aufhören und uns Lohnsklaven ein besseres Transportmittel spendieren […]. Ich würde mir eine endlose Kette gleitender Plattformen unter der Fifth Avenue denken.[28]

Mit der Durchsetzung des Autos nahm auch die schon zuvor durch Straßen- und Eisenbahn beförderte Suburbanisierung der USA weiter an Fahrt auf. Spätestens in den 1920er Jahren war der Boom der Vorstädte nicht mehr zu übersehen, sie wuchsen bald schon schneller als die städtischen Zentren selbst.[29] Vielerorts setzten jetzt auch Stadtplaner bewusst aufs Auto. Es begann die Zeit, in der Städte auf das Problem überfüllter Straßen mit dem Bau neuer Straßen reagierten. Schnellstraßen wurden in großem Umfang geschaffen, um die Suburbs mit den Stadtzentren und auch untereinander zu verbinden. Die dadurch geschaffene Verkehrsinfrastruktur begünstigte den nur konsequenten nächsten Schritt, den zunehmenden Auszug von Firmen, Gewerbebetrieben und Geschäften aus den Zentren hinaus in die Vorstädte oder auf die grüne Wiese. Was als Suburbanisierung begonnen hatte, setzte sich als konsequente Dezentralisierung der einzelnen städtischen Funktionsbereiche fort.

In diesen Prozessen zeigt sich in aller Deutlichkeit, wie die Kulturtechnik des Pendelns mit ihrem Grundprinzip räumlicher Trennung moderne Gesellschaften bis ins Innerste hinein organisiert. Neue Mobilitätstechniken und soziale Distinktionsbedürfnisse haben uns den Weg in die Fläche geebnet und zur Entstehung jener Vorstadtlandschaften, Schlafstädte, Gewerbegebiete und Industrieparks geführt, in denen sich unser Leben zu großen Teilen abspielt. Menschengemachte Strukturen machen den Menschen: Sind räumliche Trennungen erst einmal etabliert, haben wir kaum eine Wahl, als das Pendeln fortzusetzen.

Hinter der US-amerikanischen Entwicklung blieb Europa um Jahrzehnte zurück.[30] Zwar träumte man schon 1923 in der deutschen *Automobil-Revue* von der goldenen Zukunft des motorisierten Individualverkehrs:

> Der Tag wird kommen – schneller als viele denken –, wo jeder unter dem Erdgeschoß seines Hauses einen Platz in der Garage, die in Zukunft bereitgestellt werden wird, haben wird; wo das Auto – wer weiß? – im Mietpreis inbegriffen ist wie der andere »moderne Komfort«; wo man das Auto, das heißt die Geschwindigkeit, zu Hause hat.[31]

Die Verwirklichung dieser großen Phantasien ließ jedoch erst einmal auf sich warten. In der Weimarer Republik konnte sich neben den Oberschichten nur ein kleiner Kreis von Angehörigen der gehobenen Mittelschicht ein eigenes Fahrzeug leisten. Und auch während der NS-Diktatur blieb das Auto für die übergroße Mehrheit der Deutschen unerreichbar. Der von den Nationalsozialisten propagierte Bau der Autobahnen änderte daran – wie auch die seit 1922 im faschistischen Italien vorangetriebene Errichtung der *autostrada* – ebenso wenig wie die staatlich massiv geförderte Gründung des Volkswagen-Konzerns. Denn noch bevor die ersten Kunden ihren »Kraft durch Freude«-Wagen erhalten konnten, stellte man in den VW-Betrieben auf Kriegswirtschaft um.

Mit Gründung der Bundesrepublik stieg die Zahl der produzierten und verkauften Autos dann rapide an. In den 1950er Jahren setzte auch hierzulande die umfangreiche Motorisierung der Gesellschaft ein, als deren Schlüsseljahrzehnt die 1960er Jahre bestimmt werden können. 1952 wurde zunächst mit insgesamt rund 1,2 Millionen zugelassenen Fahrzeugen das Vorkriegsniveau wieder erreicht. Allein zwischen 1957 und 1960 stieg die Gesamtzahl der genutzten Pkw von 2,5 auf 4,3 Millionen. Im Jahr 1962 besaß bereits mehr als jeder vierte Haushalt ein eigenes Auto. In einer Stadt wie München wuchs die Pkw-Dichte zwischen 1960 und 1980 von 131 auf 322 Pkw pro 1000 Einwohnerinnen und Einwohner. Parallel wurde das Straßennetz massiv ausgebaut. Aus den 2100 Kilometern Autobahn bei Kriegsende wurden bis 1966 bereits 3378 und bis 1985 dann 8198 Kilometer.[32]

Was für die USA schon Jahrzehnte zuvor gegolten hatte, galt nun auch für die Bundesrepublik: Die individuelle Motorisierung beflügelte die Suburbanisierung. Das Einfamilienhaus im Vorort wurde zum Wohntraum, den die breiten Mittelschichten unter anderem mit den intellektuellen Eliten teilten. Im bundesrepublikanischen Denken der 1960er und 1970er Jahre schlug die »Stunde der Einfamilienhausphilosophie«, wie es der Kulturhistoriker Philipp Felsch treffend formuliert. Er porträtiert einen Jürgen Habermas, der vom häuslichen Schreibtisch aus Briefe schrieb, »an Martin Walser, an Niklas Luhmann, an Freunde und Kollegen, die in anderen Winkeln der Bundesrepublik in ihren Einfamilienhäusern saßen«. Felsch fragt aus gutem Grund: »War diese Wohnform die einzig angemessene Behausung für die Dichter und Denker eines Landes, das den historischen Gegensatz von Metropole und Provinz in seinen Neubaugürteln eingeebnet hat?«[33]

Anerkennungspolitik: Autopendler – und alle anderen

Dank der Entwicklung des Autos zum Massenverkehrsmittel konnte die Politik nun tun, was ihr lange Zeit nicht möglich war: Sie konnte Verkehrspolitik proaktiv als Anerkennungspolitik betreiben. Jetzt waren mit Bussen und Bahnen auf der einen und dem Pkw auf der anderen Seite zwei grundlegend verschiedene Optionen zur Organisation der täglichen Mobilität hinreichend breit und zu einem akzeptablen Preis verfügbar. Im Zusammenspiel aus Stadt- und Verkehrsplanung, aus Wirtschafts- und Steuerpolitik – etwa in Gestalt der 1952 geschaffenen Wohnungsbauprämie und der ab 1955 auch für Pkw anerkannten Entfernungspauschale – entstand die die Bonner Republik lange Zeit prägende Anerkennungsordnung. Wessen Arbeit in dieser Ordnung gesellschaftliche Wertschätzung erntete, war unübersehbar: Es war die des Mannes, der als Familienvater und Alleinernährer seiner Frau und seinen Kindern ein Haus im Vorort errichtete und von dort aus täglich mit dem Auto zur Arbeit fuhr.

In einer glänzenden Analyse deutsch-deutscher Postkarten hat der Architekt Ulrich Brinkmann dargestellt, wie umfassend die Verbreitung des Autos und die damit verbundene Lebensform Vorort die Nachkriegsgesellschaft mental geprägt hat. Auf Postkarten landen die Ansichten einer Stadt, die Menschen für bemerkenswert oder typisch, in jedem Fall für gelungen halten. Dies sollte bedenken, wer Postkarten aus den ersten Nachkriegsjahrzehnten betrachtet, auf denen die zu Parkplätzen umfunktionierten alten Marktplätze der Städte zu sehen sind, vom Frankfurter Römerberg bis zum Dortmunder Hansaplatz.[34] Deutlicher lässt sich der Wandel von Wertschätzung kaum demonstrieren: Auf den alten Plätzen, auf denen einst das Herz der Stadt schlug, auf denen die Demokratie erfunden wurde und einmal die Agora, der »Versammlungsort der Bürger« (Hannah Arendt) lag,[35] wurden jetzt Autos abgestellt. Die guten Stuben der Stadt standen denen zur Verfügung, die etwas galten, die als

Pendler in der Stadtmitte nur einen Parkplatz brauchten und ansonsten dort wohnten, wo angesehene Leute wohnen sollten: in den Vororten.

Eine institutionalisierte und gebaute Ordnung, die auf die Anerkennung einer spezifischen Pendelform und, damit verbunden, auf die Auszeichnung bestimmter Lebens- und Arbeitsformen hin angelegt ist, enthält immer auch Urteile über abweichende Formen des Pendelns, des Wohnens und Tätigseins. Wer dem Ideal nicht entspricht, bekommt dies täglich auf dem Weg zur Arbeit zu spüren. Die zur Autorepublik gewordene bundesdeutsche Gesellschaft wurde so auch zum Ort offen verweigerter Anerkennung und verkehrspolitisch unterstrichener Geringschätzung bestimmter gesellschaftlicher Gruppen.

Im Jahr 2022 kamen in Deutschland auf 1000 Einwohnerinnen und Einwohner 579 Pkw.[36] Selbst in der Gegenwart besitzen also mehr als 40 Prozent der Menschen in unserem Land kein eigenes Auto. Diese Zahl verdeutlicht, wie vielen Menschen, wie vielen Arbeits- und Wohnformen eine einseitig das Auto und die am Auto hängenden Tätigkeiten und Lebensweisen bevorzugende Politik mit direkter Missachtung begegnet. Das Problem wird nur etwas kleiner, wenn man diejenigen abzieht, die in den städtischen Zentren so wohnen, dass sie ohne (große) Probleme zu Fuß oder mit dem Rad, dem Bus oder der Bahn mobil sind.

Die Geringschätzung bekamen zunächst die Ehefrauen jener vorbildlich morgens mit dem Wagen zur Arbeit pendelnden Männer des Wirtschaftswunderlands zu spüren. Ohne Auto und damit nur sehr eingeschränkt mobil, blieben sie tagsüber in den Vororten zurück. Hierbei gilt es den schon geschilderten Umstand im Blick zu behalten, dass Prozesse der Suburbanisierung oftmals mit Prozessen der Dezentralisierung und funktionalen Trennung einhergehen. Nur weil die Geschäfte aus den Stadtzentren hinausziehen, ziehen sie noch lange nicht in die Nachbarschaft der Wohnviertel. Sie ziehen in eigene Areale und sind damit ohne Auto von den Wohnvierteln der Vororte aus oftmals ähnlich schlecht zu erreichen wie das Stadtzentrum selbst. Die Busanbindung vieler ganz auf den Pkw-Verkehr hin angelegter Gewerbegebiete ist bis heute kaum ausgebaut.

Man könnte vielleicht zögern, die regelmäßigen Fahrten von Hausfrauen aus den Wohnvierteln heraus zu den Geschäften im Stadtzentrum oder in den Gewerbegebieten im Rahmen einer Analyse des Pendelns zu behandeln. Das zeigt, wie tief das Problem sitzt. Denn damit würde zuallererst die häusliche Arbeit von Frauen geringgeschätzt – eine Verweigerung von Anerkennung, die im mangelnden Interesse am Ausbau attraktiver Alternativen zum Auto ihre konsequente Fortsetzung findet. Dabei waren Hausfrauen, die auf diese Weise arbeiteten, natürlich Pendlerinnen. Zur Erinnerung: Pendeln ist im ersten Kapitel als regelmäßige Fahrt zwischen zwei hinreichend voneinander getrennten Orten bestimmt worden. Da Hausarbeit Arbeit und der regelmäßige Einkauf ein Teil dieser Arbeit ist; da ein Gewerbegebiet wie ein städtisches Einkaufszentrum und ein suburbanes Wohnviertel als Orte deutlich unterschieden sind, ist die Definition erfüllt. Dies gilt umso mehr, wenn Hausfrauen aufgrund der schlechten Verkehrsverbindungen einen relevanten Teil ihrer Arbeitszeit für das regelmäßige Fahren aufwenden mussten. Durch die Verwirklichung des Grundprinzips der pendelnden Gesellschaft, die räumliche Trennung von Wohnort und Arbeitsstätte, werden schon deswegen Anerkennungsordnungen etabliert, weil im Ausgang von diesem Prinzip Arbeit immer als *Lohn*arbeit gedacht wird.

Was die Hausfrauen der Republik über Jahrzehnte erlebten, lässt sich als eine Form von Mobilitätsarmut beschreiben. Von dieser waren und sind nach wie vor häufig auch all diejenigen betroffen, die zur Arbeit pendeln und dafür kein eigenes Auto zur Verfügung haben. In seinem preisgekrönten autofiktionalen Roman *Unser Deutschlandmärchen* (2022) beschreibt Dinçer Güçyeter den täglichen Weg seiner gleichnamigen Hauptfigur zur Arbeit als Lehrling:

4:35 Uhr Nettetal, Doerkesplatz (Abfahrt), 5:05 Uhr Kempen, Bushaltestelle (Ankunft).

5:08 Uhr Kempen, Bushaltestelle (Abfahrt), 5:25 Uhr Krefeld, Hauptbahnhof (Ankunft).

5:32 Uhr Krefeld, Hauptbahnhof (Abfahrt), 6:10 Uhr Neuss, Hauptbahnhof (Ankunft).

Von Neuss Hauptbahnhof aus fährt alle fünf Minuten eine S-Bahn bis zu irgendeiner Haltestelle, deren Namen ich nicht mehr weiß. Um 7:00 Uhr sollen alle am Schraubstock stehen.[37]

Mit dem Auto dauert die Fahrt zwischen Nettetal und Neuss am frühen Werktagmorgen nur halb so lang. Güçyeter verdeutlicht die Probleme derjenigen, die sich bei ihrem Weg zur Arbeit weder auf ein Auto noch auf ein ausgebautes Schienen- oder Busnetz verlassen können – sei es, weil ihre Wohnorte und Arbeitsstätten nicht erschlossen sind, sei es, weil sie zu Uhrzeiten fahren müssen, zu denen Bus und Bahn nicht vorgesehen sind.

Man mag vielleicht einwenden, dass hier nur ein einziges Problem vorliege: Viele Menschen haben schlicht zu wenig Geld, um sich ein eigenes Auto leisten zu können und dadurch hinreichend mobil zu sein. Eine solche Analyse sitzt einem grundlegenden Irrtum auf, der noch ausführlich zu diskutieren sein wird.[38] Denn die Tatsache, dass eine Person mit dem Auto in einer Dreiviertelstunde von Nettetal nach Neuss gelangen kann, ist genauso Resultat politischer Entscheidungen und Planungen wie der Umstand, dass dieselbe Person mit Bus und Bahn für dieselbe Strecke doppelt so viel Zeit benötigt. Funktionierende Straßenverbindungen fallen ebenso wenig vom Himmel wie schlechte ÖPNV-Anschlüsse. Wer hier empfiehlt, den Leuten nur irgendwie zu einem Auto zu verhelfen, hat den Primat der Straße und die damit verbundene gesellschaftliche Anerkennungsordnung stillschweigend schon akzeptiert.

Mobilitätsarmut

Dem Problem der Mobilitätsarmut widmet die jüngere Mobilitätsforschung breite Aufmerksamkeit. Mobilitätsarmut, so besagt eine etablierte Konzeption, ist als Resultat von vier einander wechselseitig beeinflussenden Faktoren zu verstehen.[39] Erstens ist die Verkehrsarmut im engeren Sinne zu nennen: Menschen fehlen die geeigneten Verkehrsmittel, da zum Beispiel ihr Wohnort oder ihre Arbeitsstätte nicht hinreichend durch den ÖPNV erschlossen sind. Eng damit verbunden ist, zweitens, das Problem der Kosten: Wo Bustickets oder eine Fahrradreparatur nicht bezahlt werden können, so ein Forscherteam zum Zusammenhang von Teilhabe und Mobilität, droht soziale Exklusion,

> da sich Personen bei unzureichenden finanziellen Ressourcen die Wege zu Zielgelegenheiten zur Erfüllung ihrer täglichen Bedarfe nicht leisten können. Zudem können Strategien zum Aufbringen eigentlich finanziell untragbarer Kosten für die eigene Mobilität zu Lasten anderer lebensnotwendiger Bereiche wie Ernährung, Gesundheit, Freiheit oder Heizkosten gehen und zu Einsparungen essentieller Ausgaben in diesen Bereichen führen.[40]

Hinzu kommt, drittens, die Frage der Erreichbarkeit: Menschen leiden dann unter Mobilitätsarmut, wenn sie die für ihr alltägliches Leben zentralen Orte nicht hinreichend schnell und einfach erreichen können. An die Pendelwege zwischen Wohnort und Arbeitsstätte ist dabei ebenso zu denken wie an die Wege zur Schule, zur Ärztin oder zum Einkaufen. Viertens schließlich sind Menschen dann von Mobilitätsarmut betroffen, wenn sie die negativen Folgen des Verkehrs weit überproportional zu spüren bekommen. Wer weniger Geld zur Verfügung hat, wohnt häufiger an lauten Straßen, zentralen Schienenverbindungen oder in Zonen, die aufgrund der hohen Verkehrsdichte in besonderem Maße mit Luftverschmutzung zu kämpfen haben.

Für die Analyse von Mobilitätsarmut sind die Kategorien Geschlecht und sozioökonomischer Status sowie das Gefälle zwischen Stadt und Land entscheidend. In der Geschichte Güçyeters und beim Blick auf die Hausfrauen der »klassischen« bundesrepublikanischen Ehe und Familie sind uns diese Kategorien schon begegnet. Hier hat sich auch gezeigt, dass Armut oder Reichtum in Sachen Mobilität immer in Bezug auf einzelne Personen beurteilt werden müssen. Wenn ein Auto im Haushalt vorhanden ist, sagt das allein über die Mobilitätschancen der einzelnen Haushaltsmitglieder wenig aus. Wo beispielsweise der Wohnort schlecht angebunden ist und der Mann das Auto für seine tägliche Pendelfahrt beansprucht, sieht sich die ebenfalls pendelnde Ehefrau mit Mobilitätsarmut konfrontiert. Hinzu kommt das Problem eines schrumpfenden Möglichkeitsraums:[41] Wenn Menschen dauerhaft kaum mobil sind, verändert sich auch ihre Perspektive, ihr Blick auf das, was prinzipiell möglich ist – ein Mechanismus, der das Fortbestehen ungerechter und ausschließender Strukturen begünstigt.

Hierarchien gesellschaftlicher Anerkennung können im Zusammenspiel mit einer Verkehrspolitik, die konsequent am Primat des Autos orientiert ist, zu einer strukturell produzierten Abwertung des ÖPNV führen. Wo die Politik die Straße bevorzugt, Busse und Bahnen nur selten fahren und zudem auf vielen Strecken nicht schnell genug sind, rettet sich ins Auto, wer es irgend kann. An den Bushaltestellen und den windigen, nicht überdachten und nur selten einladenden Haltepunkten der Regionalbahn bleiben diejenigen zurück, die auf das Auto keinen Zugriff haben. So wird der Verkehr mit Bus und Bahn, wie es schon der Stadtplaner Dieter von Lüpke in der Mitte der 1980er Jahre provokant zugespitzt formuliert hat, »zum Restverkehr für Alte, Arme, Arbeitslose, Ausländer und Auszubildende«.[42] Der Umstand, dass der ÖPNV oftmals von Gruppen genutzt wird, die gesellschaftlich wenig Wertschätzung erfahren, kann der Politik dann wiederum einen Grund dafür liefern, den Ausbau von Bussen und Bahnen auch weiterhin zu unterlassen. Das sei nicht wichtig genug und ökonomisch von nachrangiger Bedeutung. Außerdem beobachte man doch, dass die Leute lieber Auto fahren wollten. So kann die Politik unter Verweis auf die Präferenzen der Mehrheit, zu deren Entwicklung sie durch strukturelle Anreize selbst maßgeblich beigetragen hat, am Primat der Straße festhalten.

Axel Honneth betont in seinen Überlegungen zur Wertschätzung als einer Form von Anerkennung, dass sich der Wert verschiedener Eigenschaften, Fähigkeiten und Lebensformen »grundsätzlich an den Interpretationen [bemisst], die historisch jeweils von den gesellschaftlichen Zielsetzungen vorherrschen«.[43] Die Frage, welche konkreten Interpretationen sich durchsetzen, hängt davon ab, »welcher sozialen Gruppe es gelingt, die eigenen Leistungen und Lebensformen öffentlich als besonders wertvoll auszulegen«.[44] Hier zeigt sich, warum ein anerkennungstheoretischer Blick auf unsere Praktiken des Pendelns benötigt wird. Offensichtlich klafft eine große Lücke zwischen den funktional für unsere Gesellschaft notwendigen täglichen Fahrten auf der einen und den Fahrten, die wir zum Gegenstand aktiver Verkehrspolitik machen, auf der anderen Seite. Niemand wird ernsthaft bestreiten können, dass unsere Gesellschaft auf den Beitrag derjenigen, die mühsam an den Randzeiten des Tages über schlechte Verbindungen zur Arbeit fahren, um dort für wenig Geld nicht selten körperlich schwer zu arbeiten, zwingend angewiesen ist. Aus funktionaler Perspektive lässt sich also nicht erklären, warum diese Arbeitswege politisch unberücksichtigt bleiben. Erklärbar wird dies erst, wenn wir Pendelpolitik als Anerkennungspolitik begreifen. Diese orientiert sich in ihrer gegenwärtigen Ausformung nicht an tatsächlich gegebenen Mobilitätsbedürfnissen. Vielmehr zeigt sich in ihr, welche Arbeitsformen, mit Honneth gesprochen, als wertvoll gelten, welchen Gruppen es also gelingt, ihre Deutung gesellschaftlicher Ziele durchzusetzen. Pendelpolitik richtet sich nach denen, die als Leistungsträger gelten. Und wenn es sich für Leistungsträger gehört, am Morgen mit dem Auto zur Arbeit zu fahren, bleibt keine Wertschätzung für diejenigen übrig, die spätabends oder in der Nacht mit Bus und Bahn zur Arbeit fahren müssen.

Zum Abschluss dieses Kapitels möchte ich auf ein Beispiel eingehen, in dem sich der enge Zusammenhang zwischen sozialer Geringschätzung und Mobilitätsarmut in aller Deutlichkeit zeigt.[45] Am Mittwoch, dem 19. Juli 2023, setzte der Lokführer des RE 4420 im niedersächsischen Achim gerade seinen Zug in Bewegung, als Dutzende von Menschen vor ihm auf die Gleise traten. Sie planten offenkundig, den Zug zu stoppen, um noch mitfahren zu können. Der Zug hielt, mitfahren konnten sie dennoch nicht. Stattdessen wurde zunächst die Polizei verständigt, anschließend ermittelte die Bundespolizei.

Wie sich später herausstellte, handelte es sich bei den Menschen auf den Gleisen – die Zahlen zu den Beteiligten schwanken zwischen 5 und 200 – um Pendlerinnen und Pendler. Sie arbeiteten in Achim in einem Versandzentrum des Logistikunternehmens Amazon. Vom Bahnhof Achim aus ist das Versandzentrum mit Bussen zu erreichen, die in ihrer Taktung auf den Zugverkehr abgestimmt sind. Zu Problemen führte in diesen Tagen jedoch eine Baustelle. Die Busse hielten aufgrund von Sanierungsarbeiten nur in größerer Entfernung zum Bahnhof, was die Mitarbeiterinnen und Mitarbeiter unter Zeitdruck setzte. Einige versuchten daher, eine Abkürzung über Böschung und Gleisbett zu nehmen, um den Regionalexpress doch noch zu erreichen.

Selbstverständlich soll das potentiell lebensgefährliche Verhalten dieser Pendlerinnen und Pendler hier weder entschuldigt noch gutgeheißen werden. Dennoch ist bemerkenswert, in welcher Tonlage der Vorfall in den Medien aufgegriffen wurde. Nicht nur die *Bild*, sondern etwa auch *Spiegel Online* verwendeten in ihren Headlines den Begriff »Pendlermob«.[46] Im launig-ironischen Ton lässt *Spiegel Online* zwei Tage später einen weiteren Bericht folgen.[47] Die Mitarbeiterinnen und Mitarbeiter hätten »offenbar« aufgrund der Baustelle Zeitdruck gehabt, sie hätten daher anstelle der Unterführung die »selbstdachte Überführung« gewählt. »Dabei wäre die nächste Bahn schon 23 Minuten später gefahren.« Nebenbei erfuhr man im Nachbericht, wie die Polizei und Amazon auf den Vorfall am nächsten Tag reagierten, nämlich mit erhöhter Präsenz am Bahnhof und werkseigenen Aufpassern vor Ort, die erneute Vorfälle verhindern sollten. Sie hatten Erfolg: »Zum Gleis rennt am Donnerstagnachmittag keiner. Die Amazon-Mitarbeiter schlendern zum Bahnsteig, vertieft in Gespräche. Oder mit Kopfhörer im Ohr. Der nächste Zug kommt schließlich bald.«

Geschäftsleute mögen sich am Frankfurter Hauptbahnhof so schlecht benehmen, wie sie nur wollen. Vermutlich würde sie kein Medium je als »Pendlermob« bezeichnen. Der Geschäftsmann darf auf Zustimmung und geteilte Empörung, in jedem Fall auf Mitgefühl rechnen, wenn er sich über eine 20-minütige Verspätung seines ICE beklagt. Die Botschaft an die Adresse der Pendlerinnen und Pendler von Amazon lautet dagegen: Jammert nicht rum, der nächste Zug kommt doch schon in 23 Minuten! Es ist an der lokalen, in Syke ansässigen *Kreiszeitung*, das Geschehen einzuordnen und die »Stilisierung« des Vorfalls zu kritisieren:

> Ein Großteil der rund 1900 Mitarbeiterinnen und Mitarbeiter von Amazon in Achim wohnt in Bremen, viele pendeln täglich mit der Bahn zur Arbeit. Dass es rund um die Schichtwechselzeiten bei Amazon an den beiden Bahnhöfen Achim und Baden zu hohem Passagieraufkommen und teils Gedränge auf den Bahnsteigen kommt, wenn die Züge in oder aus Richtung Bremen von vielen Amazon-Mitarbeitern gleichzeitig und zusätzlich zu den sonstigen Fahrgästen genutzt werden, ist bereits seit Längerem bekannt.[48]

Mit anderen Worten: Das Ereignis in Achim lässt einen klassischen Fall von Mobilitätsarmut sichtbar werden. Die vorgehaltene Verkehrsinfrastruktur wird den Bedürfnissen von Pendlerinnen und Pendlern, die ohnehin mit mindestens zwei Umstiegen in Achim und in Bremen konfrontiert sind, deutlich erkennbar nicht gerecht. In den amüsierten Reaktionen auf den Vorfall spiegelt sich auch Geringschätzung für eine Arbeit, die funktional für unsere Gesellschaft immer wichtiger und dabei zugleich unter teilweise dramatisch schlechten Bedingungen ausgeführt wird. Nur so lässt sich überhaupt erklären, dass das Verhalten von Polizei und Amazon am nächsten Tag nicht kritisch hinterfragt, zumindest aber die naheliegenden Fragen in den Texten zum »Pendlermob« nicht gestellt wurden: Warum wurde die Taktung des Busverkehrs nicht an die Baustelle angepasst? Warum setzte man stattdessen allein auf Sozialdisziplinierung durch Polizei und werkseigene Security? Eine Geschäftsbank und ein Industriekonzern würden sich bei einem vergleichbaren Vorgehen der Polizei vermutlich mit Erfolg darüber beschweren, dass man das eigentliche Problem nicht löse, sondern stattdessen die Mitarbeiterinnen und Mitarbeiter »wie Kriminelle« behandle.

Im Pendeln spiegeln sich in vielerlei Hinsicht die in einer Gesellschaft existierenden Anerkennungsverhältnisse wider. Dies wird nicht zuletzt immer dann deutlich, wenn sich Wohn- und Arbeitsformen und damit auch die tägliche Mobilität wandeln. Über lange Jahrzehnte erfuhren primär diejenigen soziale Wertschätzung, die in den Vororten und Speckgürteln wohnten und mit dem Auto zur Arbeit fuhren. Seit ein paar Jahrzehnten, bedingt durch die Wiederentdeckung der städtischen Zentren und damit einhergehende Prozesse der Gentrifizierung, aber auch durch die immer drängenderen Fragen der Ökologie und Klimakrise, verschieben sich die Gewichte. Noch immer genießt das Auto weithin höchstes Ansehen. Zugleich gilt jedoch, dass Autofahrt nicht mehr gleich Autofahrt ist. Wer in der Stadtmitte wohnt, sein Auto meistens stehen lässt und stattdessen die Straßen- oder S-Bahn nutzt, darf auf Beifall hoffen. Wer hingegen draußen wohnt und täglich mit dem Auto in die Stadt fährt – oft genug aus Mangel an Alternativen –, wird zunehmend als Problem wahrgenommen, als Beitrag zur Verstopfung und Verschmutzung des städtischen Raums. Die schärfer werdenden Auseinandersetzungen zwischen Stadtbewohnerinnen und Einpendlern verlangen grundsätzliche Antworten auf die Frage, wie tägliche Mobilität in den urbanen Räumen unserer Gegenwart geplant wird und wann sie für alle gelingen kann.

4.
In die Städte pendeln: Entfernung und Erwärmung

In der historischen Entwicklung der täglichen Mobilität ist uns bisher ein dominierendes Muster begegnet: Seit dem 19. Jahrhundert zog es die Menschen aus den Städten ins Grüne, aus den dicht bebauten Zentren in die Vororte. Infolgedessen fransten viele Städte völlig aus. Es entstanden Verkehrsstrukturen, wie sie das Pendeln noch heute prägen, etwa die Rushhour: Wo die Mehrheit in den Vorstädten wohnt und morgens in die Stadt zur Arbeit und am späten Nachmittag zurück nach Hause fährt, sind Staus und stark frequentierte Züge im System selbst angelegt. John Dos Passos hat in *Manhattan Transfer* dafür schon in den 1920er Jahren ein treffendes Bild gefunden: Die Viertel der Pendelstädte kennen Ebbe und Flut.[1] Tagsüber herrscht in Downtown Hochbetrieb und in den Wohnorten gähnende Leere. Nachts liegt eine Totenstille über dem Geschäftsviertel – was nicht unbedingt bedeutet, dass in den Schlaforten das pralle Leben blüht.

In Großbritannien siedelte bereits in der Zwischenkriegszeit fast ein gesamtes Drittel der Bevölkerung in die rasch wachsenden Vororte und Retortenstädte um.[2] Die Suburbanisierung war allgegenwärtig, wovon nicht zuletzt die populäre Literatur jener Jahrzehnte zeugt. Ein kurzer Blick in Agatha Christies Krimis genügt: Im *Blauen Express* (1928) verlässt Katherine Grey London im luxuriösen Pullman-Eisenbahnwagen, »blickte aus dem Fenster und betrachtete die scheinbar endlose Abfolge von deprimierenden Straßen und Vororthäusern«.[3] Ähnlich unbegeistert mustert der frisch vom jahrelangen Dienst in den Kolonien heimgekehrte Polizeibeamte Luke Fitzwilliam in *Das Sterben in Wychwood* (1939) die Entwicklungen in seiner englischen Heimat:

Und die Menschen erst! Himmel, die Menschen! Scharenweise Gesichter, so grau wie der Himmel – bange, besorgte Gesichter. Und auch die Häuser, die überall wie Pilze aus dem Boden schossen. Hässliche kleine Häuser! Widerliche kleine Häuser! Die ganze Landschaft voll von prätentiös herausgeputzten Schuhkartons.[4]

In *Die Halloween-Party* (1969) wird Meisterdetektiv Hercule Poirot nach Woodleigh Common gerufen. Poirots Freundin, die Kriminalautorin Ariadne Oliver, gibt ihm ein kurzes Porträt der Schlafstadt: »Es ist einer von den Orten, wo es ein paar schöne Häuser gibt und in letzter Zeit viel gebaut worden ist. Ein reiner Wohnort. In der Nähe ist eine gute Schule, und die Leute können leicht mit dem Vorortzug nach London oder Medchester fahren.«[5] Und in *Der ballspielende Hund* (1937) erinnert Christie am Beispiel des südenglischen Örtchens Basing an die raumgestaltende Macht der großen Pendelwege:

Das Städtchen lag ein wenig abseits von der Autostraße und hatte sich infolgedessen eine gewisse altmodische Würde und Stille bewahrt. Die einzige Straße und der breite Marktplatz schienen zu sagen: »Einst war ich eine wichtige Stadt, und für Menschen von Geschmack und Herkunft bin ich es noch. Mag die neue Zeit mit ihrem Tempo auf der Autostraße dahinrasen – ich wurde in jenen Tagen gebaut, wo Dauerhaftigkeit und Schönheit noch Hand in Hand gingen.«[6]

Christies Welt ist eine Welt der Pendler und der rasant und oft genug planlos in die Landschaften hineinwuchernden Städte. In Frankreich sah es rund um die Hauptstadt kaum anders aus. Georges Simenon schickte seinen Kommissar Jules Maigret 1942 zu Ermittlungen ins Umland von Paris, in die Gartenkolonie Jeanneville, eine aus dem Boden gestampfte Siedlung ohne Geschichte: In die Gegend war »irgendein Geschäftsmann gekommen, dessen Frau oder Freundin wohl Jeanne geheißen hatte«.[7]

Das sagt eigentlich schon alles. Maigret findet auf seiner Suche nach dem Mörder etwas vor, »das weder Dorf noch Stadt war, eine eigene, halbfertige Welt mit Lücken zwischen den bebauten Grundstücken [...] und lächerlich überflüssigen Gaslaternen in Straßen, die kaum mehr als ein Name auf blauem Schild waren«.[8] Wer dies liest, der ahnt: Ein wirklicher Ort mit wirklichem Leben wird aus dieser »Pappmaché-Welt« für Pendelnde, in der die »Häuser wie Spielzeug aussahen und die Bäume aus angemaltem Holz zu sein schienen«, niemals werden.[9]

Der größte Boom der Vorstädte begann in Deutschland erst in der Nachkriegszeit. In London, seit mehr als hundert Jahren Vorreiter in Sachen Moderne, ließ sich in diesen Jahrzehnten bereits ein neuer Trend beobachten. 1964 schrieb die britische Soziologin Ruth Glass: »Nach und nach wurden viele der Londoner Arbeiterviertel von der Mittelschicht erobert. Schäbige, bescheidene Mietskasernen und Cottages – zwei Zimmer oben und zwei unten – wurden mit Ablauf von Pachtverträgen übernommen und zu eleganten, teuren Wohnhäusern umgebaut.«[10] Glass war die Erste, die diese Entwicklung auf einen Begriff brachte:

> Wo dieser Prozess der »Gentrifizierung« in einem Distrikt einmal begonnen hat, entfaltet er sich schnell, bis alle oder doch die meisten der ursprünglichen Bewohner aus der Arbeiterklasse vertrieben werden und sich der gesamte soziale Charakter des Distrikts gewandelt hat.[11]

In den vergangenen fünfzig Jahren haben die in London erstmals diagnostizierten Prozesse der Gentrifizierung beständig an Bedeutung gewonnen: Unter veränderten Vorzeichen zieht es die Reichen wie die Mittelschicht zurück in eigens hierfür sanierte und aufgehübschte innerstädtische Quartiere. Den Preis bezahlen diejenigen, die weichen müssen.

Schon Glass stellte heraus, dass Suburbanisierung und Gentrifizierung nicht als gegenläufige, einander ablösende Entwicklungen verstanden werden dürfen. Die Komplexität der Städte verbietet derart einfach gestrickte Diagnosen. Während Glass die Verdrängung ärmerer Schichten aus den für die Mittelschicht aufgehübschten und komplett überarbeiteten Vierteln in London beobachtete, registrierte sie zugleich, dass die Bevölkerungszahl der Stadtmitte insgesamt weiter sank, der Speckgürtel wuchs.[12] Für diese Entwicklung gibt es viele Gründe: Wenn in einem komplett sanierten Haus in einem gentrifizierten Viertel weniger Menschen als vor der Renovierung leben, verknappt sich der insgesamt verfügbare Wohnraum. Durch das immer höhere Lebensalter und die stetig wachsende Zahl an Singlehaushalten wächst der Wohnraumbedarf zudem beständig. Schließlich konkurriert Wohnbebauung in den städtischen Zentren nach wie vor mit einer Vielzahl an anderen, etwa gewerblichen oder öffentlichen Nutzungsinteressen.

Die Gentrifizierung prägt städtische Strukturen unserer Gegenwart. Zugleich sind Prozesse der Suburbanisierung ungebrochen. So meldete das Bundesinstitut für Bevölkerungsentwicklung (BiB) vor wenigen Jahren zwar: »Deutsche Großstädte mit mehr als 100 000 Einwohnern haben im Jahr 2021 durch Umzüge so deutlich an Bevölkerung verloren wie zuletzt 1994.«[13] Wie viele andere wies jedoch auch das BiB sofort darauf hin, dass veränderte Wohnpräferenzen eine Rolle spielen mögen, die beobachtete Entwicklung jedoch nicht vorschnell als neue Landlust missinterpretiert werden darf. Dagegen spricht zum einen, dass die meisten der die Städte verlassenden Menschen nicht aufs platte Land, sondern ins Umland der Städte ziehen. Zum anderen wird immer wieder auf Wohnraumknappheit sowie die hohen Miet- und Kaufpreise in den Städten als wichtige Gründe der Entwicklung verwiesen. Mit anderen Worten: Viele Einwohnerinnen und Einwohner in »Suburbia« wohnen nicht aus freien Stücken dort, sondern tun es notgedrungen, da sie sich die Städte nicht oder nicht mehr leisten können.

Es war der Wunsch nach sozialer Distinktion, der erst die Eliten, dann die Mittelschicht und schließlich auch große Teile zumindest der ausgebildeten Arbeiterschaft seit dem 19. Jahrhundert hinaus ins Grüne zog. Auf gesellschaftliche Anerkennung konnte zählen, wer sein Eigenheim in den geordneten Verhältnissen der Vorstädte und des Umlands zu errichten wusste. Durch Prozesse der Gentrifizierung dreht sich dieses gesellschaftliche Anerkennungsmuster. Wer etwas auf sich hält, wohnt nun im Zentrum im frischsanierten Altbau, mit Dreimeterdecke, Stuck und Sprossenfenster. Anerkennung findet, wem es gelingt, den eigenen Platz in den alten Vierteln der Stadt zu erobern oder zu verteidigen, wer abends nicht mehr raus ins Umland fahren muss, in die kulturell schon seit Jahrzehnten als Orte der Kleingeistigkeit und Monotonie verschrienen Vorortsiedlungen und Schlafstädte.

Die Gentrifizierung produziert somit neue sozialräumliche Grenzen, definiert ein neues Drinnen und Draußen und eine veränderte räumliche Anerkennungsordnung. Dabei befindet sich noch immer der weitaus größte Teil der Arbeitsplätze in den städtischen Zentren. Viele von denen, die draußen wohnen, müssen täglich in die Städte fahren. Dazu gehören oftmals auch diejenigen, die durch ihre Arbeit das Funktionieren der städtischen Zentren und ihrer Infrastrukturen aufrechterhalten. Angesichts der Klimakrise werden die täglichen Fahrten derer, die draußen wohnen, zunehmend als Problem wahrgenommen. So entsteht aus Gentrifizierung, sozialer Verteilung von Wohnen und Arbeit im Raum und akutem ökologischen Handlungsdruck ein sozial gefährliches Gemisch.

Die Klimakrise als Pendelkrise

Mit Recht stehen Städte im Zentrum der klimapolitischen Aufmerksamkeit. Schon 2015 lebte weltweit mehr als die Hälfte der Menschen in den Städten. Der Trend der Urbanisierung wird sich, insbesondere im Globalen Süden, weiter fortsetzen. Prognosen für das Jahr 2050 gehen davon aus, dass zwei von drei Menschen weltweit im städtischen Raum wohnen und arbeiten werden.[14] Es überrascht daher kaum, dass auch mehr als zwei Drittel aller Emissionen von klimaschädlichen Treibhausgasen städtischen Räumen zugeordnet werden können.[15]

Ebenso wenig kann bezweifelt werden, dass der Verkehrssektor für die Klimapolitik immer bedeutsamer wird. In den gut drei Jahrzehnten zwischen 1990 und 2022 sanken die klimaschädlichen Emissionen in Deutschland insgesamt um etwa 40 Prozent. Während die Energiewirtschaft ihre Emissionen in diesem Zeitraum von 466 Millionen auf 256 Millionen Tonnen CO_2-Äquivalente beinahe halbierte, sanken die Emissionen im Verkehrssektor im selben Zeitraum jedoch kaum, von 164 Millionen Tonnen im Jahr 1990 auf 148 Millionen Tonnen CO_2-Äquivalente im Jahr 2022.[16]

Auf derartige Vergleiche wird gerade im Kontext der andauernden Diskussionen um Deutschlands Klimaziele für einzelne Sektoren gern mit einem Effizienzargument reagiert: Entscheidend sei der Gesamtblick, die Menge der insgesamt eingesparten Emissionen. Wie sich diese Einsparleistungen über die einzelnen Sektoren der Energiewirtschaft, der Industrie und der Gebäude, des Verkehrs und der Landwirtschaft verteilten, sei demgegenüber nachrangig. Dieses Argument verliert jedoch das große Ziel der Klimaneutralität aus den Augen. Wenn eine Gesellschaft bis 2045 Netto-Treibhausgasneutralität erreichen will, kann es gegenwärtig nicht nur darum gehen, die insgesamt freigesetzten Mengen an Treibhausgasen möglichst schnell zu reduzieren. Vielmehr muss auch darauf geachtet werden, alle einzelnen Sektoren so auf Kurs zu bringen, dass sie im Jahr 2045 weitgehend ohne Emissionen auskommen können. Hier liegt das Hauptproblem der klimapolitischen Stagnation im Verkehrssektor. Es ist nicht erkennbar, wie ein so komplexes und träges System wie die Verkehrsinfrastruktur in nur zwei Jahrzehnten klimaneutral werden kann, wenn nicht schon in der Gegenwart massiv umgesteuert wird.

Jede Analyse der klimapolitischen Herausforderungen im Verkehrssektor wird sich früher oder später mit dem Pendeln beschäftigen müssen. Der Thinktank »Agora Verkehrswende« hat dazu 2021 aufschlussreiche Zahlen vorgelegt. Demnach ist jeder fünfte in Deutschland zurückgelegte Kilometer ein Arbeitsweg. 63 Prozent dieser Arbeitswege werden in einem Auto bewältigt, in dem im Schnitt nur 1,075 Personen sitzen.[17] Die Klimakrise wird, wie diese Daten zeigen, vor allem durch die Dominanz des nur von einer Person benutzten Autos in unserer täglichen Mobilität zur Krise des Pendelns.

In dieser Situation geht es um weit mehr als die Menge der pro Personenkilometer freigesetzten schädlichen Emissionen. Es geht um die Belastung viel befahrener städtischer Räume mit Lärm und Luftverschmutzung. Vor allem aber geht es um die Notwendigkeit, Städte so umzubauen, dass sie unter drastisch veränderten klimatischen Rahmenbedingungen weiterhin funktionieren können. An dieser Stelle seien nur die beiden Problemfelder der Stadtbegrünung und der Flächenversiegelung genannt. Pflanzen und Grünflächen leisten einen entscheidenden Beitrag dazu, Städte in immer häufiger auftretenden Hitzeperioden zu kühlen. Ohne hinreichende Begrünung drohen Städte an heißen Tagen immer öfter zu Hitzefallen zu werden, die enorme gesundheitliche Risiken bergen. Stadtbegrünung ist, wie es Verkehrsaktivist Heinrich Stößenreuther und Kollegen formulieren, »keine Frage von lebenswerten Innenstädten, sondern von überlebensfähigen Innenstädtern«.[18] Neben der Hitze ist auch Starkregen ein Extremwetterereignis, das aufgrund des Klimawandels in Zukunft weitaus häufiger auftreten wird.[19] Um Städte vor Überschwemmungen zu schützen, ist es wichtig, Flächen zu entsiegeln, damit Regenwasser versickern und in Böden gespeichert werden kann.

Für Entsiegelung und Begrünung wird benötigt, was in der Stadt besonders knapp und daher stark umkämpft ist: Fläche. In den Mittelpunkt der Auseinandersetzung rücken dabei vielerorts die Verkehrsflächen, an deren Nutzung sich die Probleme existierender Pendelstrukturen in aller Deutlichkeit ablesen lassen. Wenn all diejenigen, die allein im Auto zur Arbeit fahren, auf E-Mobilität umsteigen würden, mag das Problem direkter CO_2-Emissionen gelöst sein. An den Herausforderungen enormer Flächenkonkurrenz in den sich für die Folgen des Klimawandels rüstenden Städten ändert das nichts. Das Pendeln mit dem Auto bleibt ein Problemfall, da das Auto im Vergleich zu allen anderen Verkehrsmitteln viel mehr städtischen Raum beansprucht.

Schon 1994 hat der Stadtplaner Dieter Apel die Effizienz der verschiedenen Transportmittel im städtischen Verkehr miteinander verglichen.[20] Eine drei bis vier Meter breite städtische Verkehrsfläche kann demnach pro Stunde von 120 Bussen, 30 S-Bahnen, 700 Autos oder 5000 Fahrrädern genutzt werden. Blickt man auf die Anzahl der Personen, die in den jeweiligen Transportmitteln unterwegs sind, ergibt sich ein eindeutiges Bild: Über eine Verkehrsfläche derselben Größe können in einer Stunde 5000 Personen radeln oder aber per S-Bahn 36 000 bis 42 000 Personen, im Standardbus 8000 Personen, im Auto jedoch nur 900 Personen befördert werden. Apel legte dabei den damals ermittelten Besetzungsgrad von durchschnittlich 1,3 Personen pro Auto zugrunde. Gegenwärtig werden Besetzungsgrade zwischen 1,3 und 1,5 Personen pro Auto ermittelt; im Berufsverkehr liegt der Wert noch einmal deutlich niedriger, bei 1,1 oder 1,2 Personen.[21] Die grundlegende Herausforderung, darauf weist der Planer Jarrett Walker hin, ist geometrischer, nicht technologischer Natur: Der städtische Raum ist begrenzt und irgendwann gefüllt.[22]

Neuere Zahlen bestätigen Apels Grundaussagen. So rechnete ein Amsterdamer Plan für die Jahre ab 2017 damit, dass ein Auto in Betrieb pro Person 140 Quadratmeter Verkehrsfläche benötigt, eine Straßenbahn pro Person jedoch nur sieben Quadratmeter.[23] Und eine Studie aus dem Jahr 2021 kommt zu dem Ergebnis, dass das Auto in Bremen 63 Prozent, in Kassel 56 Prozent und in Kiel immerhin noch 51 Prozent der Verkehrsflächen für sich beansprucht.[24] Die Verkehrswende-Expertin Katja Diehl bringt das Problem auf den Punkt: »Während wir heute durchschnittlich auf etwa 47 Quadratmetern wohnen, erhält das Auto mehr als das Doppelte an Fläche.«[25]

Bedenkt man dann noch, dass die Anzahl der auf den Straßen fahrenden Autos jedes Jahr weiter steigt und die Autos selbst tendenziell immer größer werden, zeigt sich das Ausmaß des Problems, das im Kern ein Problem mangelnder Leistungsfähigkeit ist: Im Vergleich zu anderen Verkehrsmitteln und gemessen an der benötigten Fläche ist das Auto in den Städten aus gesamtgesellschaftlicher Sicht schlicht ineffizient, wenn es darum geht, Menschen von A nach B zu bringen.

In dieser Lage spricht viel dafür, knappen urbanen Raum zulasten des Autos und zugunsten anderer Verkehrsmittel und klimapolitisch notwendiger Maßnahmen wie Begrünung und Entsiegelung umzuverteilen. Aus der Klimakrise als Krise des Pendelns resultieren damit jedoch schwere Verteilungskämpfe, die eine Fülle an Gerechtigkeitsfragen aufwerfen: Wer sollte wo einen Anspruch darauf haben, parken zu dürfen? Wer sollte überhaupt wo in der Stadt mit dem Auto unterwegs sein können? Wie soll das Verhältnis zwischen dem Auto und anderen Verkehrsmitteln, vor allem dem ÖPNV und dem Fahrrad, neu austariert werden? Hinter all diesen Fragen verbirgt sich ein Grundproblem, das in der interdisziplinären Stadtforschung seit den einflussreichen Werken des französischen Theoretikers Henri Lefebvre als Frage nach dem *Recht auf Stadt* (1968) diskutiert wird:[26] Wer hat warum welches Recht, was wo in der Stadt zu sein und zu tun?

Die pendelnde Gesellschaft mit ihrem Grundprinzip der räumlichen Trennung von Wohnort und Arbeitsstätte spricht prinzipiell auch Pendlerinnen und Pendlern ein Recht auf Stadt zu. Auch wenn sie im Vorort wohnen, haben sie ihre Arbeitsstätte und damit einen der beiden zentralen Orte ihres Lebens in der Stadt. Die Städte sind zudem elementar auf sie und ihre Arbeitskraft angewiesen. Wenn die Flächen für Autos in der Stadt knapper werden und aus den genannten Gründen knapper werden müssen, entstehen Konflikte zwischen den Stadtbewohnerinnen und Stadtbewohnern und denen, die täglich zur Arbeit in die Stadt fahren. Wer diese Konflikte nicht explizit adressiert und eine gut begründete Abwägung vornimmt, sondern die Interessen der Städterinnen und Städter gegenüber denen, die von draußen kommen, prinzipiell priorisiert, bringt Pendlerinnen und Pendler um ihr Recht auf Stadt.

Wer pendelt, ist auch Mensch: halbierte Anerkennung

In ihrem Buch *Responsibility for Justice* erzählt die US-amerikanische Politiktheoretikerin Iris Marion Young die Geschichte von Sandy.[27] Sandy lebt als alleinerziehende Mutter zweier Kinder in einer dringend sanierungsbedürftigen Wohnung. Sie arbeitet in einem Einkaufszentrum und hat Mühe, von ihrem Gehalt die monatliche Miete zu bezahlen. Für ihre Arbeitswege nutzt Sandy den Bus. Sie muss dabei einmal umsteigen und ist anderthalb Stunden pro Pendelrichtung unterwegs.

Dann kauft ein Investor mit großen Plänen das Haus, in dem sie wohnt. Es soll grundlegend modernisiert und in attraktive Eigentumswohnungen verwandelt werden. Sandy erhält die Kündigung und gerät in einen Teufelskreis: Der Wohnungsmarkt ist leergefegt, die Neumieten sind hoch. Nur wenige Wohnungen kommen überhaupt in Frage. Diese liegen jedoch so weit von ihrem Arbeitsplatz entfernt, dass Sandy das Busfahren aufgeben und sich zum Pendeln ein Auto anschaffen muss. Die Kreditraten für das Auto bringen sie finanziell in große Not. Sandy weiß nicht, wie sie neben dem Auto auch noch die Wohnungskaution finanzieren soll. Gelingt ihr das nicht, droht ihr und ihren Kindern die Wohnungslosigkeit.

Young erzählt Sandys Geschichte als Beispiel für strukturelle Ungerechtigkeit. Wer das Beispiel lese, entwickle die Intuition, dass hier etwas grundsätzlich falsch läuft. Zugleich sei es schwierig, Ursachen und Schuldige klar zu bestimmen. Verantwortlich für Sandys Lage sind weder einzelne Personen wie die beteiligten Vermieter noch einzelne politische Entscheidungen und Maßnahmen.[28] Das Problem ist komplex, es ist ein Problem des Ineinandergreifens sehr verschiedener Strukturen.

Sandys Geschichte ist zugleich auch eine Geschichte über den Kampf um Zugehörigkeit zur städtischen Gesellschaft. Was läuft schief, wenn Menschen wie Sandy faktisch nur als Arbeitskräfte und damit als Pendlerinnen in der Stadt willkommen sind, als Bewohnerinnen und Bewohner jedoch nicht? Eine mögliche Antwort auf diese Frage lässt sich im Anschluss an Georg Wilhelm Friedrich Hegel formulieren. Hegel hat sich immer wieder, von den frühen Jenaer Texten nach 1801 über die *Phänomenologie des Geistes* (1807) bis hin zur letzten Auflage seiner *Enzyklopädie der philosophischen Wissenschaften* (1830), mit dem Problem der Anerkennung auseinandergesetzt; seine Überlegungen bestimmen die philosophische Debatte bis heute.[29]

Hegel unterscheidet in der *Enzyklopädie* zwei Formen der Vergesellschaftung: die »wahre Freiheit«, die die Menschen »auf innerliche Weise« vereinigt, und die aus Bedürfnissen erwachsene Gemeinschaft, die Menschen »nur äußerlich zusammenbringt«.[30] Um diesen Unterschied näher zu erläutern, entwickelt Hegel das wirkmächtige Bild von *Herr und Knecht*. Das Bild nimmt seinen Ausgang von der Idee der Begegnung zweier Menschen, zweier Subjekte. Beide haben ihre eigenen Interessen und Bedürfnisse, die sie befriedigen möchten. Dabei kommen sie einander in die Quere, etwa weil sie um dieselben knappen Güter konkurrieren. Es kommt zu dem, was Hegel den »Kampf um Anerkennung« nennt. Aus diesem Kampf geht eines der Subjekte als Herr hervor, der befiehlt, und eines als Knecht, der gehorcht. Was an dieser Stelle entscheidend ist: In dem Moment, wo sie als Herr und Knecht zueinander in einer direkten Beziehung stehen, entwickeln sie ein Interesse an den Bedürfnissen des jeweils anderen. Heikki Ikäheimo formuliert diesen Gedanken so: »Der Knecht ist […] derjenige, der arbeitet, um in konkreter Weise sowohl für seine eigene als auch für die Zukunft seines Herrn zu sorgen. Doch auch der Herr ist *besorgt* um das zukünftige Wohlergehen beider.«[31]

Beide Subjekte lernen auf dieser Stufe, dass sie wechselseitig aufeinander angewiesen sind und entsprechend ein Interesse an einer gemeinsamen und dauerhaften, wie Hegel es nennt, »die Zukunft berücksichtigende[n] und sichernde[n] Vorsorge« haben.[32] Allerdings ist die Anerkennung, die sie einander in diesem Zustand entgegenbringen, bestenfalls eine halbierte: Das eine Subjekt interessiert sich *nicht wirklich* für das gute Leben und die Bedürfnisse des anderen, sondern nur insofern, als es klug genug ist, seine Abhängigkeit von den Leistungen und der Arbeitskraft des anderen zu erkennen.

Ein solcher Zustand der Einsicht in die eigene Angewiesenheit auf den anderen ist daher grundverschieden von einem anderen Zustand, in dem sich beide Subjekte wechselseitig voll anerkennen. Wo volle Anerkennung herrscht, sind die einzelnen Subjekte *um ihrer selbst willen* Gegenstand gemeinsamer Fürsorge. Politisch gewendet: Wo volle Anerkennung herrscht, haben die Individuen ein gesichertes Recht, mitzubestimmen und ihre Sicht der Dinge gleichberechtigt einzubringen.

Im Anschluss an diese Gedanken Hegels lässt sich besser bestimmen, was in Sandys Fall schiefläuft. Stadtgesellschaften der Gegenwart entwickeln sich zumeist im Modus halbierter Anerkennung. Verantwortliche erkennen, dass der Mix aus fortschreitender Gentrifizierung der städtischen Zentren und dadurch befeuerter Suburbanisierung das Leben aus den Städten zieht: Nicht nur Studierende können sich ihre Universitätsstädte häufig nicht mehr leisten und nehmen weite Pendelwege auf sich. Gerade auch diejenigen, die wie Sandy in den für das städtische Leben zentralen Infrastrukturen arbeiten, ob in den Kitas oder Supermärkten, ob als Busfahrerinnen oder in den Pflegeberufen, sehen sich immer häufiger genötigt, hinaus in die Schlaforte zu ziehen. Der »gemeine Massenwohnungsbau«, so formuliert es der Schweizer Architekt Ernst Hubeli pointiert, wird an den Rand gedrängt, in eine »Stadt ohne Stadt im peripheren Nichts«.

Es entsteht ein neues »Pendlerproletariat«.³³ Die Kosten für den Arbeitsweg steigen. Der demographische Wandel tut sein Übriges: Wo in Sektoren wie den Gesundheits- und Erziehungsberufen oder im Einzelhandel überall Stellen unbesetzt bleiben, stellt sich für Berufstätige immer häufiger die Frage, warum sie noch lange Arbeitswege in die Städte auf sich nehmen sollten, wenn sie auch am Wohnort Arbeit finden könnten. So droht den Städten die Arbeitskraft auszugehen.

Aus dieser Erkenntnis folgen jedoch oft nur Strategien der halbierten Anerkennung, die darauf abzielen, das Pendeln attraktiv zu machen. Beispiele hierfür sind steuerliche Vergünstigungen wie die Entfernungspauschale, von Unternehmen geförderte Jobtickets, der Ausbau des ÖPNV, so er denn stattfindet, und nicht zuletzt das laute Rufen nach neuen Ein- und Ausfall-, Umgehungs- und Schnellstraßen. Selbstverständlich gibt es gute Gründe für viele dieser Maßnahmen. Das ändert jedoch nichts an einem grundlegenden Problem: Solche Strategien zielen nicht darauf ab, Menschen für die Städte zu gewinnen, die als Bewohnerinnen und Bewohner in den Städten leben und sich in ihnen entfalten können. Vielmehr geht es darum, hinreichend große Pendelströme zu generieren und damit Arbeitskraft im städtischen Raum verfügbar zu halten. Wo städtisches Wohnen für viele unbezahlbar geworden ist, ist in jeder Maßnahme zur Förderung des Pendelns eine mehr oder weniger explizite Botschaft enthalten: Wir interessieren uns für eure Arbeitskraft und deswegen ein Stück weit auch für eure soziale und materielle Lage. Denn euer täglicher Weg zur Arbeit muss für euch hinreichend attraktiv, zumindest erträglich bleiben. An euch als möglichen, voll anerkannten Mitgliedern unserer Stadtgesellschaft, an euch als Bewohnerinnen und Bewohnern haben wir jedoch kein Interesse.

In Zeiten der Klimakrise muss das Pendeln in die Städte nicht attraktiver, sondern völlig neu organisiert werden. Die Notwendigkeit, neu zu beginnen, birgt zugleich die seltene und große Chance, städtische Gesellschaften grundlegend umzugestalten und das Recht auf Stadt auch denjenigen zu sichern, die bisher nur als Arbeitskräfte wahrgenommen wurden. Der politischen und planerischen Praxis sind damit zwei Aufgaben gestellt: Sie muss zum einen sicherstellen, dass im Zuge des klimaneutralen Umbaus der Verkehrsinfrastrukturen die Interessen aller Betroffenen, der Bewohnerinnen und Bewohner der Städte ebenso wie der Pendlerinnen und Pendler, Anerkennung finden und im Konfliktfall fair ausbalanciert werden. Sie muss zum anderen für einen gerechteren Zugang zu den Städten sorgen. Mehr Menschen muss es wieder möglich werden, in den Städten nicht nur zu arbeiten, sondern in ihnen auch zu wohnen. Dies läuft auf die Forderung hinaus, durch eine neue Vereinigung von Wohnort und Arbeitsstätte viele Pendelwege überflüssig werden zu lassen.

Recht auf Stadt = Recht auf Parken?

Iris Marion Youngs Beispiel von Sandy lässt sich weiterdenken: Nehmen wir an, Sandy ist es nach Monaten der verzweifelten Suche doch noch gelungen, eine für sie gerade eben noch finanzierbare Wohnung zu mieten. Sie zieht mit ihren Kindern um. Mit dem gebrauchten, auf Kredit gekauften Auto fährt sie nun an fünf Tagen in der Woche eine Dreiviertelstunde pro Richtung durch Vororte und Stadtverkehr hin zu dem Einkaufszentrum, in dem sie arbeitet. Die Monatskarte für den Bus wäre deutlich preiswerter. Sandy wäre dann jedoch doppelt so lange unterwegs – Zeit, die sie als alleinerziehende Mutter schlicht nicht zur Verfügung hat.

Denken wir uns noch eine zweite Person hinzu: Tom, bei dem die Lage eine andere ist. Tom arbeitet als Berater im Bereich nachhaltiger Produktentwicklung. Er hat sich mit seiner Freundin den Traum von einer frisch sanierten Altbauwohnung in zentraler Lage erfüllt. Die beiden wohnen mittig, der Bus fährt eine Straße weiter, die nächste U-Bahn-Haltestelle ist in zehn Minuten zu Fuß erreichbar. An den meisten Tagen fährt Tom mit dem Rad zur Arbeit. Ein Auto besitzt er auch. Er hat es schon vor Jahren gekauft, bevor er in die große Stadt gezogen ist. Dank seines Anwohnerparkausweises steht das Auto immer in der Nähe der Wohnung. Der Ausweis kostet ihn 60 Euro im Jahr. Bewegt wird der Wagen meistens samstags, wenn Tom mit seiner Freundin den Wochenendeinkauf erledigt. Ansonsten nutzen die beiden das Auto, wenn sie in den Urlaub fahren, Verwandte besuchen oder am Sonntag eine Tour unternehmen.

Die beispielhaften Kosten für das Anwohnerparken sind alles andere als aus der Luft gegriffen. Zwar haben erste Kommunen in den vergangenen Jahren die Gebühren für einen Anwohnerparkausweis deutlich angehoben. Dennoch sind sie vielerorts geradezu lächerlich gering, wenn man sich den Wert der hier erbrachten Leistung vor Augen führt. Wer einen Anwohnerparkausweis besitzt, ist berechtigt, eine sehr knappe Ressource, den öffentlichen Raum, exklusiv zum Abstellen von Privateigentum zu nutzen. In Berlin Mitte sind für einen bis zu zwei Jahre gültigen Ausweis gerade einmal 20,40 Euro Verwaltungsgebühr zu entrichten.[34]

Tom und Sandy stehen exemplarisch für viele Lebenssituationen. Der Vergleich zwischen beiden führt zur Frage, wer das besser begründbare Recht auf einen zentral gelegenen Parkplatz im städtischen Raum hat. Eine Antwort könnte lauten: Für Sandy wäre es viel besser, den ÖPNV so zu erweitern, dass sie schnell und zuverlässig mit dem Bus ihren Arbeitsplatz erreichen kann. Durch eine gute Busverbindung würde Sandy nicht nur Zeit, sondern auch Geld sparen, da sie ihr Auto wieder verkaufen könnte. Dem ist nur zuzustimmen: Ökologisch wie sozialpolitisch spricht alles dafür, den öffentlichen Nahverkehr in urbanen Regionen massiv auszubauen.

Wer so antwortet, drückt sich jedoch zugleich um einen wichtigen Punkt herum: Was berechtigt eigentlich Tom dazu, sein Auto in zentraler Lage abzustellen? Warum sollte es ihm gegen eine absurd geringe Gebühr erlaubt sein, öffentlich gebauten und öffentlich erhaltenen Raum mit seinem Wagen zuzustellen – zumal dieser Wagen zumeist, wie Katja Diehl es treffend formuliert, kein Fahrzeug, sondern ein »Stehzeug« ist?[35]

Das Anwohnerparken gleicht einer heiligen Kuh. Verständlicherweise schrecken Lokalpolitikerinnen und Lokalpolitiker davor zurück, es sich mit ihrer potentiellen Wählerschaft durch grundlegende Parkreformen zu verscherzen. Hinzu kommt eine Fülle an rechtlichen Regelungen, die den lokalen Handlungsspielraum rund ums Auto stark einschränken. Sie sind Gegenstand von Kapitel 5 in diesem Buch. Wer angesichts solcher Umstände doch auf eine Reduktion des Autoverkehrs in der Stadt hinwirken möchte, hat starke Anreize, den Pendelverkehr ins Visier zu nehmen. Der Großteil der Pendlerinnen und Pendler wohnt in anderen Kommunen und hat daher keine Chance, die städtische Politik bei der nächsten Kommunalwahl abzustrafen.

Eine Politik, die den städtischen Autoverkehr vor allem auf Kosten von Pendlerinnen und Pendlern zu reduzieren sucht, setzt jedoch die Politik der halbierten Anerkennung konsequent fort. Dies zeigt sich etwa in London: Seit 2003 wird in den zentralen Stadtteilen der britischen Metropole zu den Kernarbeitszeiten eine Citymaut erhoben, die *Congestion Charge*.[36] Sie liegt derzeit bei 15 Pfund pro Auto und Tag. Wer innerhalb der Mautzone wohnt, erhält einen Rabatt von 90 Prozent und zahlt somit nur 1,05 Pfund. Maßnahmen wie diese zeigen, wie weit der irrige Glaube an ein Menschenrecht auf einen Parkplatz vor der eigenen Haustür verbreitet ist. Wer zentral in London wohnt, ist überdurchschnittlich häufig wohlhabend. Zugleich sind die Bewohnerinnen und Bewohner des Stadtzentrums besser als alle anderen Menschen, die ein Recht auf London haben, dazu in der Lage, ihre täglichen Wege mit der *Underground* oder dem Bus zurückzulegen. Warum sollten sie für ihre beste Wohnlage mit stark reduzierten Mautpreisen entschädigt werden?

Die Proteste der Gelbwesten in Frankreich haben einen Eindruck davon vermittelt, welch soziale Verwerfungen aus einer Politik resultieren können, die Verkehrswenden einseitig zulasten von Pendlerinnen und Pendlern plant und die Autoprivilegien der zentral wohnenden Stadtbevölkerung unangetastet lässt. In einer Sozialanalyse der Gelbwesten weisen die französischen Forscher Jérôme Fourquet und Sylvain Manternach darauf hin, dass sich die Proteste auf das »Umland der wichtigsten Metropolen« konzentrierten, auf die Gürtel von Paris, Lyon oder Bordeaux, »Gegenden, in denen zahlreiche Pendler wohnen«.[37] Literaturnobelpreisträgerin Annie Ernaux hat das Leben in einem solchen Schlafort rund um Paris, in einer »gesichtslose[n] Stadt«,[38] in ihrem Roman *Die Jahre* (2008) geschildert:

> Die Städte breiteten sich immer weiter aus, und neue Dörfer aus rosafarbenen Häusern überzogen das Land, Häuser ohne Gemüsegärten und Hühnerställe, Dörfer, in denen die Hunde nicht mehr frei herumlaufen durften. Autobahnen durchschnitten die Landschaft und warfen rings um Paris Schleifen. [...] In einem Pariser Vorort wohnen, bedeutete: auf einem Territorium zu leben, dessen Geografie einem fremd blieb und dessen Straßen ein unentwirrbares Geflecht bildeten, weil man alle Wege mit dem Auto zurücklegte. [...] Es bedeutete, dass man in dem, was man sah, keine glückliche Ordnung fand.[39]

Für Menschen, die in einer derart autozentriert gebauten Ordnung leben – oder leben müssen, weil geeigneter Wohnraum in den Arrondissements von Paris unbezahlbar bleibt –, gilt, was Fourquet und Manternach in ihrer Analyse so formulieren: »Die Brisanz des Kraftstoffpreises in unserer Gesellschaft kann fast schon mit der des Weizenpreises unter dem ›Ancien Régime‹ im Vorfeld der französischen Revolution verglichen werden.«[40] Wer in einer solchen Situation versucht, den innerstädtischen Autoverkehr durch Maßnahmen zu reduzieren, die zuallererst Pendlerinnen und Pendler treffen, verschärft die in Zeiten von Wohnraumknappheit und Gentrifizierung ohnehin schon rauen Kämpfe um die Städte weiter.

Um keine Missverständnisse zu produzieren: Aus Gründen der Ökologie, der Gerechtigkeit wie der Lebensqualität muss der Ausbau von Bussen und Bahnen zwischen den städtischen Zentren und dem Umland mit den Wohnorten der Pendlerinnen und Pendler Priorität genießen. Anders wird die Verkehrswende nicht gelingen, die klimapolitisch geboten ist und zugleich große Chancen für alle Beteiligten bietet. Das ändert jedoch nichts daran, dass eine Reduktion des Autoverkehrs in den Städten nicht bei den Pendlerinnen und Pendlern, sondern bei den Bewohnerinnen und Bewohnern der Städte selbst beginnen muss. Dafür ist es notwendig, sich neu an das zu erinnern, was Städte sind und was städtisches Leben ausmacht.

In einer bis heute einflussreichen Definition hat der US-amerikanische Soziologe Louis Wirth 1938 versucht, das Phänomen Stadt auf den Punkt zu bringen. Eine Stadt ist demnach eine »ziemlich große, dichte und dauerhafte Siedlung sozial verschiedener Individuen«.[41] In Städten treffen sich auf engstem Raum die unterschiedlichsten Menschen. Subkulturen aller Art finden hier ihre Nischen. Die Dichte an Begegnungen – etwa die Anzahl an Menschen, denen man auf dem morgendlichen Weg zur Arbeit begegnet – ist im städtischen Raum viel höher als in dünner besiedelten Regionen. Auf Größe, Dichte und sozialer Vielfalt beruhen genuin urbane Kulturen. Dies zeigt sich zuvorderst in der Nutzung des öffentlichen Raums, der mit anderen geteilt und gemeinsam belebt wird und dabei doch Anonymität ermöglicht: Weil in den Städten so viele Menschen leben, sind sie darauf angewiesen, viele Flächen gemeinsam zu nutzen. Aus demselben Grund ist es ihnen zugleich möglich, im öffentlichen Raum anonym zu bleiben, unter Tausenden Gesichtern nicht ein vertrautes Augenpaar zu erkennen. Die großen Stadtparks sind ein gutes Beispiel dafür: Weil viele Städterinnen und Städter keinen eigenen Garten besitzen, treibt es sie an warmen Tagen in die großen Parkanlagen. Dort sitzen sie nahe beieinander und bleiben doch zumeist für sich, kennen die Gruppe nicht, die auf der nächsten Picknickdecke hockt.

Wenn für Städte Größe, Dichte und soziale Vielfalt kennzeichnend, wenn im gemeinsam genutzten urbanen Raum direkte Interaktionen unter Fremden die Regel sind, dann kann das private Auto als ein Gegenstand begriffen werden, der in wichtigen Hinsichten mit dem Prinzip Stadt bricht. Das Auto bereichert, wie der Philosoph Jean Baudrillard es formuliert hat, »das Privatleben mit einem Stück Außenwelt«,[42] was auch bedeutet: Es hält uns die anderen auf Distanz. Wir können sie nicht hören, wir können sie nicht riechen. Auch dort, wo wir interagieren, trennen uns die Karosserien physisch strikt voneinander. Die direkte zwischenmenschliche Begegnung per Auto ist nur in der Kategorie des Unfalls denkbar. Das Auto ist, so Ernaux, »zu einem mobilen Zuhause geworden, in dem nur die Familie Platz nehmen durfte, Fremde ließ man nicht herein«.[43] Ein Knopfdruck am Radio, und schon können wir die städtische Klanglandschaft durch ein Programm unserer Wahl ersetzen. Vor allem aber wird durch die ständig weiter wachsende Zahl an Autos immer mehr städtischer Raum zugestellt und damit in toten Raum verwandelt, in verschlossene Zimmer, in denen niemand lebt und sitzt. Zu einem Verkehrsmittel, das mit der Idee der Stadt bricht, wird das Auto in erster Linie durch die Art und Weise, wie wir es gegenwärtig vor allem nutzen: als privates Eigentum, das den größten Teil seiner Lebenszeit unbewegt im öffentlichen Raum herumsteht.

Es ist Zeit, zu den Geschichten von Sandy und Tom zurückzukehren: Wäre es nicht für sie beide sinnvoll, sich ein Auto zu teilen? Wenn Sandy morgens mit dem Auto in die Stadt fährt, stellt sie es ab. Tom übernimmt den Wagen und erledigt damit seine Einkäufe, während Sandy bei der Arbeit ist. Toms Freundin fährt ihre Mutter zwischendurch zur Orthopädin, bevor Sandy mit dem Wagen wieder nach Hause fährt. Als von Fremden gemeinsam genutztes Verkehrsmittel wird das Auto in die Stadt integriert. Die durch die Digitalisierung eröffneten Möglichkeiten machen es nicht nur einfacher als je zuvor, verschiedene Verkehrsmittel miteinander zu verknüpfen und in übergreifende Verkehrskonzepte zu integrieren. Digital kann auch die geteilte Autonutzung genuin städtisch organisiert werden, wie die immer weiter verbreitete Praxis des Carsharings zeigt: nicht als komplizierte Bildung fester Fahrgemeinschaften oder gar als gemeinsamer Kauf eines Autos, sondern als Kooperation von Menschen, die kein Auto kaufen, sondern mobil sein wollen. Expertin Diehl weist mit Recht darauf hin, dass einige wichtige Akteure, vor allem im Bereich der E-Mobilität, ihre Geschäftsmodelle längst in diese Richtung entwickeln: »Das Auto ist für diese Hersteller nur noch ein ›device‹, ein Mittel zum Zweck. Sie bieten Mobilität an, nicht ein bestimmtes Fahrzeug, das man in seinem Besitz haben muss, um es zu nutzen.«[44]

Wo Autos klug vernetzt werden, braucht es insgesamt deutlich weniger Fahrzeuge. Die Autos, die es gibt, werden dafür viel häufiger und somit spürbar effizienter genutzt. Die Städte gewinnen durch die frei gewordenen Parkflächen dringend benötigten öffentlichen Raum zurück. Dieser kann nicht nur zur Entsiegelung und Begrünung und somit zur Stärkung urbaner Resilienz in Zeiten der Klimakrise genutzt werden. Vielmehr finden sich so auch Flächen für jenes Verkehrsmittel, das neben Bus und Bahn am besten geeignet ist, um in der Stadt mobil zu sein: das Fahrrad.

Eine kurze Geschichte des Fahrrads

Die Geschichte des Fahrrads lässt sich, ungeachtet aller nationalen Unterschiede, als Stück in vier Akten erzählen.[45] Der erste Akt erstreckte sich über den größten Teil des 19. Jahrhunderts. Er war geprägt von Erfindergeist und technischen Durchbrüchen. Den Anfang machte der badische Beamte Karl von Drais mit seiner 1817 vorgestellten, bald schon »Draisine« genannten Laufmaschine. Noch tat sich die Menschheit mit der Kulturtechnik des Balancierens schwer, weswegen die Draisine durch wechselseitiges Abstoßen der Füße angetrieben wurde. Ein Draisinenfahrer, so wurde berichtet, legte in sieben Stunden 88 Kilometer zurück, für die damaligen Verhältnisse eine beeindruckende Geschwindigkeit.[46] Der nächste technische Quantensprung gelang mit den pedalgetriebenen Velozipeden der 1860er Jahre. Sie machten es erforderlich, das Gleichgewicht zu halten und gleichzeitig zu treten. In den folgenden Jahrzehnten entwickelten sich unterschiedliche Typen von Zwei- und Dreirädern, darunter die Hochräder mit einem sehr großen Vorder- und einem kleinen Hinterrad. Vor allem die Entwicklung leistungsstarker Fahrradketten führte dann in den 1880er Jahren zum Sicherheitsniederrad (*safety bicycle*) mit zwei gleich großen Rädern. Mit dem Niederrad erhielt das Fahrrad seine klassische, bis heute gültige Form.

In all seinen Variationen blieb das Fahrrad in seinen Kindertagen den Reichen als Spielzeug oder Sportgerät vorbehalten. In Karikaturen wurden die Draisinen als Pferd des Dandys (*dandy horse*) verspottet.[47] In Paris gab es die ersten Radrennen, schon in den 1860er Jahren auch für Frauen. Der große Boom der Radrennbahnen begann in den 1890er Jahren und hielt bis in die Weimarer Republik mit ihren berühmten Sechstagerennen im Berliner Sportpalast an.

Der zweite Akt setzte im Anschluss an die Erfindung des Niederrads in den 1890er Jahren ein und endete in den westlichen Gesellschaften mit dem Zweiten Weltkrieg, spätestens aber mit dem wirtschaftlichen Aufschwung der ersten Nachkriegsjahrzehnte. Neue Möglichkeiten der seriellen Produktion von Fahrrädern sorgten dafür, dass die Fahrradpreise gegen Ende des 19. Jahrhunderts rasch zu fallen begannen – ein Trend, der sich im Großen und Ganzen über Jahrzehnte hinweg fortsetzte. Die Firma Starley aus dem englischen Coventry hatte seit den 1870er Jahren maßgeblich zur technischen Weiterentwicklung des Fahrrads beigetragen. Seit den 1880er Jahren stiegen dann auch deutsche Unternehmen ins Geschäft mit dem Fahrrad ein. Bielefeld wurde mit Unternehmen wie Koch und Dürkopp, die mit Nähmaschinen begonnen hatten und sich angesichts anhaltender

Umsatzflaute nach neuen Geschäftsfeldern umsahen, zu einem frühen Zentrum der deutschen Fahrradproduktion.

Der Fahrradhistoriker Hans-Erhard Lessing rechnet vor, dass ein Fahrrad, das 1890 noch zwischen 230 und 320 Mark gekostet hatte, zwanzig Jahre später bereits für 28 Mark erhältlich war.[48] Dank dieser günstigen Preisentwicklung wurde das Fahrrad zur *Freiheitsmaschine*, wie Fahrradphilosoph Jonathan Maskit treffend formuliert,[49] zum ersten Verkehrsmittel, das es breiten Schichten der Gesellschaft und nicht nur einer schmalen Elite ermöglichte, individuell mobil zu sein.

In Serie produziert, wurde das Fahrrad zum Transportmittel des täglichen Gebrauchs.[50] Um 1900 stiegen Post und Polizei zumindest teilweise aufs Fahrrad um. Das Rad erlaubte es Arbeitern, sich nach Schichtende der Sozialaufsicht der Unternehmer zu entziehen und in größerer Distanz zum Betrieb zu wohnen. Die Armeen griffen, etwa für Kurier- und Spähdienste, aufs Fahrrad zurück. Vor allem aber fiel dem Rad eine Schlüsselrolle in der Geschichte der Emanzipation der Frauen zu, unter anderem weil der Erfolg des Radfahrens Lockerungen der gerade für bürgerliche Frauen sehr rigiden Kleiderordnung nach sich zog.[51]

Der bereits erwähnte englische Romancier Jerome K. Jerome landete im Jahr 1900 mit *Three Men on the Bummel* einen Publikumserfolg. Der Roman handelt von drei englischen Angestellten, die mit Bahn und Fahrrad quer durch Deutschland reisen. Liebevoll verspottet Jerome in seinem Buch die Welt des Fahrrads. Amateurmechaniker schrauben Fahrräder auseinander und scheitern am anschließenden Zusammenbau, Fahrradlampen explodieren, Zeitschriften bewerben die neueste Generation an Fahrradbremsen. Und immer mehr Frauen erradeln sich die Freiheit:

> Noch vor zehn Jahren hatte keine Frau, die ihren guten Ruf hütet und noch auf einen Ehemann hofft, ein Fahrrad bestiegen: Heute sausen sie zu Tausenden durch die Lande. Die alten Leute schütteln die Köpfe über sie; aber die jungen Männer, stelle ich fest, holen sie ein und fahren an ihrer Seite.[52]

Jeromes erfolgreiches Buch zeugt von der weiten Verbreitung des Fahrrads und seiner raschen Verankerung im gesellschaftlichen Bewusstsein. Diese zeigt sich auch bei Carl Zuckmayer, der in seinem *Hauptmann von Köpenick* (1931) einen Leser der sozialdemokratischen Zeitung *Vorwärts* auftreten lässt. Dieser charakterisiert den Prototypen des preußischen Polizisten als – Radfahrer: »Det is'n Radfahrer, det is 'n richtiger Radfahrer, der! Nach unten tritt er – nach oben macht er 'n Puckel.«[53]

Was bei Jerome sonst noch auffällt: Immer wieder nennt er das Fahrrad einfach *the machine*, die Maschine. Das kann uns daran erinnern, wie viel Hochleistungstechnik im Fahrrad steckt. Wir sind daran gewöhnt, direkt ans Auto zu denken, wenn es um technische Durchbrüche in der individuellen Mobilität geht. Vom Glück des Mobilseins auf zwei Rädern schwärmte der Potsdamer Autor Eduard Bertz, der schon 1900 die erste Philosophie des Fahrrads vorlegte. Die Eisenbahn, so Bertz, presse die Menschen in die »Schablone des offiziellen Fahrplans«, jedoch:

> Das Rad aber untersteht keinem Fahrplan, es ist frei. Nicht folgt es dem allgemeinen Geleise, sondern auf tausend selbstgewählten Pfaden schweift es dahin. Zu jeder Stunde, nach allen Himmelsrichtungen führt es seinen Reiter. Es dient ganz und gar dem individuellen Bedürfnis; es trägt der unendlichen Vielfältigkeit des menschlichen Wollens und Strebens Rechnung.[54]

Die Geschichte des Fahrrads setzte sich im dritten Akt als eine Geschichte des Niedergangs fort. Mit dem Siegeszug des Autos erhielt das Rad im Bereich der Individualmobilität motorisierte Konkurrenz, der es nicht gewachsen war. Dies lag, wie in Kapitel 5 ausführlich diskutiert wird, längst nicht nur an den Grenzen der technischen Möglichkeiten des Fahrrads, sondern vor allem an einer Politik, die das Auto rechtlich, finanziell und strukturell bevorzugte. Erneut machte der Sport den Anfang: Die Reichen wechselten, sobald sie es konnten, schon im frühen 20. Jahrhundert vom Fahrrad- zum Motorsport. Illustrierte Fachzeitschriften zogen nach. Wer dann in den langen Aufschwungsjahrzehnten der Bundesrepublik etwas auf sich hielt, stieg vom Rad ab und in den eigenen Wagen ein. Zurück blieben diejenigen, die sich kein Auto leisten konnten oder (noch) kein Auto fahren durften.

Der vierte Akt, der noch unsere Gegenwart prägt, wird bereits seit ein paar Jahrzehnten gegeben. Hans-Erhard Lessing datiert seinen Beginn auf das Jahr der Ölkrise, 1973: »Die Zeitungen riefen die Ölsparwandertage aus und forderten zum Befahren der leeren Autobahnen mit dem Fahrrad auf. Diese Bilder machten deutlich: Radfahren, geht immer!«[55] Das Problembewusstsein im Hinblick auf die Folgen des stetig expandierenden motorisierten Individualverkehrs wuchs, wie sich etwa 1979 in der Gründung des Allgemeinen Deutschen Fahrrad-Clubs (ADFC) zeigte. Das Fahrrad wurde in Diskussionen um mehr Sicherheit auf den Straßen und die Verbesserung der Aufenthaltsqualität im öffentlichen Raum wiederentdeckt. Gesellschaftliche Auseinandersetzungen mit Umwelt- und Klimaproblemen gaben ihm weiter Rückenwind. Hinzu kamen technische Neuerungen, etwa die Entwicklung des Mountainbikes ab Mitte der 1970er Jahre und das vom deutschen Unternehmer Heinz Kettler 1977 erstmals in großer Stückzahl produzierte, deutlich leichtere Rad mit Aluminiumrahmen. Verbesserungen in der Batterie- und Speichertechnik führten dann in den 2000er Jahren zum Aufblühen der E-Bikes, deren Anteil am Fahrradmarkt seitdem kontinuierlich steigt. Der Verband der deutschen Fahrradindustrie schätzt, dass der Bestand an Fahrrädern 2023 in Deutschland auf 84 Millionen Stück anwuchs, unter denen sich bereits rund 11 Millionen E-Bikes befanden.[56]

Dieser kurze historische Blick verdeutlicht, dass nicht nur die Zukunft, sondern auch die Geschichte der Individualmobilität ohne das Fahrrad nicht zu denken ist. Dies gilt allemal im globalen Kontext. In vielen Staaten ist das Fahrrad noch immer das einzige Verkehrsmittel, das großen Teilen der Bevölkerung als

Alternative zum Gehen zur Verfügung steht. Es ist daher auch keine Überraschung, dass das bis heute meistgebaute Fahrzeug der Welt ein Fahrrad ist: Das Modell PA-02 des Herstellers Flying Pigeon (»Fliegende Taube«) aus Tianjin, über Jahrzehnte fester Bestandteil des kommunistischen Wohlstandsversprechens der chinesischen KP, wurde seit 1950 rund 500 Millionen Mal produziert.[57]

Dem Pendeln ein Ende machen

Pendelt, wer mit dem Fahrrad zur Arbeit fährt? Die Frage wird relevant, sobald die zu Beginn dieses Buches vorgeschlagene Unterscheidung zwischen denen, die pendeln, und denen, die »nur« zur Arbeit fahren, ernst genommen wird. Als Pendlerinnen und Pendler, so lautete die Idee, sollten wir diejenigen ansehen, die sich regelmäßig zwischen mindestens zwei ihnen wohlvertrauten Orten, einem Wohnort und einer Arbeitsstätte, hin- und herbewegen. Im Anschluss an diese begriffliche Festlegung lässt sich mancher mit dem Fahrrad zurückgelegte Weg zur Arbeit sicher als Pendelstrecke einstufen. Schon in der ersten großen Blütezeit des Fahrrads in den 1890er Jahren, so schreibt der Historiker Evan Friss, haben Menschen auf dem Weg zur Arbeit in den USA Städte durchquert und Distanzen von bis zu 25 Kilometern pro Richtung zurückgelegt.[58]

Zugleich gilt jedoch auch: Die Technik des Fahrrads, der physische Antrieb und die höchstmögliche Geschwindigkeit setzen der Entfernung zwischen Wohn- und Arbeitsort Grenzen, wenn der für den täglichen Weg benötigte Aufwand an Zeit und Energie vertretbar bleiben soll. Hinzu kommt, dass beim Radfahren entfällt, was das Pendeln mit dem Auto, dem Bus oder der Bahn kennzeichnet. Der Weg zwischen Wohn- und Arbeitsort selbst wird in einer Umwelt eigener Art zurückgelegt, eine im Fall des Autos private, im Fall von Bus und Bahn öffentliche Umwelt, die man am Wohnort betritt und am Arbeitsort wieder verlässt, die schon durch ihre physische Struktur Distanz zum durchquerten Raum schafft. Wer mit dem Rad fährt, kennt diese Distanz nicht, sondern bewegt sich durch den offenen Raum, Wind und Wetter im Gesicht. Übergänge von einem Ort zum anderen gestalten sich durch die kontinuierliche Fahrt mit weitgehend gleichbleibender Geschwindigkeit sanfter. Sie sind nicht abrupt, sondern werden, wie etwa die sich ändernden Geräuschkulissen der Stadt, als Übergänge auch wahrnehmbar. Wer Rad fährt, entwickelt eher ein größeres, räumlich zusammenhängendes Territorium, das Wohn- und Arbeitsort umschließt und nicht zwei getrennte Territorien, zwischen denen unbekanntes Land liegt, das lediglich im Auto oder in der Bahn durchquert werden will.

Vor diesem Hintergrund erscheint der Siegeszug der E-Bikes durchaus ambivalent. Auf der einen Seite ermöglichen diese es immer mehr Menschen, ohne Auto individuell mobil zu sein. Sie erlauben es, immer größere Entfernungen mit dem Rad verlässlich und in überschaubarer Zeit zu bewältigen. Kommt dann noch eine gut ausgebaute Infrastruktur wie ein Radschnellweg hinzu, steht dem Pendeln mit dem E-Bike nichts mehr im Weg. Kopenhagen mit seinem sehr weit ausgebauten System an Radschnellwegen ist das vielleicht bekannteste Beispiel hierfür. Auf den *Supercykelstiers* in der Hauptstadtregion sind täglich Zehntausende Pendlerinnen und Pendler mit dem Rad unterwegs. Dabei werden teilweise enorme Distanzen zurückgelegt: Die Allerød-Route hat eine Länge von 30 Kilometern; die Frederikssund-Route kommt sogar auf 43 Kilometer.[59] Wer derart weite Strecken fährt, pendelt zweifelsohne. Derart lange Wege sind auch in Dänemark eher die Ausnahme als die Regel, doch sie markieren einen Trend. Dass E-Bikes vielerorts ein wichtiger Bestandteil einer künftigen, nachhaltigen Verkehrsinfrastruktur sein werden, scheint festzustehen.

Auf der anderen Seite besteht die Gefahr, dass die Möglichkeiten des E-Bikes ausgenutzt werden, um die notwendige Neuorientierung städtebaulicher Planung weiter hinauszuzögern. Wer mittels schneller Radverbindungen am Grundprinzip der pendelnden Gesellschaft festhält, setzt die im Anschluss an Hegel beschriebene Politik halbierter Anerkennung mit anderen Mitteln fort: Pendlerinnen und Pendler sind auch dann, wenn sie klimafreundlich mit dem E-Bike fahren, im städtischen Raum primär als Arbeitskräfte und nicht als Mitglieder der Stadtgesellschaft mit einem eigenen, gut begründeten Recht auf Stadt willkommen. Das ist auch aus städtischer Sicht ein Problem. Schließlich bringen Prozesse der Gentrifizierung Städte zunehmend um das, was urbanes Leben ausmacht, um ihre Dichte und ihre Vielfalt. Städtische Politik muss es daher wieder mehr Menschen ermöglichen, in den Städten selbst zu leben und damit das Pendeln aufzugeben.

Wo es politisch nicht gelingt, Pendlerinnen und Pendler zum Wohnen zurück in die Städte zu holen, laufen Maßnahmen zur urbanen Verkehrswende Gefahr, Mechanismen sozialräumlicher Trennung zu verstärken und die Gräben zwischen denen, die in den Städten leben, und denen, die pendeln und in denen Städten nur arbeiten, weiter zu vertiefen. Paris liefert hierfür ein nachdenklich stimmendes Beispiel: Unter der seit 2014 amtierenden Bürgermeisterin Anne Hidalgo wurde Paris zum Vorreiter in Fragen der nachhaltigen Transformation des urbanen Raums. Hidalgo sperrte das rechte Ufer der Seine für den Autoverkehr. In den vergangenen Jahren wurden Hunderte Straßenkilometer zu Fahrradstraßen umgewidmet. Parkplätze verschwanden, um Raum für neue Grünflächen zu schaffen. Im Zuge ihrer erfolgreichen Kampagne für eine zweite Amtszeit adaptierte Hidalgo dann das vom an der Sorbonne lehrenden Stadtforscher Carlos Moreno entwickelte Konzept der »15-Minuten-Stadt«. Moreno geht davon aus, »dass sich die Qualität städtischen Lebens umgekehrt proportional zum Zeitaufwand verhält, der zur Beförderung benötigt wird«. Er schlägt daher eine urbane Planung vor, die es allen Einwohnerinnen und Einwohnern ermöglicht, die Orte ihres täglichen Lebens, von der Arbeitsstätte über die Arztpraxis und den Supermarkt bis hin zur Schule, in 15 Minuten zu Fuß oder mit dem Rad zu erreichen.[60]

Für eine Stadt wie Paris bedeutet das konkret, die einzelnen Quartiere in den Mittelpunkt der Stadtplanung zu rücken.[61] Die viele Städte kennzeichnende räumliche Trennung alltäglicher Funktionen – in manchen Vierteln wird vorwiegend gewohnt, in anderen gearbeitet, in dritten sich erholt – weicht dieser Vorstellung nach einer neuen funktionalen Durchmischung der einzelnen Nachbarschaften. Wo das Konzept umgesetzt wird, entsteht in der Summe eine dezentralisierte Stadt. Die einzelnen Quartiere sind in dem Sinne autark, dass ihre Einwohnerinnen und Einwohner alles Wichtige direkt im Viertel erledigen können und die Notwendigkeit entfällt, täglich größere Entfernungen in der Stadt zurückzulegen. Die Idee der 15-Minuten-Stadt zielt somit auch darauf ab, den innerstädtischen Verkehr deutlich zu reduzieren. Dahinter steht der Gedanke, dass der beste Verkehr aus ökologischer Sicht der Verkehr ist, den es nicht mehr geben muss.

Zum Problem wird ein solches, in vielen Hinsichten beeindruckendes Konzept, wenn die in diesem Kapitel schon mehrfach angesprochene Frage des Drinnen und des Draußen unberücksichtigt bleibt. Kritiker der 15-Minuten-Stadt wie der Harvard-Ökonom Edward Glaeser weisen nicht zu Unrecht darauf hin, dass bei der Umsetzung des Konzepts eine Beschleunigung der Gentrifizierung drohe:

> Ich bin sehr besorgt, dass die Konzentration darauf, es Menschen aus der oberen Mittelschicht zu ermöglichen, in ihren netten, kleinen 15-Minuten-Nachbarschaften herumzulaufen, von der weitaus größeren Frage ablenkt, nämlich davon, wie wir sicherstellen können, dass unsere Städte wieder für alle zu Orten der Chancen werden.[62]

Die Sorge erscheint in einer Stadt wie Paris nicht unbegründet, in der es schon zur Tradition geworden ist, Probleme ins Draußen der *banlieue* zu verlagern – ob Armut, Luftverschmutzung durch Industriebetriebe oder Migration.[63] Es ist dieser Kontext, in dem auch eine Pariser Bürgerbefragung vom Februar 2024 zu betrachten ist: Eine Mehrheit der Pariserinnen und Pariser stimmte dabei den Plänen ihrer Bürgermeisterin zu, die Parkgebühren für SUVs in der Stadt drastisch zu erhöhen.[64] Kostete ein sechsstündiger, zentrumsnaher Parkplatz für ein schweres Auto bisher 75 Euro, sind es seit Oktober 2024 nun 225 Euro. Allein: Anwohnerinnen und Anwohner sind von den Gebührensteigerungen ausgenommen, bezahlen muss nur, wer von außerhalb kommt. Konsequenter als durch diese Ungleichbehandlung kann städtische Politik den Menschen aus dem Umland nicht vermitteln, dass sie nur begrenzt willkommen und nur als Arbeitskräfte in der Stadt anerkannt sind. Es ist nicht einzusehen, warum ausgerechnet diejenigen, die von der Verwirklichung der 15-Minuten-Stadt am stärksten profitieren und alle wichtigen Wege zu Fuß, mit dem Rad oder der Metro zurücklegen können, weiter privilegiert im Stadtraum überdimensionierte Wagen abstellen dürfen.

Auch in Paris zeigt sich somit, wie eng die Herausforderungen der klimafreundlichen, nachhaltigen Transformation mit sozialen Fragen des Wohnens, des Pendelns und der Verteilung von Menschen im Raum verbunden sind. Entschärfen lassen sich die aus dieser Mischung resultierenden Konflikte nur durch eine Politik, die Städte wieder als Städte und damit als Orte der Dichte und der Vielfalt plant und die es mehr Menschen ermöglicht, Bewohnerinnen zu werden, statt nur Pendler zu sein. Das ist, wie Ernst Hubeli hervorhebt, nicht zuletzt auch im Interesse derjenigen, die bereits in den Städten wohnen: »Ohne soziale, kulturelle Inklusion ist ›Stadt‹ ohnehin nicht zu haben – funktional, mental und seelisch nicht. Auch die urbane Oberschicht taucht in ein urbanes Stahlbad, wenn sie sich nur noch selbst treffen und bewirten kann.«[65]

Wir sollten mehr Stadt wagen. Wenn Dichte und Vielfalt städtisches Leben kennzeichnen, dann ist eine Verdichtung, die Vielfalt ermöglicht, die beste Antwort auf bestehende Probleme. Unter dem Begriff der Nachverdichtung bereits existierender städtischer Strukturen lassen sich all jene städtebaulichen Maßnahmen zusammenfassen, die darauf abzielen, im urbanen Raum mehr Nutzfläche zum Wohnen, Arbeiten und Leben zu schaffen und dabei insbesondere die städtische Wohndichte zu erhöhen. Dabei entstehen, das soll hier nicht bestritten werden, neue Konflikte, etwa wenn es darum geht, parallel dazu Grünflächen zu erhalten und in Zeiten der Klimakrise zu erweitern. Doch es gibt Möglichkeiten, Verdichtung so auszugestalten, dass sie mit einer Steigerung der Lebensqualität einhergeht. Dies hat zuletzt der Stadtplaner David Sim in seinem erfolgreichen Buch *Sanfte Stadt* aufgezeigt. Sim bestimmt neun Qualitätskriterien dicht bebauter urbaner Umgebungen.[66] Zu diesen Kriterien gehören unter anderem eine Vielfalt an kleinen Freiräumen unterschiedlichster, sowohl privater als auch öffentlicher Art; die Möglichkeit, die meisten Wege zu Fuß zurückzulegen; Strukturen, die Kontrolle und Identität ermöglichen, indem etwa zwischen öffentlichen Vorder- und privaten Rückseiten unterschieden wird und so gemeinschaftliche Mittelpunkte lokaler Nachbarschaften entstehen; sowie vor allem das, was Sim den »menschlichen Maßstab« nennt. Dieser Maßstab verlangt etwa

> Abmessungen, die von den menschlichen Sinnesorganen und Verhaltensweisen ausgehen und zu kleineren Bauteilen sowie geringeren Höhen führen. Dazu gehört insbesondere die Verwendung von Dimensionen, die sich auf den menschlichen Körper beziehen, und eine am Erlebnis auf Augenhöhe orientierte Gestaltung […]. Die Nähe zum sensorischen System – nahe genug, um kleine Details zu sehen, um leise Geräusche zu unterscheiden, nahe genug, um riechen und berühren zu können – intensiviert Begegnungen und Erfahrungen.[67]

Hier deutet sich an, was Sim anhand vieler Praxisbeispiele dann veranschaulicht: Verdichtete urbane Räume müssen keine Legebatterien sein. Nachverdichtung birgt Chancen, um bestehende

Strukturen aufzubrechen, die den Menschen als städtischen Maßstab aus den Augen verloren haben.

Im Jahr 1994 präsentierte der italienische Physiker Cesare Marchetti eine These, die seither unter dem Namen »Marchetti-Konstante« Karriere gemacht hat: Es gebe eine von Kulturen, Raum und Zeit unabhängige »wesentliche Einheit der Fortbewegungsinstinkte«.[68] Die durchschnittliche Fortbewegungszeit des Menschen betrage eine Stunde am Tag. Daraus folge, dass Menschen pro Tag und pro Richtung ungefähr eine halbe Stunde unterwegs sein können. Wie weit sie in der Zeit kommen, hängt vom Stand der Technik und damit von den zur Verfügung stehenden Fortbewegungsmitteln ab. Für jede Zeit und jede Technik lässt sich auf dieser Grundlage berechnen, wie weit Menschen pendeln können, welche Distanzen zwischen Wohn- und Arbeitsort liegen dürfen.

Über Marchettis Thesen lässt sich lange streiten. So kann etwa diskutiert werden, ob es sich hier um eine empirische, beschreibende oder aber normative, vorschreibende Konzeption handelt. Rein empirisch scheint die Entwicklung der vergangenen Jahrzehnte Marchettis Überlegungen zu widerlegen: Schon 2016 war mehr als ein Fünftel der Berufstätigen in Deutschland länger als 30 Minuten pro Richtung unterwegs; knapp fünf Prozent brauchten vom Wohn- zum Arbeitsort sogar länger als eine Stunde.[69] Insbesondere in urbanen Ballungsgebieten wachsen die Pendeldistanzen.

Die Empirie sollte uns jedoch nicht davon abhalten, Marchettis Überlegungen als normative Zielvorstellung ernst zu nehmen. Dies gilt umso mehr angesichts der eindeutigen Ergebnisse medizinischer und psychologischer Pendelforschung. Pendeln ist schlecht für die Gesundheit und führt nicht selten zu psychologischen Belastungen sowie Konflikten in Partnerschaft und Familie. Der Mensch, so lässt sich der Gedanke auch formulieren, ist nicht dafür gemacht, täglich mehr als eine Stunde im Berufsverkehr oder in einer überfüllten Bahn zu stehen.

Daher ist es sinnvoll, die klimapolitische Herausforderung zugleich als einmalige Gelegenheit zu begreifen: In den nächsten Jahren und Jahrzehnten werden wir unsere Verkehrsinfrastrukturen grundlegend umgestalten müssen, um das Ziel der Klimaneutralität zu erreichen. Wenn der Wandel schon notwendig geworden ist, sollten wir ihn wenigstens nutzen, um nebenbei das Pendeln neu zu erfinden. Das bedeutet konkret, das Pendeln teilweise abzuschaffen, indem wieder mehr Menschen als Bewohnerinnen und Bewohner und nicht nur als Beschäftigte ihr Recht auf Stadt verwirklichen können. Es bedeutet auch, das Pendeln für viele in Umfang und Frequenz zu reduzieren, etwa durch die verstärkte Nutzung des Homeoffice. Gefragt ist eine Doppelstrategie, durch die die Verkehrswende zugleich zum Ausgangspunkt einer neuen Stadt- und Sozialpolitik wird.

5.
Mein Auto, unser Bus und eure Bahn. Pendeln als Kulturkampf

Beim Auto steigt der Blutdruck. Am Auto hängen der Stolz einer Industrienation, Ideen von Wohlstand, Fleiß und Luxus, ein Lebensgefühl und nicht selten das eigene Selbstbild. In dieser Gemengelage fällt es nicht schwer, die bisher formulierten Überlegungen zu Gentrifizierung und Suburbanisierung, zur engen Verflechtung ökologischer und sozialer Fragen als Angriff auf das Auto zu lesen. Wer für weniger Autos in den Städten wirbt und das Anwohnerparken kritisch sieht, muss wohl ein Autohasser sein. In ähnlicher Weise wird auch die Forderung nach urbaner Nachverdichtung schnell als Kampfansage an die Lebensform Einfamilienhaus interpretiert – eine Lebensform, die ohne den eigenen Wagen kaum zu denken ist.

Manche erblicken im Pkw eine der letzten noch nicht erstürmten Bastionen individueller Selbstverwirklichung und Freiheit. Diese Freiheit erscheint anderen als Schrumpfform – zu männlich, zu kapitalistisch, zu wenig nachhaltig, vor allem: zu egoistisch. Haben sich beide Seiten erst einmal in ihren Gräben eingerichtet, verkommt die verkehrspolitische Diskussion zum Kulturkampf, die kein sachorientiertes Streiten über die Zukunft des Pendelns mehr zulässt.[1] Für die einen wird der Raser auf dem Weg zur Arbeit – eine dezidiert männliche Figur, charakterisiert durch Lichthupe und Drängelei – zum Inbegriff eines libertären Individualismus, der Freiheit mit Rücksichtslosigkeit verwechselt. Die anderen wiederum fürchten, wo vom öffentlichen Verkehr die Rede ist, die ersten Schritte in den Kollektivismus. Der überfüllte Bus im morgendlichen Berufsverkehr wird ihnen zum Sinnbild eines durchgetakteten Lebens, in dem den Einzelnen kein Raum für Eigenständigkeit mehr bleibt.

Im festgefahrenen Streit ums Grundsätzliche geht der Blick für die wirklich spannenden Probleme unserer Pendelpraxis verloren. Wo die Bekenntnisfrage: »Bist du für das Auto oder nicht?« im Mittelpunkt steht, bleibt wenig Raum, differenziert darüber nachzudenken, welche Rolle das Auto in Zukunft warum wo spielen sollte. Genau solcher Differenzierungen bedarf es jedoch, wenn eine Verkehrspolitik von morgen der Klimakrise, aber auch den beschriebenen sozialpolitischen Herausforderungen gerecht werden soll. Der andauernde Kulturkampf blockiert die Sicht auf wichtige Details und beruht ohnehin im Kern auf einem großen, sorgfältig bewahrten Missverständnis.

Ein Highway ist die Freiheit

Wer sich für die Freiheit des Fahrens begeistern lassen möchte, sollte Matthew B. Crawford lesen. Der Theoretiker und Motorradmechaniker hat eine *Philosophie des Fahrens* vorgelegt, die mit Benzin geschrieben wurde und dem Ideal der Staatsferne verpflichtet ist. In Crawfords Werk werden Motorteile mit Hingabe auch einmal gebacken, frittiert oder über Nacht im Kühlschrank gelagert, damit sie ihre Aufgaben perfekt erfüllen.[2] Die vielen im Buch enthaltenen Anekdoten und Erzählungen präsentieren uns den *homo moto* als fähigen Charakter, der sein Auto meisterhaft beherrscht und dem es als Prothese dient, als Erweiterung seiner körperlichen Möglichkeiten.[3] Der Schrecken, vor dem Crawford warnt, geht von vollautonomen Fahrzeugen aus, in denen die Insassen das Auto nicht mehr selbst steuern müssen: »Die Welt wird zu einem Techno-Zoo für besiegte Menschen.«[4]

Crawford versteht autonomes Fahren als Fahren, bei dem Menschen keinen Unterschied mehr machen. Wo Selbstwirksamkeit nicht erlebt werden kann, verkümmern die eigenen Fähigkeiten. Menschen, die hingegen in einem alten Auto Techniken wie das Driften erlernen und eigenhändig an ihren Wagen schrauben, erwerben ein in den Körpern selbst verankertes Wissen. Als Belohnung winkt ein auf Können beruhendes Vergnügen, »das ich genoss, wenn ich mit Präzision und Beherrschung auf vier Rädern um die Kurve driftete«.[5] Moderne Autos, so eine von Crawfords leitenden Thesen, beeinträchtigen die Entwicklung der eigenen Fahrkünste, da in ihnen sehr viel Elektronik zwischen die menschlichen Handlungen hinterm Steuer und die Reaktionen des Fahrzeugs auf der Straße geschaltet wird. So wird von einer Probefahrt in einem neuen Audi RS3 berichtet: »Das Auto hielt mir nie brüsk vor, ich sei im Irrtum, so wie seinerzeit der Käfer, als ich ihn fast zum Überschlagen gebracht hätte.«[6] Wer wirklich fähig werden und eine Sache meistern will, der muss ins Risiko gehen. Es habe »eine erfrischende Wirkung, hin und wieder eine Heidenangst zu empfinden und auf die eigenen Fähigkeiten vertrauen zu müssen, um eine Herausforderung zu bewältigen. [...] Und wenn es vorbei ist, ist man begeistert, am Leben zu sein.«[7]

Folgt man Crawford, dann werden fähige Fahrerinnen und Fahrer permanent gegängelt. In einer an Foucault geschulten Terminologie holt er zum Rundumschlag aus: Es wird ein »illiberales Verkehrsregime«, gar ein »sicherheitsindustrieller Komplex« identifiziert, der aus Techfirmen, Politik und Polizei bestehe und dem es nur darum zu tun sei, normale Bürgerinnen und Bürger durch unsinnige Verkehrsregeln und eine ausgebaute Verkehrskontrollinfrastruktur um ihr Geld zu bringen.[8] Immer wieder raunt Crawford von abgehobenen Eliten, an anderer Stelle verspottet er den »Aufstieg der Fahrradmoralisten«.[9] Straßen sind für ihn ein urrepublikanischer Ort des wechselseitigen Vertrauens; auf den Spuren Alexis de Tocquevilles, der in den 1830er Jahren die junge amerikanische Demokratie erkundete, lobt er »Zellen von Autoenthusiasten« als »widerspenstige Vereinigungen«, in denen ein demokratisches Amerika von unten lebe.[10] In der Wüste Nevadas sieht er die Vorstellung von der »Freiheit im Westen« bestätigt – und für die Zerstörung von Radarfallen, etwa durch die französischen Gelbwesten, gelte: »[D]iese Angriffe sind keine willkürlichen Akte des Vandalismus. Sie haben eher Ähnlichkeit mit einer politischen Revolte.«[11]

Auch hierzulande wird ins gleiche Horn gestoßen. Schon in den 1960er Jahren, so zeigt Kurt Möser in seiner Geschichte des Autos, regte sich in der Bundesrepublik scharfe Kritik an staatlichen Versuchen, den Autoverkehr mittels Strafen zu disziplinieren. Ein Artikel fragte verärgert: »Werden wir ein Volk von Vorbestraften?«[12] Heute schwärmt Ulf Poschardt, inzwischen Herausgeber unter anderem der *Welt,* vom »Freiheitsfenster« Autobahn und beklagt, unter den Freunden des Tempolimits befänden sich

> Bahnfreunde, Entschleunigte und jener Teil des Moralestablishments, der mit seinen armseligen Kisten schon heute auf der Überholspur auf Einhaltung der Richtgeschwindigkeit dringt, auch um ungeduldigere Menschen auf das eigene, mittelmäßige Tempo einzubremsen. Genötigt wird auf deutschen Autobahnen öfter von den Lahmen als von den Rasanten.[13]

Crawfords Philosophie ist aufschlussreich, weil sie das komplexe Wechselspiel aus Technikbegeisterung, industriell geprägter Alltagskultur, Fähigkeitenehrgeiz, Staatsskepsis und einem am Lokalen orientierten, in konkreten Möglichkeiten denkenden Freiheitsverständnis begrifflich zu fassen sucht. Der kulturell eingeübte Blick aufs Auto findet hier seine theoretische Form. In diesem Blick erscheint das Auto als großes Versprechen, von dem Hollywood im *road movie* immer wieder erzählt. Was dieser Blick bemerkt, ist so wohlvertraut, dass in einem soliden Song wie *Freedom was a Highway* (2021) von Jimmie Allen und Brad Praisley wenige Schlagworte genügen – der durch eine Windschutzscheibe beobachtete Sonnenuntergang, Bluejeans, eine Straße, auf der sonst niemand unterwegs ist –, um eine ganze Bilder- und Ideenwelt abzurufen. Es ist dann auch die Popkultur, in der die feste Verbindung zwischen fahrerischem Können und hohen Geschwindigkeiten, Aufsässigkeit gegenüber der Obrigkeit und einer als Unabhängigkeit von der Gesellschaft gedeuteten Freiheit zuverlässig reproduziert und dadurch stabilisiert wird.

Was hat diese Idee von der Straße als Ort der Freiheit nun mit dem täglichen Fahren zu tun? Zunächst scheinbar gar nichts. In der Mutter aller *road novels*, Jack Kerouacs *On the Road* (1957), sind Pendler bestenfalls nützliche Idioten, mit denen sich in Parkhäusern etwas Geld verdienen oder beim Trampen etwas Geld sparen lässt. Die wahre Freiheit findet nur, wer im Cadillac aus dem Alltag ausbricht, so wie die Protagonisten Dean und Sal:

> Stell dir vor, wenn du und ich so einen Wagen hätten, was wir dann alles tun könnten. Weißt du, daß es eine Straße gibt, die nach Mexiko hinuntergeht und die ganze Strecke bis nach Panama? [...] Ja! Du und ich, Sal, mit so einem Wagen würden wir die ganze Welt kennenlernen, denn, Mensch, die Straße muß schließlich in die ganze Welt führen. Sie kann ja nirgendwo anders hingehen – richtig?[14]

Kerouac lässt keine Zweifel daran aufkommen, dass die Freiheit auf der Straße ihren Preis hat und Wunden in der Psyche hinterlässt.[15] Doch auch ihr Zauber bleibt. Wer, wie Dean Moriarty und Sal Paradise, einmal Gas gegeben hat, kommt davon nicht mehr los,

> wenn die Sonne in Amerika untergeht und ich auf dem alten verwitterten Flußdamm sitze und die weiten, weiten Himmel über New Jersey betrachte und all das raue Land spüre, das in einem unglaublichen, riesenhaften Wulst der Westküste zurollt, und die Straße spüre, die dorthin führt, und all die Menschen, die in dem Riesentraum wohnen.[16]

Diesen großen Traum der Freiheit trägt Matthew B. Crawford in den grauen Pendelalltag hinein. In einer auf Nutzenmaximierung getrimmten Gesellschaft sei »die Fahrt zur und von der Arbeit vielleicht der einzige wirkliche Sabbat, der uns bleibt«.[17] Ähnlich denkt auch ein vom Verkehrsaktivisten Heinrich Stößenreuther und Kollegen zitierter Pendler: »Ein Autofahrer sagte, es sei für ihn die schönste Zeit des Tages, sich morgens im Berufsverkehr zu stauen. Denn dort hat man nicht mehr Kind und Kegel wie zuhause an der Backe und auch noch kein dies und das im Büro vor der Nase.«[18] Ohnehin befreie das Fahren Crawford zufolge von einem schwer zu definierenden Druck:

> Wenn unsere Fahrt zur Arbeit reibungslos verläuft, nimmt sie unsere Aufmerksamkeit kaum in Anspruch, weshalb wir Zeit für Tagträume haben oder allen möglichen nutzlosen Gedanken nachhängen können. Diese Art des Fahrens ist nicht sehr anspruchsvoll, aber wir sind währenddessen von jeglicher Verpflichtung befreit, etwas anderes zu tun. Wie oft ist *das* der Fall?[19]

Für Theodor W. Adorno war die »fanatisch[e] Liebe zu den Autos« noch ein Versuch des doch immer unmöglich bleibenden Davonlaufens. In den *Minima Moralia* (1951) erblickte er im »Kultus der technischen Geschwindigkeiten« den Impuls, einen Schrecken zugleich vom eigenen Leib fernzuhalten und selbstherrlich zu überbieten: »[D]er Triumph des aufsteigenden Meilenzeigers beschwichtigt ritual die Angst des Verfolgten.«[20] In voller Absicht dreht Crawford dieses pessimistische Bild um. Das Fahren ist kein vergebliches Tun, sondern bietet die wertvolle Chance, uns als selbstwirksame, fähige Menschen und damit als frei zu erleben. Wir sollten diese Chance schon deswegen entschlossen verteidigen, weil Alternativen von gleichem Wert sehr rar geworden sind.

Die Freiheit des Fahrens besitzt für Crawford den entscheidenden Vorteil, gleich einer kleinen Insel der Ungebundenheit mitten im Alltäglichen verfügbar zu sein, in einer an sich banalen, ständig wiederkehrenden Tätigkeit wie dem Pendeln. Sie mag nur ein Bruchstück der in Filmen und Geschichten gepriesenen großen Freiheit der langen Autoreise inklusive Selbstfindung sein, doch dieses Bruchstück enthält alle wesentlichen Elemente: Im Auto stellen Fahrerinnen und Fahrer ihre Fähigkeit unter Beweis, eine beeindruckende Maschine kontrollieren und sie sich als Prothese zur Erweiterung ihrer körperlichen Möglichkeiten aneignen zu können. Nebenbei lässt sich demonstrieren, was diese Maschine so alles kann. In einer solchen Perspektive sind Tempolimits und andere Regularien nur lästig, insofern sie alle Verkehrsteilnehmenden über einen Kamm scheren und damit die Gelegenheit verstellen, das eigene Können im Unterschied zum Können der anderen zu erleben. Entsprechend großzügig fällt Crawfords Lob für die »deutsche Autobahnkultur« aus, in der »das Wunder des wechselseitigen Vertrauens« funktioniere. Zustimmend zitiert er den Gedanken, dass durch ein Tempolimit auf deutschen Fernstraßen die Verweichlichung drohe.[21]

Wer im Auto fährt, kann sich auf diese Weise betrachtet selbst nicht nur als frei und fähig, sondern auch als deviant, als aufsässig erleben, als Person, die zum Regelbruch bereit ist. Jean Baudrillard hat den Führerschein als »Beglaubigungsschreiben des fahrenden Adels« bezeichnet und gefragt: »Ist nicht der Entzug des Führerscheins eine Art Exkommunikation aus der Gemeinschaft?«[22] Unter bestimmten Bedingungen kann eine Exkommunikation jedoch zum Ritterschlag werden – zumal wenn, wie in Deutschland, Verstöße gegen Verkehrsvorschriften nur in den seltensten Fällen wirklich ernsthafte Konsequenzen nach sich ziehen. Dies ist die Linie, auf der Crawford argumentiert: Fixierte Verkehrsregeln zeugen von mangelndem Vertrauen in die soziale Intelligenz der Fahrerinnen und Fahrer und sind primär für Leute da, die zu wenig können und deswegen auf Vorschriften angewiesen sind. In diesem Sinne lobt Crawford das »herrlich[e] Spektakel der Improvisation und des ›Flow‹« auf römischen Kreuzungen[23] und zitiert Ratschläge des US-Autors Hunter S. Thompson zum Umgang mit der Verkehrspolizei:

Man solle sich mit der Polizei zunächst eine Verfolgungsjagd liefern und dabei demonstrieren, wer wirklich Auto fahren kann – und wer nicht: »Es geht darum, ihm [dem Polizisten] zu zeigen, dass du dich und dein Fahrzeug in jedem Augenblick vollkommen unter Kontrolle hattest – während er die Kontrolle über alles verloren hat.«[24]

So gibt Crawford seinen Lesern (und Leserinnen?) ein Versprechen: Wer sein Auto auf dem Weg zur Arbeit wirklich beherrscht und sich nicht von uninspirierten Regeln, sondern von den eigenen Fähigkeiten leiten lässt, kann sich als autonom und widerständig erfahren und dabei den Nervenkitzel des Ordnungsbruchs genießen, der Distinktion erzeugt und kaum Probleme schafft. Die Geschwindigkeitsüberschreitung hat dabei Tradition: Wie der Architekturkritiker Erik Wegerhoff hervorhebt, ist die Autobahn als »Nurautostraße« nicht nur der *folie de la vitesse*, dem Geschwindigkeitsrausch, entsprungen, sondern in ihren Anfängen auch durch die Vision geprägt worden, einen Raum »jenseits von Gesetzen und Verordnungen« erschaffen zu können.[25] Dies zeigt sich etwa an der Berliner AVUS, die als erste Autobahn der Welt zunächst als Renn- und Teststrecke diente. Und auch Poschardt spielt mit der Lust der Grenzüberschreitung, wenn er ironisch fragt: »Das ist eigentlich der schönste Punkt: Könnte es trotz Tempolimits auch Menschen geben, die dennoch schneller als 120 Stundenkilometer fahren? Werden die dann von Öko-Avengers mit Laserraketen aus dem Verkehr gezogen?«[26]

Die Verlockung des Fahrens mag umso größer sein, wenn die soziale Bestätigung an die Seite der trainierten Fähigkeiten und des reizvollen Regelverstoßes tritt. Anschaulich beschreibt der Autohistoriker Wolfgang Sachs Muster der sozialen Hierarchiebildung auf der Straße:

Wenn viele ein Auto besitzen, wird es wichtiger, welches Auto man fährt; die zunehmende Differenzierung der Autotypen nach Leistungsklassen seit Mitte der sechziger Jahre belegt, daß das Verlangen nach Auszeichnung sich auf den Drang zum höherklassigen Wagentyp verlagert hat. Ein großer, leistungskräftiger Wagen sichert wenigstens die kleinen Siege auf der Straße; er setzt soziale Überlegenheit in räumliche Überlegenheit um, indem er den gehörigen Abstand zwischen sich und der Meute legt.[27]

Es sind die beruflich Erfolgreichen, die – steuerbegünstigt, dazu später mehr – von ihren Unternehmen meist neue und leistungsstarke Firmenwagen gestellt bekommen, mit denen es sich auf den Autobahnen hervorragend fahren lässt. Um zeigen zu können, was das eigene Auto alles kann, braucht es schließlich zuvorderst ein Auto, bei dem es was zu zeigen gibt. Aus einem einfachen Vorgang wie dem Wechsel von der linken auf die rechte Spur der Autobahn kann dann ein Akt der Anerkennung werden: Wer die Spur wechselt, so ließe sich mit Crawford sagen, zollt dem von hinten heraneilenden anderen, dessen Fahrkünsten und seiner sich im Auto materialisierenden sozialen Position Respekt. Er spricht denn auch vom »sozialen Anstand […], den ein Mensch zeigt, der auf kurviger Straße am Straßenrand hält, um einem schnelleren Fahrer Platz zu machen«. In einer autobewussten Kultur wie der Kaliforniens herrsche »einfach Einigkeit darüber, dass eine Straße durch eine Schlucht ein öffentliches Spielfeld ist, auf dem die Fahrer einander nicht im Weg sein wollen«.[28] Die Freiheit, um die es hier geht, besteht also ebenso in der eigenen Beherrschung der Maschine und dem flexiblen Umgang mit Regeln wie in der Bestätigung durch die anderen, die dem eigenen Fahrstil im Wortsinne weichen.

Die sozialwissenschaftliche Forschung zu Mobilitätsstilen stützt die These, dass Anerkennungsordnungen den alltäglichen Verkehr prägen, dass es auf den Straßen immer auch um den eigenen Status geht. Empirische Studien seit den 1990er Jahren identifizierten sich klar voneinander unterscheidende Mobilitätsstile, die zu unterschiedlichem Verkehrsverhalten führen. So benennt Konrad Götz als relevante Gruppe etwa die »risikoorientierten Autofans«. Für sie gilt: »Das Auto ist Symbol der Unabhängigkeit und der Flucht aus dem Alltag.«[29] Ebenso gibt es die Gruppe der »statusorientierten Automobilen«: »Diese Gruppe verkörpert einen prestige- und freizeitorientierten Typus, der das Auto als Statussymbol schätzt. [...] Es gibt eine deutliche Abneigung gegen die Situation als Fahrgast im ÖPNV.«[30] In der Forschung zu Mobilitätsstilen zeigt sich, dass Autoren wie Crawford keinen idiosynkratischen Einzelmeinungen anhängen, sondern Haltungen theoretisch durchleuchten, deren erheblicher Einfluss auf das Verkehrsverhalten sich empirisch nachweisen lässt.

Zugleich sind Crawfords Überlegungen in vielerlei Hinsicht fragwürdig. Das nervtötende Stop and Go eines durchschnittlichen Autobahnabschnitts im Berufsverkehr und eine Fahrt in den amerikanischen Sonnenuntergang hinein scheinen wenig miteinander gemeinsam zu haben. Was bleibt von der Freiheit als großem *road trip* im alltäglichen Bruchstück, dem Weg zur Arbeit, wirklich noch erhalten? Kritisch ist auch anzumerken, dass Crawfords Philosophie – jenseits von spöttischen Bemerkungen über »Elektrorollerfahrer und CO_2-Abstinenzler«[31] – jede Auseinandersetzung mit der Klimakrise und den aus ihr resultierenden Herausforderungen für den Individualverkehr verweigert. Schließlich verliert er bei allem Lob für die Fähigkeiten der Individuen hinterm Lenkrad, bei aller Betonung der Notwendigkeit, das Fahren trainieren und dabei auch ins Risiko gehen zu müssen, kein Wort darüber, dass in den meisten Fällen andere die größten Risiken tragen. Eine Philosophie, die die Freiheit der hohen Geschwindigkeiten preist und zu den unschuldigen Opfern von Rasern nichts zu sagen hat, bleibt begründungslos einseitig. Allein, so berechtigt und naheliegend solche Einwände auch sind, so wenig berühren sie zugleich den Kern von Crawfords Erzählung, die Idee vom Autofahren als Refugium individueller, gar widerständiger Freiheit. Diese Erzählung aber, in all ihren kulturell breit eingeübten Variationen, ist Ergebnis eines viel grundsätzlicheren Missverständnisses.

Gesellschaftlich geplante Vorfahrt

Breit geteilte Vorstellungen über die Unabhängigkeit des Autos beruhen ebenso wie Crawfords philosophische Lobeshymne auf einer, je nach Perspektive, Illusion oder bewussten Täuschung. Wo die Straße und insbesondere die Autobahnen als letzte Refugien individueller Freiheit verstanden werden, bleibt die soziale Produktion dieser Räume unberücksichtigt. Ein Auto ist abhängig von gesellschaftlich bereitgestellten Infrastrukturen. Die Freiheit der Straße ist eine kollektiv erdachte und erbaute Freiheit, eine Freiheit, die von einem dichten Netz aus politischen Beschlüssen, rechtlichen Regelungen, pädagogischen Maßnahmen und kulturellen Inszenierungen getragen wird. Wer das Auto individualistisch deutet, missversteht es. Nur an einer einzigen Stelle bemerkt Crawford: »Unsere übermäßige Abhängigkeit vom Auto wurde vom Staat erzeugt«,[32] und weist damit auf die Relevanz gesellschaftlicher Weichenstellungen hin. Die Schlüsse, die aus dieser Einsicht zu ziehen wären, sucht man jedoch in seiner Philosophie des Fahrens vergeblich.

In der Absicht, die vielfältigen Nuancen des Anerkennungsbegriffs herauszuarbeiten, hat der französische Philosoph Paul Ricœur betont, dass Anerkennung mit Identifizierung beginnt. Anerkennung als Identifizierung meine, »bei etwas ankommen, etwas erblicken, die Wahrheit von etwas entdecken. [...] Mehr noch, das Verb *ankommen* deutet eine Schwierigkeit an, in Form von Zögern, Verzögerung, Widerstand.«[33] Etwas als das anzuerkennen, was es ist, fällt nicht immer leicht. Manchmal müssen einige Widerstände abgeräumt werden, um zum Kern der Sache vordringen zu können. Dies gilt allemal für eine Praxis wie das Autofahren, dessen soziale und damit geteilte Grundlagen durch beständig reproduzierte und kollektiv eingeübte Freiheitsnarrative verdeckt werden.

Die Geschichte der Fehldeutungen des Autos beginnt mit der Geschichte des Autos selbst. Nur selten wird thematisiert, in welch großem Umfang Pioniere des motorisierten Individualverkehrs wie Carl Benz von technischen Durchbrüchen in der *Fahrrad*entwicklung profitierten. Benz entwickelte seine Wagen vom Tricycle, dem Dreirad, her, womit »siebzig Jahre Fahrradgeschichte in die Automobilgeschichte einflossen«.[34] Ähnlich ging Rover aus dem Firmengeflecht des Fahrradproduzenten Starley in Coventry hervor – und Adam Opel baute zeitlebens Fahrräder, bevor die Familie nach seinem Tod in die Automobilproduktion einstieg. Darüber hinaus waren es etwa in den USA Fahrradfahrer, die den Bau besserer Straßen gegen Ende des 19. Jahrhunderts mit Erfolg einforderten – Straßen, von denen dann vor allem Autos profitierten.[35]

Die Geschichte des Fahrrads liefert auch gutes Anschauungsmaterial bezüglich der Angewiesenheit eines Verkehrsmittels auf gesellschaftliche Akzeptanz und Einbettung. Zur Erinnerung: 1817 stellte Drais seine Laufmaschine vor; Mitte der 1860er Jahre begann ein weiterer Boom des nun über Pedale verfügenden Fahrrads.[36] In beiden Fällen war der Erfolg von kurzer Dauer. Der damals noch sehr schlechte Zustand der Straßen zwang die Radfahrer auf die Fußgängersteige, womit Raumkonkurrenz entstand. Sowohl nach 1817 als auch Ende der 1860er Jahre reagierten Behörden in Europa wie in den USA mit einem Verbot der Räder, zumeist unter Verweis auf Unfallgefahren. Interessanterweise wurde in diesem Kontext schon 1821 zum ersten Mal, von dem Erfinder Lewis Gompertz, eine eigene Fahrspur für Drais' Laufmaschinen eingefordert:

> Vorzüglich liegt die Ursache des Verfalles der Draisinen in dem Verbothe, dieselben auf Fußwegen zu gebrauchen; ein Verboth, welches, wenn es hier und da nothwendig war, zugleich mit dem Befehle hätte verbunden werden müssen, dass sie drei oder vier Fuß von dem Fahrwege zu ihrem ausschließlichen Gebrauche angewiesen und diese für stets im guten Zustande erhalten bekommen sollten. Sie verdienen dieß; und diejenigen, die sich derselben bedienen wollen, sollten nicht der Gefahr der Verletzung von Kutschen und

Pferden ausgesetzt oder verdammt seyn, bis an die Kniee in Koth zu waten.[37]

Was wäre passiert, hätten die Behörden anders reagiert? Oder was wäre passiert, hätte die Obrigkeit die frühen Automobile angesichts ihrer Gefahrenpotentiale ähnlich rasch mit Fahrverboten belegt? In den ersten Jahrzehnten des Autoverkehrs kam es ständig zu Unfällen mit schweren Folgen, was vor allem auf die geteilte Nutzung der öffentlichen Verkehrswege und mangelnde Regulierung zurückzuführen war. Großbritannien zählte in den 1930er Jahren um die 7000 Verkehrstote pro Jahr, die meisten von ihnen Fußgängerinnen und Fußgänger. Wie Historiker Simon Webb schreibt, fühlten sich manche in der britischen Debatte gar an die Verluste von Menschenleben in den Napoleonischen Kriegen erinnert.[38]

Die Geschichte des Autos wie des Fahrrads verdeutlicht die Bedeutung gesellschaftlichen Gestaltungswillens. Verkehrsmittel sind auch dort, wo sie von Einzelnen gefahren werden, durch und durch soziale Produkte, abhängig von einer Politik, die ihnen im wahrsten Sinne des Worts Raum gibt und diesen Raum regelt. Dabei werden Anerkennungsordnungen produziert. Indem festgelegt wird, welche Verkehrsmittel im öffentlichen Raum dominieren, wird auch bestimmt, welche Personengruppen Vorfahrt haben. Die Erfolgsgeschichte des Autos beruht entsprechend auch auf dessen systematischer Bevorzugung gegenüber allen konkurrierenden Verkehrsmitteln, wobei vor allem die drei Dimensionen Recht, Geld und Infrastruktur zu betrachten sind.

Die starke *rechtliche* Stellung des Autos hat einen Namen: § 45 StVO. Dieser Paragraf der Straßenverkehrsordnung regelt, unter welchen Bedingungen »aus Gründen der Sicherheit oder Ordnung« (Absatz 1) der Straßenverkehr beschränkt, verboten oder umgeleitet werden darf. In der Praxis von größter Bedeutung ist vor allem der 9. Absatz des Paragrafen:

Verkehrszeichen und Verkehrseinrichtungen sind nur dort anzuordnen, wo dies auf Grund der besonderen Umstände zwingend erforderlich ist. [...] Insbesondere Beschränkungen und Verbote des fließenden Verkehrs dürfen nur angeordnet werden, wenn auf Grund der besonderen örtlichen Verhältnisse eine Gefahrenlage besteht, die das allgemeine Risiko einer Beeinträchtigung der in den vorstehenden Absätzen genannten Rechtsgüter erheblich übersteigt.

Diese Vorschriften laufen in der Praxis darauf hinaus, dass Maßnahmen zur Einschränkung und Beruhigung des (Auto-)Verkehrs zumeist nur möglich sind, um die Sicherheit aller am Straßenverkehr Teilnehmenden angesichts klar identifizierbarer Risiken zu gewährleisten. Der Rechtswissenschaftler Stefan Klinski beschreibt die resultierende Praxis so:

> Sind den Straßenverkehrsbehörden demnach schon der Sicherheit dienende Verkehrsregelungen nur dann möglich, wenn eine besondere Gefahrenlage vorliegt und dies belegt ist, so sind die Möglichkeiten für Anordnungen aus anderen als unmittelbar verkehrlichen Gründen erst recht gering. Gesichtspunkte etwa des Klimaschutzes spielen im Straßenverkehrsrecht ohnehin keine Rolle. Das gleiche gilt auch für ›verkehrspolitische‹ Anordnungen, die zum Beispiel darauf zielen könnten, den nichtmotorisierten Verkehr oder den ÖPNV durch Bevorrechtigungen attraktiver zu machen.[39]

Das Bundesrecht ist somit einer eindimensionalen Perspektive auf den Straßenverkehr verpflichtet. Es geht um *ein* Ziel, den sicher fließenden Verkehr. Andere Ziele wie der Klimaschutz oder die Steigerung der Lebensqualität städtischer Viertel, die ohne Eingriffe in den Straßenverkehr kaum erreichbar sind, bleiben außen vor.

In § 45 der Straßenverkehrsordnung wird besonders anschaulich, was für das deutsche Straßenverkehrsrecht insgesamt gilt: Es stammt seinen Grundsätzen und seiner Ausrichtung nach aus autobewegten Zeiten. Vorläufer des Straßenverkehrsgesetzes (SVG), das der Straßenverkehrsordnung zugrunde liegt, ist das kaiserzeitliche *Gesetz über den Verkehr mit Kraftfahrzeugen* von 1909. Vorläufer der heutigen Straßenverkehrsordnung ist die *Reichs-Straßenverkehrs-Ordnung*. 1934 erstmals erlassen, wurde sie 1937 umfassend novelliert und seither auch als StVO abgekürzt. Diese novellierte Fassung blieb in der Bundesrepublik immerhin bis 1971 in Kraft. Die ursprüngliche, nach Ende der NS-Diktatur gestrichene Präambel von 1937 macht unmissverständlich klar, worum es gehen sollte: »Die Förderung der Motorisierung ist das vom Führer und Reichskanzler gewiesene Ziel.«[40]

Viele Beispiele ließen sich nennen, um die Autozentrierung der StVO zu illustrieren. An dieser Stelle sei nur noch kurz das Parken genannt. Der § 12 regelt, an welchen Stellen nicht geparkt werden darf – etwa in zu großer Nähe von Kreuzungen oder vor Einfahrten. Folgt daraus: Überall, wo das Parken nicht explizit verboten ist, ist es erlaubt? Ja! Dies stellte das Bundesverwaltungsgericht in einem richtungsweisenden Urteil schon im Jahr 1966 fest und führte zur Begründung aus:

> In einer stürmischen Entwicklung seit Anfang der fünfziger Jahre ist das Automobil in der Bundesrepublik bei einem am 01. Juli 1963 erreichten Stand der Motorisierung von acht Einwohnern je Pkw und weiterer, sprunghafter Zunahme »zu einem Gebrauchsgegenstand aller Bevölkerungskreise geworden«. [...] Diese Entwicklung hat der Staat nicht nur geduldet, sondern gefördert.[41]

So gibt der Erfolg des Autos dem Auto recht. Doch es geht noch weiter:

> Mit der Zunahme des Kraftfahrzeugverkehrs hat aber der Straßenbau und hat insbesondere der Bau von Garagen und Einstellplätzen nicht Schritt halten können [...]. Die – unaus-

weichliche – Folge ist, daß ein großer Teil der motorisierten Verkehrsteilnehmer praktisch gezwungen ist, öffentliche Straßen zum Dauerparken als »Laternengarage« zu benutzen. Jeder Blick in die Verkehrswirklichkeit der Gemeinden in der Bundesrepublik bestätigt dies als tägliches Erfahrungsbild. Damit erweist sich das Abstellen von Kraftfahrzeugen über Nacht sowie an Sonn- und Feiertagen an öffentlichen Straßen als grundsätzlich den Verkehrsbedürfnissen entsprechend und damit als grundsätzlich verkehrsüblich und gemeinverträglich.[42]

Ungeachtet aller komplexen juristischen Details entfaltet das höchste deutsche Verwaltungsgericht hier eine bemerkenswerte Argumentation: Eine Praxis, das Autofahren, hat ein primär privates Raumproblem. Wer ein Auto besitzt, kann es oftmals nicht auf dem eigenen Grundstück abstellen. Weil die Praxis jedoch allgemein begrüßt wird, darf das private Raumproblem zulasten des öffentlichen Raums *gemeinverträglich* gelöst werden.

Man stelle sich nur einmal versuchsweise vor, Menschen würden in Zeiten der Wohnungsnot ihre kleinen (und teuren) privaten Wohnungen vergrößern, indem sie am Straßenrand eine Fläche von der Größe eines Autos für sich abstecken und dort ein paar Möbel abstellen, vielleicht auch ein Zelt errichten. Der Aufschrei wäre groß. Formal ließe sich einwenden, dass die Straße eine Verkehrsfläche ist und die dort parkenden Autos ruhender Verkehr sind. Die Fahrzeuge stehen meistens herum und fahren vergleichsweise selten, aber ab und zu fahren sie eben doch, was sie von Möbeln oder Zelten unterscheidet. Das ändert jedoch nichts am grundlegenden Problem: Autofahrerinnen und Autofahrern wird rechtlich das Privileg zum Abstellen privaten Eigentums im öffentlichen Raum zugestanden – ein Privileg, das ansonsten ohne Beispiel ist und das die Gemeinschaft finanziert, indem sie die Straßenräume plant, baut und dauerhaft erhält.

Wie es auch anders gehen kann, zeigt Japan:[43] Dort gibt es in vielen urbanen Regionen inzwischen eine Parkplatzpflicht: Wer ein Auto kaufen will, muss einen eigenen, gekauften oder gemieteten Parkplatz nachweisen. Kombiniert wird diese Pflicht mancherorts mit einem strikten Verbot, nachts am Straßenrand zu parken. Die Regelung schafft Raum auf den Straßen, gerade in den Wohnvierteln. Da auf den eigenen Grundstücken oftmals kein Platz für einen Stellplatz ist, parken viele Japanerinnen und Japaner in Parkhäusern im Quartier. Warum auch sollte der Weg zum Auto kürzer sein als der Weg zum Bus?

In ihrer Fokussierung auf den Autoverkehr erschwert es die herrschende Rechtslage insbesondere den Kommunen, lokale Verkehrswenden im Interesse des Klimaschutzes wie auch der Steigerung der Lebensqualität voranzutreiben. Oftmals sind es die vermeintlichen Kleinigkeiten, in denen existierende Anerkennungsordnungen sichtbar werden: So halten wir es für selbstverständlich, dass Eigentümerinnen und Eigentümer für den Winterdienst auf »ihrem« Gehweg verantwortlich sind – was in der Praxis oft genug bedeutet, dass Wege *nicht* vom Schnee befreit werden und Fußgängerinnen und Fußgänger selbst sehen müssen, wie sie klarkommen. Die Idee, die Räumung der Fahrbahn vor der eigenen Haustür ebenfalls zur Privatangelegenheit zu erklären, erscheint uns hingegen absurd.[44]

Die rechtliche Bevorzugung des Autos setzt sich in der Dimension des *Geldes* fort. Wie viel Geld tatsächlich in die einzelnen Verkehrsträger fließt und in welchem Verhältnis öffentliche Ausgaben für Straßen und Schienen zu dadurch generierten öffentlichen Einnahmen stehen, ist umstritten und aufgrund komplexer Zuständigkeiten, unübersichtlicher Datensätze und variierender Berechnungsmethoden schwer zu ermitteln. Ungeachtet dieser Schwierigkeiten sprechen die Zahlen, die es gibt, eine klare Sprache. 2021 gingen die Mobilitäts- und Planungsforscher Carsten Sommer, Assadollah Saighani und Daniel Leonhäuser am Beispiel der Städte Bremen, Kassel und Kiel der Frage nach, welche Kosten die verschiedenen Verkehrsmittel verursachen. Es überrascht nicht, dass für den ÖPNV am meisten Geld ausgegeben wurde. Diese Information erscheint jedoch in einem anderen Licht, wenn man auf den Kostendeckungsgrad blickt, also auf die Frage, welche Einnahmen den Ausgaben gegenüberstehen. Hier zeigt sich eine deutliche Differenz zwischen den Verkehrsmitteln: Der ÖPNV erreicht einen Kostendeckungsgrad zwischen 55 und 80 Prozent, während der private Pkw-Verkehr nur auf 17 bis 52 Prozent kommt.[45]

In welchem Umfang der Autoverkehr öffentliche finanzielle Anerkennung erfährt, zeigt auch ein Blick auf die sogenannten externen Kosten. Darunter werden Kosten verstanden, die im Verkehr produziert, jedoch nicht von den Verkehrsteilnehmenden selbst bezahlt werden. In den allermeisten Fällen handelt es sich um Schäden und Belastungen, wie sie etwa aus Emissionen, Umweltverschmutzung, Lärm und Unfällen resultieren. Externe Kosten an sich sind ein Problem, »im Prinzip ein buchhalterisches Vergehen«, wie die Transformationswissenschaftlerin Maja Göpel es formuliert: »Das, was wir für ein Produkt bezahlen, entspricht also nicht dem, was das Produkt in Wirklichkeit kostet.«[46] In der Klimakrise wird die Bedeutung dieser Kosten Jahr für Jahr sichtbarer. Emissionen können nicht in beliebigen Mengen in die Atmosphäre entsorgt werden. Ein solches Verhalten hat Folgen, die mit hohen Kosten verbunden sind. Die Schäden gehen ebenso ins Geld wie die grüne Transformation der Gesellschaft, die künftige Schäden verhindern soll. Weil das so ist, haben Emissionen ihren Preis. Wo dieser Preis nicht von denjenigen entrichtet wird, die Emissionen freisetzen, werden Kosten externalisiert und somit bei der Allgemeinheit abgelagert. Derselbe strukturelle Zusammenhang begegnet uns bei anderen Formen von externen Kosten, etwa im Bereich des Umwelt- und Lärmschutzes.

Eine Studie für das Jahr 2017 kommt für Deutschland zu einem klaren Befund: Allein in diesem einen Jahr beliefen sich die im Verkehrswesen produzierten externen Kosten auf rund 149 Milliarden Euro. Davon entfielen 94,5 Prozent auf den Straßen- und nur 3,8 Prozent auf den Schienenverkehr. Die Differenz zwischen Schiene und Straße bleibt auch dann erheblich, wenn man die ermittelten Werte auf Personenkilometer umrechnet: Jeder im Pkw zurückgelegte Kilometer produzierte demnach Kosten von 10,8 Cent; jeder Kilometer des Personenverkehrs auf der Schiene 3,2 Cent.[47] Auch die schon erwähnte Studie zu den Städten Bremen, Kassel und Kiel kommt zu vergleichbaren Befunden: Demnach entfallen von den externen Kosten in den Bereichen Luftverschmutzung, Klima, Lärm und Unfälle zwischen 57 Prozent (Bremen) und 74 Prozent (Kassel) auf den Autoverkehr.[48]

In einer ökonomischen Studie haben Stefan Gössling, Jessica Kees und Todd Litman für den Opel Corsa, den VW Golf und den Mercedes GLC die im Jahr 2020 durchschnittlich entstandenen Kosten des Autofahrens und ihre Verteilung berechnet. Demnach unterstützt die Gesellschaft, vor allem durch die Übernahme externalisierter und sozialer Kosten, die private Nutzung der drei Modelle jährlich mit 4674 Euro (Opel Corsa) bis 5273 Euro (Mercedes GLC).[49] Es bedarf keiner vertieften Kenntnisse der Mathematik, um eine Idee davon zu erhalten, in welch großem Umfang der Autoverkehr durch den Erlass externer Kosten im Laufe der Jahrzehnte strukturell gefördert wurde.

In diesem Zusammenhang ist es wichtig, das Wechselspiel verschiedener Maßnahmen im Blick zu behalten. So könnte der gerade vorgestellten Argumentation entgegengehalten werden, dass durch die Anhebung der CO_2-Preise auf Kraftstoffe Pkw-Fahrerinnen und -Fahrer zumindest an den bisher externalisierten Klimakosten zunehmend beteiligt werden. Im Jahr 2021 begann die nationale Bepreisung zunächst mit 25 Euro pro Tonne CO_2; seit 2024 liegt der Preis bei 45 Euro. Allerdings wurde im gleichen Jahr 2021 die Entfernungspauschale, oft als Pendlerpauschale bezeichnet, ab dem 21. Entfernungskilometer ebenfalls deutlich angehoben, von vormals 30 über 35 auf dann 38 Cent pro Kilometer. Die steuerrechtliche Neuregelung konterkariert die Zielsetzung des CO_2-Preises und führt dazu, dass die Allgemeinheit weiterhin die durch individuelles Autofahren produzierten Klimakosten trägt – vor allem von denjenigen, die besonders gut verdienen und besonders viel beruflich unterwegs sind.

Auch in der Steuer- und Subventionspolitik zeigt sich demnach die herausgehobene Stellung des Autos. In der Entfernungspauschale findet das Grundprinzip der pendelnden Gesellschaft, die räumliche Trennung von Wohnort und Arbeitsstätte, eine besonders konsequente Verwirklichung. Die Steuerersparnis einer Pendlerin fällt umso höher aus, je weiter sie fährt und je besser sie dabei verdient. In seinem Buch über das Pendeln lässt Claas Tatje den Ökonomen Thomas Straubhaar zu Wort kommen, der sich fragt: »Wer aus der Stadt aufs Land zieht, zahlt weniger für mehr Wohnraum. Wieso soll er noch zusätzlich Steuern sparen?«[50] Die Antwort liegt auf der Hand: Er erhält Geld vom Staat zurück, weil er ein Leben lebt, das in der autozentrierten Anerkennungsordnung höchste Wertschätzung erfährt.

Aufschlussreich ist auch ein Blick auf das sogenannte Dienstwagenprivileg: Eine Arbeitgeberin kauft ein Auto und stellt es ihrem Mitarbeiter für dienstliche Fahrten zur Verfügung, erlaubt jedoch zugleich auch die private Nutzung. Diese private Nutzung ist ein geldwerter Vorteil und muss daher versteuert werden. Dafür kann entweder auf ein Fahrtenbuch, in dem alle beruflichen wie privaten Fahrten festgehalten werden, oder auf eine vereinfachende Ein-Prozent-Regel zurückgegriffen werden. Nach dieser Regel muss für jeden Monat der Nutzung des Dienstwagens ein Prozent des Bruttolistenpreises des Autos – des Preises, zu dem Hersteller einen Neuwagen anbieten – als geldwerter Vorteil versteuert werden. Die Arbeitgeberin kann die anfallenden Kosten steuerlich absetzen beziehungsweise abschreiben, der Mitarbeiter steht ebenfalls viel besser da. Denn die private Anschaffung und der Unterhalt eines Neuwagens würde ihn viel mehr kosten als der bei einem Dienstwagen steuerlich zu berücksichtigende geldwerte Vorteil.

Die Bedeutung des Dienstwagenprivilegs lässt sich nicht allein an den geschätzten drei bis fünf Milliarden Euro ablesen, die dadurch jährlich an Steuern gespart werden.[51] Im Jahr 2023 wurden mehr als zwei Drittel aller Neuwagen gewerblich zugelassen.[52] Die Dienstwagen beherrschen also den Neuwagenmarkt.

So fördert die Gesellschaft nicht nur eine bestimmte Anerkennungsordnung. Schließlich sind es zumeist die Managerin und der Vorstand und nicht der Erzieher oder die Kassiererin, die einen Dienstwagen von der Arbeitgeberin gestellt bekommen. Die steuerrechtliche Struktur schafft auch Anreize, große und teure Wagen zu kaufen. Wer in der neuen Limousine – gemäß der oben beschriebenen Anerkennungsökonomie beim Überholen auf der Autobahn – auf der linken Spur unterwegs ist, weiß sich also nicht nur von den Vorgesetzten wertgeschätzt, sondern zugleich von der Allgemeinheit darin unterstützt, schick und schnell unterwegs zu sein.

Da Dienstwagen zumeist nur drei bis vier Jahre gehalten und dann verkauft werden, bestimmen sie zugleich über längere Zeit das Angebot auf dem für die private Nutzung viel wichtigeren Markt der Gebrauchtwagen. Wo Neuwagen immer größer und schwerer werden, wird ein langfristiger Trend gesetzt, mit entsprechend gravierenden Folgen für den Klimaschutz und das Platzproblem beim Fahren und Parken. Hier zeigt sich einmal mehr, dass eine ökologische und soziale Pendelpolitik so lange nicht gelingen kann, wie aus gesellschaftlich gesetzten Rahmenbedingungen die strukturelle Vorrangstellung eines einzelnen Verkehrsmittels resultiert. Diese Vorrangstellung wird durch die tiefe kulturelle Verankerung des Autos gefestigt. Das schon diskutierte, immer wieder neu bespielte Narrativ vom Auto als Inkarnation von Freiheit und Ungebundenheit trägt dazu ebenso bei wie die Heranführung von Kindern an die Welt der Automobilität: Wie viele Automodelle sind im Vergleich zu Fahrrädern oder Straßenbahnen in Miniaturform als Spielzeug verfügbar? In der Erziehung gilt vielerorts noch immer, was sich Firmenpatriarch André Citroën schon in den 1930er Jahren wünschte: »Die ersten drei Worte, die Babys sprechen lernen, sollten sein: ›Mama, Papa, Auto‹.«[53] Vor allem aber zeigt sich die strukturelle Vorrangstellung des Autos neben den Dimensionen des Rechts und des Geldes in der dritten Dimension, in der Verteilung der knappen Ressource öffentlicher Raum und der Ausgestaltung der *Verkehrsinfrastruktur*.

Die autogerechte Stadt

In der Darstellung zur Geschichte der täglichen Mobilität ist deutlich geworden, dass das Pendeln ohne Prozesse der Dezentralisierung und funktionalen Ausdifferenzierung nicht denkbar ist. Das Grundprinzip der räumlichen Trennung von Wohnort und Arbeitsstätte strukturiert die pendelnde Gesellschaft.

Wie aber sollten Stadt- und Verkehrsplanung auf eine sich vielerorts planlos und rasant entwickelnde Ausdifferenzierung der Städte reagieren? Eine berühmte und wirkmächtige Antwort wurde 1933 in der eng mit dem Namen des Stararchitekten Le Corbusier verbundenen *Charta von Athen* formuliert. Mit Sorge blicken die Verfasser auf die ihrer Meinung nach immer noch zu hohe Bevölkerungsdichte in den historischen Stadtkernen wie auch auf »eine unkontrollierte Ausdehnung« der Städte,[54] die vor allem Grün- und Freiflächen verschlinge und damit die Menschen um den Kontakt zur Natur bringe. Die Tonlage ist scharf:

> Das Individuum, das den Kontakt mit der Natur verliert, kommt herunter und bezahlt teuer – mit Krankheit und Entartung – einen Bruch, der seinen Körper schwächt und sein Empfindungsvermögen ruiniert, das von den illusorischen Freuden der Stadt verdorben ist.[55]

Aus dieser Analyse wird der Schluss gezogen, mit der funktionalen Trennung nun systematisch ernst zu machen: »Die Stadt wird den Charakter eines im voraus durchdachten Unternehmens annehmen, das den strengen Regeln eines allgemeinen Planes unterworfen ist.«[56] Planvoll sollen, so Le Corbusier und seine Mitstreiter, die drei Hauptfunktionen Wohnen, Arbeiten und Freizeit voneinander getrennt werden. Sie erhalten ihre eigenen, durch Grünflächen wie auch durch Hauptverkehrsachsen begrenzten Zonen. Dem Verkehr fällt die Aufgabe zu, »die verschiedenen Zonen in Kontakt miteinander« zu bringen.[57] Die

Charta lässt keinen Zweifel daran aufkommen, wie viel in der pendelnden Gesellschaft, die Wohnort und Arbeitsstätte strikt trennt, an einer klugen Verkehrsplanung hängt:

> Der Verkehr ist heute eine Funktion erster Ordnung des Stadtlebens geworden. Er erfordert ein sorgfältig erarbeitetes Programm, das Vorsorge zu treffen weiß für alles, was nötig ist, um das Verkehrsaufkommen zu regeln, die unerläßlichen Entlastungsstraßen zu schaffen und so zu erreichen, daß die Verkehrsstockungen wie das von ihnen verursachte ständige Unbehagen behoben werden.[58]

Ist die Schlüsselrolle des Verkehrs damit erst einmal bestimmt, schließt sich sofort die Frage an: *Welcher* Verkehr ist denn hier gemeint? Ein Spaziergang durch die meisten unserer Städte zeigt, wie die Praxis in Politik und Städtebau geantwortet hat. Es ist der Autoverkehr, der die einzelnen, räumlich getrennten Stadtbereiche verlässlich verbinden soll. Der autozentrierte Ansatz entfaltete seine volle Wirkung, als nach dem Zweiten Weltkrieg große Teile Europas wieder aufgebaut werden mussten und die Zerstörungen es der Stadtplanung erlaubten, auch über Jahrhunderte hinweg gewachsene Städte neu und anders zu planen. So entstand die »autogerechte Stadt«.

In diesem Kontext fällt in deutschen Diskussionen immer wieder der Name des Architekten und Stadtplaners Hans Bernhard Reichow, der 1959 eine in Fachkreisen vielbeachtete Programmschrift mit demselben Titel, *Die autogerechte Stadt. Ein Weg aus dem Verkehrs-Chaos*, vorlegte. In gewisser Weise wird die feste Assoziation Reichows mit dem Primat des Autos seinem Denken nicht gerecht. Er betont selbst: »Vielleicht hätte ich noch treffender statt von der autogerechten Stadt von der Autostadt nach menschlichem Maß sprechen sollen.«[59] Fußgängerinnen und Fußgänger stehen durchaus im Mittelpunkt seiner Überlegungen, als Menschen, die vor Lärm und Abgasen, vor allem aber, angesichts erschreckend hoher Unfallzahlen, vor dem

Auto in Sicherheit gebracht werden müssen: »Dabei gibt es kaum etwas Unwürdigeres für die Menschen, als sich im Auto zunächst ein dienstbares Gerät zu schaffen, um sich nachher von ihm im unmittelbaren und im übertragenen Sinne des Wortes überfahren zu lassen.«[60] Um solches zu verhindern, schlägt Reichow Maßnahmen vor, in denen sich weitverbreitetes stadtplanerisches Gedankengut seiner Zeit spiegelt. Sein Credo lautet: »In der autogerechten Stadt von morgen sollten Fahrzeuge und Fußgänger sowohl in der City als auch in den Wohnbezirken und in der freien Natur grundsätzlich auf räumlich voneinander getrennten Wegen verkehren.«[61]

Dieser Grundsatz der Trennung, der auch schon in der *Charta von Athen* formuliert worden war,[62] prägte vielerorts die städtische Planung in den Jahrzehnten nach dem Zweiten Weltkrieg. Durch Über- und Unterführungen für alle, die zu Fuß gehen, wurde er ebenso realisiert wie durch unter die Erde verlegte Straßen- beziehungsweise Stadtbahnen, etwa in Hannover oder Stuttgart. Die Eisenbahn nutzte ohnehin ihre eigenen Schienenstrecken, wodurch sie zum Vorbild für den Bau der rein den Autos vorbehaltenen Autobahn geworden war.[63]

Wo lagen die Probleme einer solchen Planung? Wie die *Charta von Athen*, so betont auch Reichow die Notwendigkeit, die Distanzen zwischen Wohn- und Arbeitsorten nicht zu groß werden zu lassen.[64] Er spricht von »eng aufeinander bezogenen ›Wohn-Arbeitsstätten-Bändern‹« und zitiert zustimmend einen Kollegen: »Am liebsten ist mir immer noch der Verkehr, der gar nicht erst entsteht.«[65] Angesichts der Komplexität historisch gewachsener städtischer Strukturen bleibt ein solches Ideal vor allem dies: ein Ideal. Die beiden Vorgaben, Städte auf der einen Seite räumlich in Funktionen zu unterteilen und auf der anderen Seite die Distanzen zwischen den dadurch entstehenden, getrennten Wohn- und Arbeitswelten gering zu halten, weisen tendenziell in entgegengesetzte Richtungen. Dies gilt erst recht für Städte, die immer heterogener werden, in denen die Vielfalt an Lebensentwürfen, Arbeitsmodellen und Freizeitinteressen stetig zunimmt.

Der Weg von der Idee der strikten räumlichen Trennung der verschiedenen Verkehrsmittel hin zur autozentrierten Stadt ist nicht weit. Im städtischen Raum ist es unvermeidbar, dass sich die den einzelnen Verkehrsmitteln zugewiesenen Bahnen kreuzen. Die dadurch entstehenden Knoten müssen planerisch bewältigt werden und etablieren Hierarchien zwischen den Verkehrsmitteln. Wo eine größere Straße, etwa eine Ausfallstraße, einen von Fußgängerinnen und Fußgängern genutzten Weg kreuzt, bestehen verschiedene Möglichkeiten, die für die verschiedenen Verkehrsteilnehmenden günstiger oder weniger günstig sind. Hier zeigt sich, wer in seinen Interessen und Bedürfnissen wie anerkannt wird. Wer sich für eine Fußgängerunterführung entscheidet, löst nicht einfach ein Verkehrsproblem, sondern verteilt knappen öffentlichen Raum zugunsten des Autos und zulasten aller, die zu Fuß gehen, um. Schon Reichow war sich der Unattraktivität der Unterführung bewusst – wobei er die wirklich gravierenden Probleme, etwa der Sicherheit vor Belästigungen, noch gar nicht in den Blick nahm:

> Bei allen Unter- und Überführungen des Fußgängerverkehrs zeigt sich die Unbeliebtheit des Treppensteigens. […] Deshalb wird man zum Heil des Fußgängers ihn obendrein überlisten müssen. Etwa derart, daß die Unter- und Überführungen bei genügend Raum im Grünen unmerklich durch Rampen erreicht werden. In den Geschäftsgebieten durch die attraktive Ausbildung von Untertunnelungen mit Läden, Cafés und gar Fernsehvorführungen, zu denen man auf Rolltreppen gelangt.[66]

Vergleichbare Probleme gibt es viele: Wo Straßenbahnen als Stadtbahnen unter die Erde verlegt werden, um nicht überirdisch, beim Halten auf der Straße, Einfluss auf den Autoverkehr zu nehmen, wird eine Rangentscheidung getroffen. Wo Straßen so gebaut werden, dass der Autoverkehr fließt, und zugleich die Radwege fehlen, wird es auf dem Fahrrad schnell gefährlich oder aber umständlich. Wer schon einmal versucht hat, mit dem Fahrrad auf einer mehrspurigen Straße an einer großen Kreuzung links abzubiegen, kennt das Problem.[67] Wo die Radwege fehlen und außerhalb geschlossener Ortschaften Geschwindigkeiten jenseits der 50 km/h erlaubt sind, braucht Mut und gute Nerven, wer mit dem Fahrrad zur Arbeit oder Schule fahren möchte. Wo Fußgängerampeln nur *bei Bedarf* durch Drücken eines Knopfes aktiviert werden, wird eine Wertung vorgenommen: Die Autos haben immer Bedarf und daher *im Normalfall* grün. Wo sich die Rotphasen von denen, die im Auto fahren, und denen, die zu Fuß gehen, deutlich voneinander unterscheiden, wird eine Form des fließenden, ununterbrochenen Verkehrs der anderen vorgezogen. Reichow erblickte in Verkehrsampeln den ersten gefährlichen Schritt, »die Würde des Menschen den mechanisierten Robotern einer automatisierten Welt zum Opfer zu bringen«.[68] Die Anlässe, sich durch die Ampelschaltung benachteiligt und eingeschränkt zu fühlen, werden sehr ungleich über die Verkehrsmittel verteilt.

Die Politik der räumlichen Trennung von Autos, Rädern, Bahnen sowie Fußgängerinnen und Fußgängern befördert ein hochproblematisches Revierdenken. Sehr deutlich zeigt sich das im Aufkommen von Praktiken der Verkehrserziehung. Diese beginnen mit der zumeist nicht diskutierten, sondern schlicht gesetzten Prämisse, dass die Straße dem Auto gehört, der nicht motorisierte Aufenthalt auf ihr entsprechend gefährlich und im Regelfall zu unterlassen ist. »In die alltäglichen Wahrnehmungen, in die Rinde der Gewohnheit«, so formuliert es Autohistoriker Wolfgang Sachs mit Blick auf die entstehenden Diskurse der Verkehrserziehung, »muß die Achtung vor dem Auto eingebrannt sein.«[69]

Wo sich Verkehrsbahnen kreuzen, führt Revierdenken im besten Fall zu spontanem Streit, in schlimmeren Fällen zu Gefahren für Leib und Leben. Wie Verkehrsdebatten in der sich autogerecht einrichtenden frühen Bundesrepublik geführt wurden, zeigt das Beispiel von Walter Schlotterbeck. Herr Schlotterbeck ist krank, so wusste die viel gelesene Zeitschrift *hobby* in ihrer Ausgabe vom 29. Juli 1964 zu berichten. Auch die Diagnose ist klar: Zebra-Syndrom. Lauschen wir seinem persönlichen Leidensbericht:

> Heute früh [...] nähere ich mich also der dritten Kreuzung. Vor mir fährt ein Mercedes 220 und ein Lkw mit Anhänger. Hinter mir folgen zwei weitere Personenwagen. [...] Wir fahren mit etwa 45 km/h. Da bremst der Lkw jäh. Ich springe gerade noch rechtzeitig auf die Bremse. [...] Der Lkw fährt wieder an. Die Stopp-Ursache wird sichtbar. Es ist ein Herr mit Aktentasche, der ganz gemütlich über den Zebrastreifen wackelt. Er droht mit seinem Stock. Dabei hätte er ohne merklichen Zeitverlust die fünf Fahrzeuge erst vorbeilassen und dann die Straße sicher passieren können. Aber das tat er nicht![70]

Was war geschehen? Mit der »Lex Zebra«, so wusste *hobby* unter der Überschrift »Bürgerkrieg am Zebrastreifen« zu berichten, habe der Gesetzgeber den Fußgänger zum »König der Straße« gekrönt.[71] Die zum 1. Juni 1964 in Kraft getretene Gesetzesänderung hatte Fußgängerinnen und Fußgängern bei Nutzung eines Zebrastreifens den Vorrang gegenüber allen anderen Verkehrsteilnehmenden eingeräumt. Ein Bild, das eine Frau zeigt, die im Eilschritt einen Zebrastreifen überquert, wurde mit dem Text versehen: »Untragbar ist die Tatsache, daß eine Einzelgängerin den gesamten Verkehr zum Stehen bringen kann.« Weiter warnte die Zeitschrift vor alkoholisierten, den allgemeinen Verkehrsfluss gefährdenden »Promille-Fußgängern«, stellte in einer Zwischenüberschrift mit Blick auf die vielen schweren Unfälle fest: »Viele Fußgänger sind selbst schuld!« und ließ den geschundenen Hamburger Taxifahrer Erich Simoneit zu Wort kommen, der klagte, er müsse mit seinen Fahrgästen weite Umwege in Kauf nehmen, »um die schlimmsten Zebra-Mühlen zu umfahren«. Die gravierenden Folgen eines irregeleiteten Revierdenkens im Verkehr lassen sich nicht besser veranschaulichen.

Auseinandersetzungen wie die um den Zebrastreifen wiederholen sich heute etwa überall dort, wo Radfahrspuren auf Straßen markiert und von Autofahrerinnen und Autofahrern als Hindernisse, als Eindringen in das eigene Gebiet abgelehnt werden. Die Idee der strikten Trennung der einzelnen Verkehrsmittel hat uns vielerorts um die Möglichkeit gebracht, die öffentlichen Verkehrsflächen als geteilten Raum denken und von der gemeinsamen Nutzung her planen zu können.[72] Wer die Straße für zu gefährlich hält, als dass sie von Radfahrerinnen und Fußgängern *mit*benutzt werden könnte, hat immer schon ein Stück weit vor den Revieransprüchen des Autos kapituliert. Natürlich kann es vielerorts sinnvoll sein, Radwege auch baulich von den Fahrspuren der Autos zu trennen. Oftmals und gerade im beengten städtischen Raum erscheint jedoch ein lenkender Eingriff in den Autoverkehr, etwa durch Geschwindigkeitsbegrenzungen, Einbahnstraßen und striktere Parkregulierung, als das bessere Instrument, um ein gefahrenfreies Miteinander auf den Straßen zu ermöglichen.

Die autozentrierte Stadt erlebt ihre Vollendung, wenn der größte Teil der verfügbaren Verkehrsflächen dem Auto zugeteilt wird. Es mag politischer Wille sein, dass zu dieser Frage kaum verlässliches Datenmaterial vorliegt. Die Daten, die es gibt, sprechen jedoch eine klare Sprache. So hat eine Hochrechnung für Berlin aus dem Jahr 2014 ergeben, dass 58 Prozent der Verkehrsflächen für das Auto vorgesehen sind, darunter 19 Prozent für das Parken und 39 Prozent für den Autoverkehr.[73] Dabei werden nur 30 Prozent aller Wege in Berlin mit dem Auto zurückgelegt. Auch in einer der führenden Fahrradstädte der Welt, in Kopenhagen, ist das Ungleichgewicht erstaunlich: Obwohl nur neun Prozent der Bewohnerinnen und Bewohner der dänischen Hauptstadt täglich ein Auto nutzen, sind 64 Prozent der Verkehrsflächen dem motorisierten Individualverkehr vorbehalten.[74]

Jonathan Maskit hat vorgeschlagen, in Analogie zum Rassismus vom *Motorismus* zu sprechen, um die in die Strukturen eingeschriebene und von Individuen reproduzierte Bevorzugung des motorisierten Individualverkehrs gegenüber allen anderen Verkehrsformen auf den Begriff zu bringen.[75] Ob man so weit gehen möchte oder nicht, die systematische Bevorzugung des Autos in den Dimensionen Recht, Finanzen und Infrastrukturen lässt sich nicht bestreiten, so viele falsche Fährten in den einschlägigen Debatten auch gelegt werden. Es ist daher entscheidend, die Beschäftigung mit der Zukunft des Pendelns von irreführenden Kulturkämpfen zwischen individuellem Auto- und öffentlichem Bus- und Bahnverkehr zu befreien. Wer im Autofahren die letzte Bastion individueller Freiheit erblickt, unterschätzt nicht nur die Potentiale, die die reiche Tradition des Liberalismus noch immer birgt, sondern verpasst die Realität. Das Kollektiv, gegen das die einsamen Helden hinterm Steuer anfahren, ist zugleich der Tropf, an dem sie hängen. Es ist ausgerechnet der ADAC, der diese Abhängigkeit in seinem *Manifest der Kraftfahrt* 1965 im Angesicht einer rasant voranschreitenden Motorisierung und daraus resultierender Verkehrsprobleme in ein schönes Bild gefasst hat: »Wie das Schloß und der Schlüssel erst die perfekte technische Einheit bilden, so gehören das Automobil und die Straße untrennbar zusammen. Auch sie müssen zueinander passen, wenn der Kraftverkehr funktionieren [...] soll.«[76] Private Autos sind erst dann ein Schlüssel zu Freiheit und Mobilität, wenn eine auf das Auto ausgerichtete Verkehrsinfrastruktur vorhanden ist. Entsprechend forderte der ADAC »den Einsatz ungewöhnlich großer Geldmittel«, um nicht nur allen die Anschaffung eines Autos zu ermöglichen, »sondern auch alle Voraussetzungen für seinen sinnvollen Gebrauch« zu schaffen.[77] Deutlicher kann man die Abhängigkeit motorisierter Individualmobilität von gesamtgesellschaftlicher Planung kaum herausstellen.

Die in unsere Pendelpraktiken und Verkehrsstrukturen eingebaute Anerkennungsordnung sollte nicht unhinterfragt bleiben, nur weil nach wie vor ein nicht ganz kleiner Teil der Gesellschaft das eigene Auto mit Freiheit und Ungebundenheit assoziiert. Denn der Preis, den relevante Teile der Gesellschaft für den

Traum von großer Freiheit auf Asphalt zahlen, ist eindeutig zu hoch: »They paved paradise, put up a parking lot.«[78]

Mobile Gleichberechtigung

Wo die Debatte um die Zukunft des Pendelns nicht als Kulturkampf zwischen Autofans und Bahnliebhaberinnen ausgetragen wird, entsteht Raum, um der wirklich spannenden Frage nachzugehen: Wie schaffen wir eine tägliche Mobilität, die der Vielfalt an Bedürfnissen gerecht wird und die damit eine neue Anerkennungsordnung etabliert, in der unterschiedlichen Arbeitsformen ebenso mit Wertschätzung begegnet wird wie verschiedenen Mobilitätsstilen und Lebensweisen?

An Antworten mangelt es nicht, wobei zweierlei klar ist: Erstens, im Mittelpunkt umfassender Reformen müssen die drei zuvor diskutierten Dimensionen von Recht, Finanzen und gebauten Infrastrukturen stehen. Denn die gegenwärtige Ausgestaltung dieser Dimensionen sichert den Fortbestand der »Autokratie«, wie Katja Diehl die Vorherrschaft des Autos treffend bezeichnet.[79] Zweitens, jede ernsthafte Reform wird eine Reform zulasten des privaten Autos und zugunsten anderer Verkehrsmittel und Mobilitätsformen sein. Genauer formuliert: Es wird darum gehen, die Privilegierung des privaten Autos ebenso abzubauen wie die Benachteiligung anderer Verkehrsmittel.

Widerstand gegen entsprechende Maßnahmen ist vorprogrammiert. Denn wo es Privilegien gibt, gibt es Privilegierte, in deren Interesse der Fortbestand des Status quo liegt. In einem seiner Romane nimmt Saša Stanišić einen solchen Widerstand der Privilegierten ins Visier. Frau Sehner, die sich ihre reichtumsinduzierte Langeweile mit dem Schreiben von Beschwerden vertreibt, beklagt sich in einem Brief an ein Wiener Bezirksamt über die geplante Neugestaltung ihrer Nachbarschaft, ihres Grätzls. Der Plan sieht mehr Grün – »Japanische Schnurbäume« – und weniger Parkplätze vor. Frau Sehners Putzfrau Dilek ist angetan und fragt angesichts deren Beschwerde nach: »Ja, und mehr Parkplätze, das ist überhaupt interessant, weil Sie haben doch vier Garagen?« Frau Sehner reagiert ungehalten: »[D]en Wegfall der Parkplätze könne Dilek vielleicht deswegen nicht g'scheit einordnen, weil sie ja überallhin nur mit der Bim fahre.«[80]

Politik muss ein Gespür für existierende Privilegien entwickeln und Widerständen nicht einfach nachgeben, sondern durch kluge Strategien der Politikgestaltung demokratische Mehrheiten für Veränderungen gewinnen. Die Vorschläge liegen, in großer Vielfalt und teilweise bis in Details hinein ausgearbeitet, längst auf dem Tisch. Ein erneuter kurzer Blick in die drei Dimensionen von Recht, Geld und Infrastruktur kann dies verdeutlichen.

Beim *Recht* fällt es leicht, ins Träumen zu kommen. Eine umfassende Reform des Straßenverkehrsrechts, die es erlaubt, die Bereiche Umwelt, Verkehr, Bauen und Stadt- und Raumentwicklung stärker aufeinander zu beziehen und auch rechtlich zusammenzudenken, wäre ein gutes Fundament für eine echte Mobilitätswende.[81] Insbesondere müsste es darum gehen, die fetischistisch anmutende, ausschließliche Fokussierung des Straßenverkehrsrechts auf Fragen der Sicherheit und der ominösen Leichtigkeit des Verkehrs zu beenden.

Träumen darf man, weit kommen wird man damit nicht. Für derart umfassende rechtliche Umbaumaßnahmen sind hinreichend breite politische Mehrheiten derzeit nicht in Sicht. Realistischer erscheinen Versuche, einzelne Rechtsvorschriften abzuändern. Dabei gerät angesichts seiner herausgehobenen Bedeutung für die Rechtspraxis der § 45 der StVO, von dem schon die Rede war, schnell in den Blick. So hat beispielsweise ein Team aus Mobilitäts- und Rechtswissenschaftlern vorgeschlagen, eine Reform des § 45 mit dem Grundgedanken zu beginnen, dass Verkehr »geregelt« und nicht, wie es aktuell heißt, »beschränkt« oder »verboten« wird. Denn wer von Beschränkungen oder Verboten spricht, huldigt erneut der irreführenden Idee, dass es eine Form von völliger Freiheit im Verkehr geben kann, die nicht gesellschaftlich geschaffen und organisiert sei. Konkret wird bei-

spielsweise vorgeschlagen, in einer reformierten Fassung des
§ 45 der StVO den Straßenverkehrsbehörden Regelungsmöglichkeiten einzuräumen,

> um den Verkehr im überwiegenden öffentlichen Interesse
> unter angemessener Berücksichtigung der Mobilität aller Bevölkerungsteile, der Belange des Personen- und Güterverkehrs sowie insbesondere des öffentlichen Personennahverkehrs und des nicht motorisierten Verkehrs so zu ordnen,
> dass der Entstehung von Gefahren und Belästigungen im
> oder durch den Verkehr vorgebeugt wird, die von dem Verkehr ausgehenden Belastungen für die Gesundheit von Menschen und für die Umwelt gering gehalten werden oder die
> städtebauliche Entwicklung unterstützt wird.[82]

Man mag diesen konkreten Vorschlag teilen oder Alternativen
für überzeugender halten: In jedem Fall zeigt sich hier, dass auch
kleinere Rechtsreformen dabei helfen können, den Mangel an
Multidimensionalität im gegenwärtigen Straßenverkehrsrecht
auszugleichen und ein Recht für das 21. Jahrhundert zu schaffen,
in dem Mobilitätsbedürfnisse *aller* Gesellschaftsmitglieder ebenso ernst genommen werden wie städtebauliche und ökologische
Aufgaben.

Mit Blick auf das *Geld* und eine gerechtere Verteilung finanzieller Ressourcen sind einige Punkte bereits angesprochen worden. Erinnert sei an dieser Stelle an die Diskussion um das (Anwohner-)Parken. Es ist bemerkenswert, in welchem Umfang
beim Parken ökonomische Grundgesetze der effizienten Ressourcennutzung und der Preisbildung durch Angebot und Nachfrage politisch außer Kraft gesetzt werden. In den Städten ist
kaum eine Ressource knapper als öffentlicher Raum, dennoch
wird vielerorts eben diese knappe Ressource mehrheitlich zu
Schleuderpreisen an ausgewählte Gruppen – an Anwohnerinnen und Anwohner beziehungsweise an alle, die einen Pkw parken möchten – verschenkt. Dieser Bevorzugung fehlt die Recht-

fertigung, sieht man einmal von der Angst der (lokalen) Politik vor potentiell Betroffenen ab.

Jenseits dessen gilt es, bestehende Subventionen abzuschaffen oder grundlegend umzugestalten, um für mehr Gerechtigkeit zwischen verschiedenen Gruppen von Pendlerinnen und Pendlern zu sorgen. An eine Abschaffung des Dienstwagenprivilegs ist dabei ebenso zu denken wie an eine grundlegende Weiterentwicklung der Entfernungspauschale (»Pendlerpauschale«) in Richtung eines Mobilitätsgelds:[83] Ein steigender CO_2-Preis auf Kraftstoffe soll klimapolitische Lenkungswirkung entfalten, indem er Anreize setzt, seltener und weniger weit mit Autos mit Verbrennungsmotor zu fahren. Die gegenwärtige Entfernungspauschale – erst recht dann, wenn sie, wie zuletzt 2021 und 2022, steigt – konterkariert diese Lenkungswirkung, indem sie Menschen umso stärker entlastet, je weiter sie fahren – und je mehr sie verdienen. Denn die Entfernungspauschale reduziert das zu versteuernde Einkommen, Besserverdienende mit einem höheren Steuersatz sparen dadurch mehr als Geringverdienende. Beim Mobilitätsgeld ist das anders: Es wird direkt von der Steuerschuld abgezogen, so dass die Höhe des Einkommens keine Rolle spielt. Relativ gesehen führt dies zu einer stärkeren Entlastung niedrigerer Einkommen. Die Höhe des Mobilitätsgelds ist unabhängig von der Wahl der Verkehrsmittel konstant. Das bedeutet, dass stark profitiert, wer klimafreundlich pendelt und somit keine steigenden CO_2-Preise auf Kraftstoffe zu zahlen hat. Reformen wie diese wirken der strukturellen Bevorzugung des Autos entgegen und ermöglichen zugleich eine effiziente Verbindung von Klimaschutz- und Sozialpolitik.

Der rechtliche Rahmen und die Verwendung der finanziellen Mittel haben unmittelbare Auswirkungen auf die *Infrastrukturen* des Verkehrs. Die Auseinandersetzung mit der Geschichte des Pendelns hat gezeigt, dass Verkehrswege gebaute Anerkennungsordnungen sind. Diejenigen, die mit dem Auto fahren, werden bevorzugt, wenn die Größe der Straßen nach dem Verkehrsaufkommen der Rushhour geplant und der fließende Autoverkehr zum Ziel erhoben wird. Ebenso dann, wenn jede Nutzung der Straßenränder für andere Dinge als Parken rechtlich als *Sonder*nutzung gefasst und das Parken damit zum Standard erhoben wird.

Umgekehrt ist etwa die Geschichte des Busses eine Geschichte des Anerkennungsverfalls. Im 19. Jahrhundert waren es die Wohlhabenden aus den neu gebauten Villenvierteln und Vororten, die mit dem Bus in die Kontore und Kanzleien des Stadtzentrums fuhren. Für die Mehrheit der Menschen waren Busse unbezahlbar. Da war es nur folgerichtig, den Busfahrplan gutbürgerlich zu gestalten und an den Bürozeiten von 9 bis 17 Uhr zu orientieren. Seit seinen goldenen Anfängen hat der Bus als Verkehrsmittel der täglichen Wege dramatisch an Ansehen verloren. Simon Webb zitiert ein der libertären Ikone Margaret Thatcher vermutlich fälschlicherweise zugeschriebenes Zitat, das aber deswegen viel aussagt, weil es so glaubwürdig erscheint: »Ein Mann, der älter als 26 Jahre ist und noch mit dem Bus fährt, kann sich selbst als Versager betrachten.«[84]

In Bussen mit spärlicher Taktung und an heruntergekommenen Haltestellen, in deren Wartehäuschen es zieht und nicht selten auch stinkt, wird gesellschaftliche Geringschätzung erfahrbar. Doch die Anerkennungsgeschichte des Busses, seine Herkunft als bürgerliches Transportmittel, prägt ironischerweise noch immer seine Gegenwart – bis hin zur Dysfunktionalität. Denn unabhängig davon, von wem sie genutzt werden, orientieren sich die meisten Linienbusangebote noch immer am klassisch bürgerlichen Tagesplan: Die engste Taktung findet sich am Morgen und am späten Nachmittag, frühmorgens und spätabends ist das Angebot ausgedünnt, nachts wird vielerorts der Betrieb ganz eingestellt. Indem die Illusion reiner Bürgerlichkeit im Fahrplan aufrechterhalten wird, ist der Bus zugleich für zahlreiche Pendlerinnen und Pendler schwer nutzbar oder gar unbrauchbar. Der öffentliche Busverkehr ist selten für diejenigen gemacht, die um zehn Uhr abends zur Nachtschicht oder um sechs Uhr morgens zur Frühschicht in den Betrieb oder ins Krankenhaus fahren müssen.

Gegen diese Argumentation ließe sich einwenden, dass es hier nicht um Anerkennung, sondern um die nackten Zahlen geht: Zu manchen Uhrzeiten stoßen Busse auf geringe Nachfrage, an manchen Haltestellen wartet nur ab und zu jemand. Warum sollte man also ein umfangreiches und hinreichend attraktives Busnetz rund um die Uhr unterhalten, wenn es doch nur an bestimmten Orten und zu bestimmten Tageszeiten gefragt ist? In einer solchen Frage zeigt sich, wie tief die Anerkennung für das Auto sitzt: Schließlich hindert uns die Tatsache, dass Autos nur selten mehr als eine Stunde am Tag bewegt werden und ansonsten nutzlos in der Gegend herumstehen, nicht daran, dem Auto den größten Teil unserer Verkehrsfläche zu reservieren. Auch die Planung der Straßen auf die Spitzenauslastung zu den Stoßzeiten der Rushhour hin bedeutet, dass unser Straßennetz für die Bedarfe zu vielen Tages- und Nachtzeiten völlig überdimensioniert ist.

Angesichts dieser Lage ist es notwendig, Infrastrukturen im Sinne einer neuen, durch allseitige Rücksichtnahme gekennzeichneten Anerkennungsordnung umzugestalten. Demokratische Verkehrsplanung nimmt die unterschiedlichen Mobilitätsbedürfnisse verschiedener Gruppen als grundsätzlich gleichberechtigt ernst. In der Ausgestaltung der Verkehrsnetze geht es nicht darum, Einzelnen Spielräume zur Distinktion und Demonstration von Status zu eröffnen, sondern sicherzustellen, dass alle ihre täglichen Wege, unter denen die Pendelwege zwischen Wohnen und Arbeiten schon rein quantitativ betrachtet eine zentrale Rolle einnehmen, zuverlässig, sicher und angenehm bewältigen können.

Um Pendelinfrastrukturen zu schaffen, die Ausdruck einer demokratischen Anerkennungsordnung sind, gilt es zunächst zu fragen, welche Bedürfnisse wie zu berücksichtigen sind. Im Anschluss daran verdient das Problem der Knappheit große Aufmerksamkeit: Ressourcen im und für den Verkehr sind knapp, in finanzieller ebenso wie in politischer und räumlicher Hinsicht. Knappheit bedeutet Konkurrenz. Die Nutzung finanzieller und räumlicher Ressourcen zur Befriedigung der Mobilitätsbedürfnisse einer Gruppe hat Auswirkungen auf die Mobilitätsmöglichkeiten anderer Gruppen. Demokratische Mobilitätspolitik muss sich auf diese wechselseitigen Abhängigkeiten konzentrieren und dafür Sorge tragen, dass die Bedürfnisse aller so umfangreich wie möglich befriedigt werden.

In urbanen Räumen wird eine solche Politik gleicher Anerkennung an vielen Stellen dazu führen, Flächen vom Auto weg und hin zu anderen Verkehrsmitteln umzuverteilen. Das ist keine Frage irgendwelcher Bekenntnisse, ob zum Auto oder gegen den motorisierten Individualverkehr, sondern vielmehr das Resultat einer Abwägung. Denn die Mobilität, die das Auto ermöglicht, steht in keinem angemessenen Verhältnis zu den Einschränkungen, die auf das Auto hin zentrierte Infrastrukturen denjenigen auferlegen, die ohne Auto unterwegs sind. Das Auto verbraucht schlicht bei zu geringer Effizienz zu viel Fläche zulasten anderer Mobilitätsformen. Verkehrsinfrastrukturen und Pendelwege bedürfnisorientiert zu gestalten, bedeutet auch, sich auf den spezifischen Charakter des öffentlichen Raums zu besinnen. Öffentlicher Raum ist von uns allen geteilter Raum, zur gemeinsamen Nutzung gedacht. Jede konkrete Nutzung muss sich daher an den Auswirkungen auf die Nutzungsmöglichkeiten anderer messen lassen.

Wo von Bedürfnissen und Nutzungsmöglichkeiten des öffentlichen Raums die Rede ist, ist zugleich die Frage benannt, die vielen gegenwärtigen Diskussionen ums Auto zugrunde liegt. Es geht nicht darum, sich pauschal für oder gegen das Auto zu entscheiden. Es geht darum, zu klären, wie wir öffentlichen Raum nutzen und wie wir auf den Straßen miteinander umgehen und leben wollen. Wolfgang Schivelbusch erläutert am Beispiel des Umbaus von Paris in der Mitte des 19. Jahrhunderts den Funktionswandel großer Straßen in der Moderne:

> Die Straßen, die [der Seine-Präfekt Georges-Eugène, J. M.-S.] Haussmann schafft, dienen allein dem Verkehr. Das unter-

scheidet sie von den mittelalterlichen Gassen, die sie vernichten, und deren Funktion weniger der Verkehr war, als Schauplatz zu sein für nachbarschaftliches Leben. Das unterscheidet sie ebenfalls von den Boulevards und Avenuen des Barock, deren Linearität und Breite nicht so sehr Verkehrs- als vielmehr Repräsentationsfunktionen erfüllte.[85]

Die Stadttheoretikerin Jane Jacobs hat in ihrem äußerst einflussreichen Werk *Tod und Leben großer amerikanischer Städte* (1961) auf tieferliegende Ursachen autozentrierter Stadtplanung verwiesen:

> Innenstädte und andere Nachbarschaften, die Wunder an Mannigfaltigkeit auf engem Raum waren, werden ohne Sinn und Verstand ausgeweidet. [...] Der Charakter der Stadt wird verwischt, und zum Schluß gleicht ein Ort dem anderen. Niemandsland. Aber man schimpft zu viel auf Autos. Angenommen, Autos wären niemals erfunden oder nicht so konsequent entwickelt worden. [...] Wir stünden im Wesentlichen vor den gleichen Resultaten. Und die Autos müßten entweder schleunigst erfunden oder entsprechend weiterentwickelt werden. Denn Menschen, die in derart unbrauchbaren Städten leben und arbeiten, haben Kraftwagen nötig, um sich vor der Leere, der Gefahr und vor gänzlicher Institutionalisierung zu retten.[86]

Probleme rund ums Auto erscheinen aus dieser Perspektive nicht als Ursache, sondern als Symptom der Krise des öffentlichen Raums. Auf die Idee, den öffentlichen Raum vor allem zu befahren und zu verparken, kann nur kommen, wer sonst kaum brauchbare Ideen hat. Gefragt sind daher zunächst einmal kreative Visionen für geteilte, gemeinsam genutzte öffentliche Räume, in den Städten und Vororten ebenso wie auf dem Land. Wo es sie gibt, wird sich auch die Frage klären lassen, welche Rolle dem Auto zukommen sollte.

Matthew B. Crawford, mit dessen Philosophie des Fahrens ich dieses Kapitel begonnen habe, sieht durch ein zunehmend automatisiertes Autofahren erworbene Fähigkeiten in Gefahr. Er nennt etwa die Fähigkeiten, eine gute Fahrerin oder ein guter Fahrer zu sein und eine leistungsfähige Maschine auch in Risikosituationen beherrschen zu können. Gerade wer auf Fähigkeiten blickt, sollte ein Interesse daran haben, die Autozentrierung unserer Pendelstrukturen aufzubrechen. Wo das Auto nicht mehr allein im Mittelpunkt steht, schlummern Fähigkeiten, die es neu zu entdecken gilt. Es geht um das Geschick, ein Fahrrad zu lenken, zu dem genau die Fähigkeiten gehören, um die Crawford sich sorgt und die erst dort voll entwickelt werden können, wo sich Radlerinnen und Radler nicht nur darauf konzentrieren müssen, von keinem Auto überfahren und schwer verletzt zu werden. Es geht um die Fähigkeit, wieder längere Strecken in der Stadt zu Fuß zurücklegen und dabei die eigenen Sinne nutzen zu können. Das funktioniert nur dort, wo die Aufmerksamkeit nicht durch das fortwährende Identifizieren möglicher Gefahrenquellen gebunden ist und den Sinnen mehr als Lärm und Abgas geboten wird. Es geht schließlich auch um die Möglichkeit, den öffentlichen Raum als Raum der Begegnung zurückzuerobern. Der kurze Schwatz auf dem Weg zur Arbeit, das Spielen oder Sitzen auf dem Gehweg macht nur dort Freude, wo die Wege hinreichend breit und die Straßen hinreichend still und übersichtlich sind. Wo sich nicht alles um das Auto dreht, zeigt sich, dass Verkehrswege eben auch Kommunikationsräume sind. Zum öffentlichen Verkehrsraum gehört die Begegnung, mit Bekannten ebenso wie mit Fremden und Unerwünschten. Beim Pendeln begegnen uns die anderen jeden Tag. Im nächsten Kapitel gehe ich der Frage nach, warum diese Begegnungen von Bedeutung sind – gerade dort, wo wir sie gern vermeiden würden.

6.
Pendeln als Schule der Demokratie

Der Weg zur Arbeit ist auch jenseits aller Kulturkämpfe ums Auto eine hochpolitische Angelegenheit. Pendeln schafft Kontakte zwischen Fremden. Wer täglich fährt, trifft auf zahllose andere Menschen und begegnet mit ihnen auch der Vielfalt der Gesellschaft. Kurt Tucholsky hat diese Begegnungen in seinem bekannten Gedicht *Augen in der Großstadt* (1930) beschrieben:

> Wenn du zur Arbeit gehst
> am frühen Morgen,
> wenn du am Bahnhof stehst
> mit deinen Sorgen:
> da zeigt die Stadt
> dir asphaltglatt
> im Menschentrichter
> Millionen Gesichter[1]

Pendlerinnen und Pendler haben keine Chance, der täglichen Konfrontation mit Unbekannten zu entgehen. Der erzwungene Kontakt stresst, ist immer wieder lästig – und zugleich ein großer Schatz. Denn in den voll besetzten Bussen und Bahnen werden Sinn und Nutzen der grundlegenden Spielregeln unserer demokratischen Gesellschaft erlebbar.

Beobachtung und Auftritt im öffentlichen Raum

Jede Gesellschaft braucht öffentliche Räume, in denen Menschen einander beim Leben beobachten können. Menschen wollen wissen und müssen gelegentlich auch mit eigenen Augen sehen können, wer alles am Projekt der Vergesellschaftung beteiligt ist und nach welchen Prinzipien dieses Projekt funktioniert. Sie brauchen Orte, an denen sie erkunden können, um wen es konkret geht, wenn in großen Reden, in Umfragen und politischen Debatten im Singular von *der* Gesellschaft und *dem* Volk gesprochen wird.

Solche Räume der Begegnung hat es schon immer gegeben. Im Römischen Reich waren die Arenen der Gladiatorenkämpfe und Wagenrennen ein wichtiges Instrument der Machtsicherung. Gemäß der Herrschaftsregel *panem et circensis*, Brot und (Zirkus-)Spiele, sollte das Volk unterhalten werden und sich möglichst nicht für Fragen der Politik interessieren. Ein Ort wie das Kolosseum bot aber auch die Möglichkeit, sich wechselseitig sehr konkret in Augenschein zu nehmen. Die reichen Senatoren saßen weit vorn, und die ärmsten Römer standen weit hinten. Diese strikt hierarchische Sitz- und Stehordnung zeigte allen, auf welchen Spielregeln die Gesellschaft beruhte.

Ähnlich wurden Prinzipien der Gesellschaftsordnung in der Vormoderne, den Jahrhunderten des Mittelalters und der Frühen Neuzeit, auf religiösen Festen und bei politischen Ritualen erfahrbar. Dies galt etwa für Krönungen, in die die verschiedenen Teile der Gesellschaft eingebunden waren und bei denen sie sich in ihren Stellungen wechselseitig erleben und wahrnehmen konnten.[2] Und natürlich bemühten sich auch die Diktaturen des 20. Jahrhunderts bei Aufmärschen und Paraden um die Anwesenheit aller Gruppen der Gesellschaft, damit Menschen einander beim Bejubeln der Herrscher und damit der Ordnung beobachten konnten. Irmgard Keun, eine der bedeutendsten Schriftstellerinnen der Weimarer Zeit, beschreibt in ihrem Exilroman *Nach Mitternacht* einen Auftritt Hitlers vor der Frankfurter Stadtgesellschaft. Die Armen stehen unten, dicht gedrängt auf der Straße, »[w]eil es ihnen nämlich nur ein Sport ist und Stolz: einen Platz zu haben, von dem aus sie was sehen konnten, und um glauben und sagen zu können, sie seien dabeigewesen«. Die Reichen sitzen in den Balkonen hoch über der Straße, »elegante Herren und Damen, die benahmen sich still und mit vornehmer

Aufmerksamkeit wie in der Loge von einem Theater«.[3] Entscheidend ist erneut: Alle sind dabei – und alle bekommen mit, dass auch die anderen dabei sind.

Unsere pluralistischen Demokratien der Gegenwart stehen vor besonderen Herausforderungen, wenn es um das Sehen und Gesehenwerden geht. Sie sind so offen und bunt wie nie zuvor. Die Lebensstile werden immer individueller. Täglich wachsen die Möglichkeiten, aus einem reichen Angebot an Weltanschauungen, sozialen Praktiken, Überzeugungen und Haltungen heraus die ganz eigene Lebensform zu entwickeln.

Um angesichts dieser Fülle zu einer eigenen Identität zu finden und zugleich zum vollwertigen Mitglied der Gesellschaft zu werden, bedarf es jedoch auch des Respekts der anderen. In seiner Philosophie der Anerkennung sucht Charles Taylor die spezifisch moderne Form dieses Respekts zu bestimmen. Wie oben beschrieben, geht er dabei davon aus, dass alte Formen von Anerkennung als von der eigenen sozialen Position abhängige Ehre in der Moderne durch die Idee der universalen Würde des Menschen verdrängt wurden.[4] Dies geht einher mit einem neuen Ideal einer authentischen, »individualisierten Identität [...], einer Identität, die allein mir gehört«.[5] Die eigene Identität jedoch lässt sich nicht losgelöst von anderen im sozialen Nichts entwickeln. Sie bleibt auf die Anerkennung durch diejenigen, die für uns wichtig sind, angewiesen. Die anderen müssen uns in dem, was wir glauben, worauf wir hoffen, wie wir auftreten, wie wir uns kleiden und verhalten, in dem, was wir sind und was uns ausmacht, respektieren. Eben hier liegt nach Taylor das Problem. Denn

> die aus dem Inneren begründete, unverwechselbare persönliche Identität [...] muß Anerkennung erst im Austausch gewinnen, und dabei kann sie scheitern. Neu ist daher nicht das Bedürfnis nach Anerkennung, neu ist vielmehr, daß wir in Verhältnissen leben, in denen das Streben nach Anerkennung scheitern kann.[6]

Wer sind die Menschen, die *signifikanten anderen*, wie Taylor im Anschluss an den US-amerikanischen Theoretiker George Herbert Mead formuliert, auf deren Anerkennung es ankommt? Es sind zunächst die Menschen in unserem engsten Umfeld, unsere Verwandten und Freunde. Deswegen betont die Philosophie der Anerkennung seit Hegel die zentrale Bedeutung familiärer, partnerschaftlicher und freundschaftlicher Liebe für die Entwicklung des Menschen. Doch dies allein reicht nicht aus. Wo es um die Gesellschaft geht, werden gänzlich fremde Menschen für uns zu *signifikanten anderen*. Vollwertiges Mitglied einer Gesellschaft sind wir schließlich nur dort, wo uns Unbekannte als gleichberechtigt akzeptieren und entsprechend behandeln. Dabei sind die grundlegenden Spielregeln der Gesellschaft von entscheidender Bedeutung. Unbekannte erkennen sich als gleichberechtigte Mitglieder der Gesellschaft an, indem sie sich in ihrem Kontakt an diese Regeln halten. Von diesen Regeln wird im Folgenden noch die Rede sein – und auch von den gravierenden Problemen, die überall dort entstehen, wo die Regeln selbst nicht fair sind und zur geringschätzigen Behandlung mancher Gruppen von Menschen führen. In jedem Fall ist es die Praxis, in der sich zeigt, ob *signifikante andere* uns anerkennen und sich entsprechend verhalten – womit wir wieder beim Sehen und Gesehenwerden angekommen sind.

Hannah Arendt hat in ihrem Werk die These verteidigt, dass demokratische Politik auf öffentliche Räume im Wortsinne angewiesen ist, auf Räume, in denen Menschen sich in all ihrer Unterschiedlichkeit erleben können. Als Ideal präsentiert Arendt die griechische *Polis*, den demokratischen Stadtstaat, in dem sich alle Bürger – Bürgerinnen gab es keine – persönlich gegenübertraten. Die Polis gleicht einer »immerwährenden Bühne, auf der es gewissermaßen nur ein Auftreten, aber kein Abtreten gibt«.[7] Die Person, die auf der Bühne steht, spricht nicht nur. Sie wird gesehen und will gesehen werden, mit allem, was sie ist und was sie hat. Wir verstehen nach Arendt die Welt der Politik, das öffentliche und gesellschaftliche Miteinander völlig falsch, wenn wir das Zwischenmenschliche ausblenden:

> Handelnd und sprechend offenbaren die Menschen jeweils, wer sie sind, zeigen aktiv die personale Einzigartigkeit ihres Wesens, treten gleichsam auf die Bühne der Welt, auf der sie vorher so nicht sichtbar waren. [...] [D]as eigentlich personale Wer-jemand-jeweilig-ist [ist] unserer Kontrolle darum entzogen, weil es sich unwillkürlich in allem mitoffenbart, was wir sagen oder tun.[8]

Arendt erinnert im Bild des öffentlichen Raums als Bühne daran, dass im demokratischen Handeln Argumente und Personen, Gesten und Stile miteinander verwoben sind. Sie erwähnt auch die Gefahren, die der Auftritt mit sich bringt. Wer dort steht, hat es nicht mehr selbst in der Hand, wie die anderen über die eigene Person urteilen werden. Den Auftretenden kann die Anerkennung verweigert werden. Doch der Auftritt bleibt ohne Alternative. Wer die Bühne aus Angst vor Zurückweisung nie betritt, wird von der Gesellschaft auch nie gesehen werden und kann daher keinen Platz in ihr finden.

Jede Form von Politik beginnt für Arendt mit der Einsicht in das, was sie das »Faktum der Pluralität« nennt,

> die Tatsache, daß nicht ein Mensch, sondern viele Menschen auf der Erde leben und die Welt bevölkern. [...] Das Handeln bedarf einer Pluralität, in der zwar alle dasselbe sind, nämlich Menschen, aber dies auf die merkwürdige Art und Weise, daß keiner dieser Menschen je einem anderen gleicht, der einmal gelebt hat oder leben wird.[9]

Auch so lässt sich die zuvor mit Taylor rekonstruierte moderne Suche nach individueller, authentischer Identität beschreiben. Auf den Bühnen der Gesellschaft können wir mit eigenen Augen sehen, wie bunt und vielfältig menschliche Lebensformen sind, wie stark sich die Identität anderer von unserer eigenen unterscheidet. Natürlich können wir uns mit der Vielfalt der Gesellschaft auch theoretisch beschäftigen, indem wir etwa über die

Idee der Toleranz nachdenken. Aber was Toleranz wirklich ausmacht, worin ihr Wert, aber auch ihre Herausforderung und manchmal ihre Zumutung besteht, das erfahren wir erst, wenn wir praktisch mit einer Vielfalt alternativer Lebensstile konfrontiert sind und uns zu ihnen verhalten müssen.

Hier stehen pluralistische Gesellschaften vor einer weiteren Herausforderung. Auf der einen Seite sind individuelle Identitäten, in all ihrer Vielfalt, auf die Anerkennung anderer angewiesen. Auf der anderen Seite ist es gerade die Entwicklung der Vielfalt, die die Begegnung mit Unbekannten erschwert. Es fehlt an Orten, im physischen wie im übertragenen Sinne, die von Menschen mit sehr verschiedenen Identitäten gemeinsam genutzt werden. Der pluralistischen Gesellschaft gehen die Bühnen aus, auf denen fremde Menschen sich einander zeigen und sich wechselseitig beobachten können, auf denen Personen mit ihrer je eigenen Identität auftreten und Anerkennung erfahren können. Menschen nutzen unterschiedliche Medien, bewegen sich auf diversen digitalen Plattformen und sind in den verschiedensten Subkulturen zu Hause. Viele Vereine als klassische Orte der Begegnung lokaler Gesellschaften haben Nachwuchsprobleme. Gleiches gilt für Großorganisationen wie Kirchen und Gewerkschaften, die ohnehin immer nur Teile der Gesellschaft miteinander verbunden haben. Öffentliche Feste sind nur noch in wenigen Fällen Orte gesamtgesellschaftlicher Begegnung.

In dieser Lage besteht nicht zuletzt die Gefahr, dass Menschen die längst vorhandene Vielfalt der Gesellschaft übersehen. Sie bewegen sich in ihren Kreisen, Milieus und Netzwerken. Sie setzen, bewusst oder unbewusst, die ihnen vertrauten Umwelten als Normalmaß voraus. So lässt sich schnell unterschätzen, wie stark wir alle, in unseren ganz persönlichen Lebensstilen, von der Anerkennung durch andere abhängig sind – und davon, dass sich diese anderen uns gegenüber an die Spielregeln halten, die Pluralismus und ein Leben in Vielfalt erst ermöglichen. Wenn wir nur unter Gleichgesinnten bleiben, fehlt, was der Soziologe Rainald Manthe »die demokratische Irritation« nennt, die durch die zufällige Begegnung mit anderen entsteht: »Zu wissen, dass unsere Gesellschaft vielfältig ist, ist wichtig. Es täglich zu erleben, ist noch wichtiger, denn dadurch bekommt diese Vielfalt Gesicht, Hände, Füße und vieles mehr.«[10]

Die Demokratie steht somit vor einem Dilemma: Die existierende Vielfalt braucht öffentliche Räume, in denen sie Anerkennung findet und in denen sich der Wert pluralistischer Spielregeln erweist. Zugleich befördert die existierende Vielfalt mit dem Erblühen von Subkulturen und Orten zum Ausleben spezifischer Identitäten den Abbau des öffentlich geteilten Raums, in dem die Begegnung mit *signifikanten anderen* noch möglich ist.

Bahnen als Bühnen

Einen Ausweg aus dem gerade beschriebenen Dilemma eröffnet die tägliche Fahrerei. In der pluralistischen Gesellschaft wird das Verkehrsnetz zum zentralen öffentlichen Raum der Auseinandersetzungen um Anerkennung und gleichberechtigte Teilhabe. Pendlerinnen und Pendler bewegen sich (werk-)täglich auf den größten Bühnen, die unsere Gegenwart noch zu bieten hat. Sie zeigen sich dort den anderen und werden zugleich mit einer Vielfalt verschiedener Identitäten und Lebensentwürfe konfrontiert, wie es sie andernorts kaum mehr zu erleben gibt.

Der fatale Irrglaube, dass die anderen im Großen und Ganzen schon ähnlich gestrickt seien und die eigene Perspektive sich daher als Maß aller Dinge eigne, lässt sich nirgendwo leichter verlieren als im hektischen Betrieb eines durchschnittlichen Hauptbahnhofs. Wer zur Arbeit fährt, begegnet hier in wenigen Minuten den unterschiedlichsten Vorstellungen vom Sinn im Leben und stolpert über völlig verschiedene Konzeptionen gelingender Lebensführung oder auch nur gewöhnlicher Alltagsgestaltung. Dort steht jemand, ganz in die Musik aus seinen Kopfhörern vertieft, und schert sich einen Dreck darum, was andere zu seinem Tanzstil sagen. Ein paar Schritte weiter halten zwei Menschen stumm, standfest und mit grenzenlosem Gottvertrauen ihren *Wachtturm* in der Hand und warten darauf, dass jemand stehen bleibt. Vielleicht begegnen dem überraschten Fahrgast an einem Freitagmorgen menschgewordene Anime- und Manga-Charaktere, da in den Kongresshallen nebenan eine große Convention stattfindet, zu der die Fanszene von überallher in Outfits anreist, die Einsatz, Können und Liebe zum Detail verraten. Am Hauptbahnhof zeigt sich, wie weit die Vorstellungen von einem Mittagessen oder gutem Stil auseinander gehen können. Alle paar Meter trifft, wer nur hinschauen will, auf Menschen, die sich bei der Wahl ihrer Kleidung und ihrer Accessoires erkennbar Gedanken gemacht haben und deren Auffassung von Geschmack und Ästhetik zugleich Irritation und Ratlosigkeit hervorrufen.

Elon Musk hatte die öffentlichen Verkehrsmittel einmal als »schmerzhaft« bezeichnet: »Da ist ein Haufen zufälliger Fremder, von denen einer ein Serienmörder sein könnte. Großartig.«[11] Diese kritische Sicht hat der Planer Jarrett Walker in seinem Standardwerk *Human Transit* aufgenommen und pointiert gekontert: Es sei gerade die *superpower* des öffentlichen Personenverkehrs, haufenweise Fremde zusammen zu befördern und alle zuverlässig an ihre völlig verschiedenen Ziele zu bringen. »Am erfolgreichsten ist ein Verkehrssystem, wenn seine Fahrgäste so vielfältig sind wie die Stadt oder Gemeinde, in der es betrieben wird.«[12]

Doch nicht nur die Busse und Bahnen mit ihren Haltestellen und Bahnhöfen, auch die Straßen bergen großes Potential. So wird die Pendlerin, die immer dieselbe Route über die Autobahn nimmt, täglich mit einer Vielzahl von Stickern und Beschriftungen konfrontiert, die ihre Mitmenschen an den Hecks und Scheiben ihrer Fahrzeuge angebracht haben. In ihnen erschließen sich Welten, Träume und Bekenntnisse. Die einen schwören dem Fußballverein ihres Lebens ewige Treue. Die nächsten zeigen, wo sie am liebsten Urlaub machen. Andere verraten, welchem Hobby sie frönen oder welche Art von Musik sie hören. Seltener findet sich ein politisches Statement. Manche enthüllen ihr Verständnis von Humor, ihren Familienstand, ob sie Kinder haben und welche Rolle Vierbeiner in ihrer Idee vom guten Leben spielen.

Ob wir wollen oder nicht, uns als Pendlerinnen und Pendlern wird jeden Tag aufs Neue die Erkenntnis vor Augen geführt: Wir leben in der Gesellschaft mit lauter Leuten zusammen, die völlig anders ticken als wir selbst und denen sehr verschiedene Dinge heilig und wichtig sind. Es sind diese Leute, mit denen wir unser »weltlich Gemeinsames«, wie Arendt das Projekt der Vergesellschaftung so treffend umschreibt, zusammen gestalten müssen.[13] Sie sind es, mit denen wir eben nicht nur in der Rushhour im selben Stau stehen, im selben Zug sitzen oder auf denselben Bus warten. Sie sind es auch, vor denen wir uns zeigen und auf deren Anerkennung als Mitbürgerinnen und Mitbürger wir bauen müssen.

Das Bundesverfassungsgericht hat in einer Reihe von Urteilen die Ansicht vertreten, dass Vergesellschaftung auf die direkte Begegnung von Menschen angewiesen ist. Die Karlsruher Richterinnen und Richter haben klargestellt, dass an quasiöffentlichen Orten wie Shoppingmalls und Fußballstadien private Betreiberinnen nicht völlig frei darin sind, Regeln zu setzen. Dazu sind diese Orte als Orte des Zusammenseins mit *signifikanten anderen* schlicht zu wichtig. Dies gilt, wie die Verfassungsrechtlerin Sophie Schönberger betont, gerade auch dann, wenn die anderen für uns Unbekannte sind:

> Das Flanieren, das Einkaufen, der Gang ins Kino oder zum Friseur eröffnen einen Raum, in dem Begegnungen unter Fremden stattfinden können, die Anderen also wahrgenommen werden, ohne dass es einer näheren sozialen Beziehung bedarf. Der Aufenthalt am selben Ort genügt.[14]

Und als im Sommer 2023 die halbe Republik über Sicherheit in Freibädern diskutierte, hob Mariam Lau in der Wochenzeitung *Die Zeit* deren Bedeutung als »kleine Paradiese der Demokratie«

hervor: »Hipster, Burkini-Trägerinnen, Barbusige, ältere Herrschaften und Kühltaschen-Aficionados lagern Handtuch an Handtuch.« Mit dem – und sei es nur gefühlten – Kontrollverlust in Freibädern stünde etwas Fundamentales auf dem Spiel, »das Vertrauen, sich im geteilten öffentlichen Raum, in Parks, Bussen, und eben Schwimmbädern sicher bewegen zu können«.[15] Im *Spiegel* ergänzte der Wahrnehmungspsychologe Claus-Christian Carbon: »An Orten wie den Schwimmbädern entscheidet sich, ob eine Gesellschaft funktioniert oder nicht.«[16] Was aber für die Shoppingmall, das Fußballstadion oder das Freibad gilt, gilt erst recht für die Tankstelle und den Hauptbahnhof, für die Straßen und in den Zügen, wo sich weitaus mehr Menschen weitaus häufiger begegnen.

Vielfalt will verteidigt werden

Wo Pendelwege auf die Bühnen der Gesellschaft führen, werden Straßen, Busse und Bahnen zum Schauplatz von Anerkennungskämpfen. Dies galt auch für den Linienbus mit der Nummer 2857, der am 1. Dezember 1955 in Montgomery, Alabama, unterwegs war. Gesetze zur »Rassentrennung« hatten Jahrzehnte zuvor in den Bussen Montgomerys feste Sitzhierarchien eingeführt. Die ersten Reihen im Bus waren den als »weiß« eingeordneten Fahrgästen vorbehalten. Ein Schild in der Mitte des Busses verkündete, in welche Reihen Afroamerikanerinnen und Afroamerikaner sich zu setzen hatten. Hier zeigt sich in aller Deutlichkeit, wie öffentlicher Raum genutzt werden kann, um einem Teil der Gesellschaft die Anerkennung demonstrativ zu verweigern.

An jenem 1. Dezember war der vordere Teil des Busses schon voll besetzt, als weitere Fahrgäste mit Anspruch auf einen »weißen« Sitzplatz zustiegen. Wie vorgesehen, stand der Busfahrer auf, um das die soziale Trennlinie markierende Schild um eine Sitzreihe nach hinten zu verschieben. Vier Menschen saßen auf den nun neu zugeordneten Plätzen. Drei von ihnen erhoben sich. Doch eine Frau blieb sitzen. Sie hieß Rosa Parks und erinnerte sich später so:

> Ich versuchte nicht an das zu denken, was passieren könnte, als ich dort saß. Ich wusste, dass alles möglich war. Ich konnte misshandelt oder geschlagen werden. Ich konnte verhaftet werden. [...] Hätte ich zu viel darüber nachgedacht, was mit mir hätte geschehen können: Ich wäre vielleicht aus dem Bus ausgestiegen. Doch ich entschloss mich, sitzen zu bleiben.[17]

Die Pendlerin Parks hatte sich auf dem Heimweg von der Arbeit im öffentlichen Raum des Busses einer gesellschaftlichen Ordnung widersetzt, die für alle unübersehbar zwischen Anerkannten und Geringgeschätzten unterteilte. Der Busfahrer rief daraufhin die Polizei. Parks wurde festgenommen und wenige Tage später für ihr Handeln zu einer Geldstrafe verurteilt. Der sich anschließende, von Martin Luther King mitorganisierte *Montgomery Bus Boycott* wurde zu einer der Initialzündungen der US-Bürgerrechtsbewegung.

Was aber hat Parks' Geschichte mit unserer Gegenwart zu tun? Es wäre in jedem Fall ein Irrtum, zu glauben, dass Busse und Bahnen heutzutage entpolitisierte Räume seien. Das Gegenteil trifft zu. In Bus und Bahn ist immer wieder aktives Handeln gefragt. Auch das macht das Pendeln zur Schule der Demokratie. Denn der öffentliche Verkehrsraum ist ein Raum, in dem sich Fremde begegnen und in dem bestimmte Regeln gelten. Die Regeln in den Bussen von Montgomery in den 1950er Jahren waren inakzeptabel, weil sie rassistisch motivierte Diskriminierungen festschrieben. Eine Gesellschaft der Vielfalt setzt in Bussen und Bahnen auf andere Regeln, die zumindest dem Grundsatz nach gleiche Anerkennung ermöglichen, etwa eine »allgemein zugängliche Beförderung«, wie es im Personenbeförderungsgesetz heißt (§ 8, Abs. 1), oder auch eine freie Platzwahl.[18] Zum einen sind diese Regeln jedoch für unterschiedliche Interpretationen offen. Sie lassen immer viele Deutungen zu und bergen damit Konfliktpotential. Zum anderen müssen sie durchgesetzt werden. Regeln allein bringen nichts, wenn sich bei Missachtung niemand erhebt, um deren Einhaltung einzufordern.

Was im täglichen Berufsverkehr gilt, beschreibt zugleich die demokratische Grundsituation. In der demokratischen Gesellschaft begegnen wir uns als Fremde in einem Raum, in dem bestimmte Regeln gelten, die sowohl interpretations- als auch durchsetzungsbedürftig sind. Das gilt schon für jede Regel des Rechts, vom Grundgesetzartikel bis hin zur gewöhnlichen Verordnung. Es gilt aber in noch weitaus größerem Maße für die ungeschriebenen Regeln des alltäglichen Miteinanders und des politischen Umgangs. Wo Regeln ausgelegt werden müssen, sind Dissens und Streit immer möglich. Und bei der Durchsetzung aller Regeln ist *die* Demokratie, *die* Gesellschaft immer auf die Mitarbeit aller angewiesen. Sie muss sich darauf verlassen können, dass die Mehrheit der Bürgerinnen und Bürger im Großen und Ganzen bereit ist, Regeln zu befolgen. Die Achtung grundlegender Regeln des Miteinanders ist dabei auch für die Anerkennung der Einzelnen zentral. Indem sich *signifikante andere* mir gegenüber an allgemeine Regeln halten, erkennen sie mich als vollwertiges Mitglied der Gesellschaft an. Vielfalt wird dort akzeptiert, wo die Regeln befolgt und verteidigt werden, die Vielfalt erst ermöglichen.

In der alltäglichen Begegnung mit den vielen uns Unbekannten erfahren wir, wie wichtig der Schutz von Vielfalt ist. Der tägliche Weg zur Arbeit gibt uns einen guten Grund dafür, die anderen, so wie sie sind, zu respektieren. Schließlich wollen wir selbst auf unserem Weg als gleichberechtigt anerkannt und zum Beispiel nicht belästigt oder beleidigt werden. Auf der Basis solcher ständig wiederholter Erfahrungen kann der theoretischen Frage nachgegangen werden, was eine Gesellschaft der Vielfalt eigentlich zusammenhält, auf welche Prinzipien sie angewiesen ist und wie sich diese Prinzipien begründen lassen. Dabei kann es durchaus sinnvoll sein, einen Schritt zurückzutreten, von der konkreten Vielfalt abzusehen und zu fragen, was Menschen jenseits aller Unterschiede verbindet. Zumindest empfehlen einflussreiche Theoretiker der modernen, liberalen Demokratie ein solches Vorgehen.

Manche – wie Jürgen Habermas – setzen dabei auf die Kraft der Sprache, auf den »zwanglosen Zwang des besseren Arguments«.[19] Demnach sollten sich unsere demokratischen Debatten einem möglichst ideal verlaufenden Diskurs annähern. In einem solchen Diskurs zählt nicht, wer wir sind, sondern nur, welche Gründe wir für unsere Position haben. Gerade die Dinge, die uns interessieren, wenn wir anderen Menschen in ihrer Vielfalt begegnen, bleiben also außen vor: Wie sehen sie aus, wie sprechen sie, wie verhalten sie sich, welche Gefühle zeigen sie, welche Gesten nutzen sie? Das alles darf uns nicht beeinflussen. Im Gegenteil, so Habermas. Je mehr solche Äußerlichkeiten uns von den Gründen ablenken, desto schlechter steht es um einen Diskurs, in dem die Wahrheit gefunden werden soll.[20] Wenn uns ein anderer Mensch überzeugt, dann nur deswegen, weil er die besseren Gründe auf seiner Seite hat – eben das ist mit »zwanglosem Zwang« gemeint.

Ein weiterer prominenter Vorschlag, wie sich allgemeine Prinzipien des menschlichen Miteinanders in Gesellschaften der Vielfalt begründen ließen, stammt von John Rawls, dessen Werk wie kein anderes die Debatten um die liberale Demokratie in den vergangenen Jahrzehnten beeinflusst hat. Im Zentrum seiner Theorie steht die Frage: Welchen Prinzipien der Gestaltung einer Gesellschaft würden Menschen freiwillig zustimmen, wenn sie nicht wissen, welche Stellung sie selbst innerhalb dieser Gesellschaft einnehmen? Zur Beantwortung dieser Frage entwickelt Rawls den sogenannten »Schleier des Nichtwissens«. Die Personen in dem von ihm beschriebenen Gedankenexperiment kennen ihre genaue gesellschaftliche Position nicht, nicht ihr Alter, ihre Weltanschauung, ihr Geschlecht und vieles mehr.[21] Erneut wird also genau das ausgeschlossen, worauf es in der direkten Begegnung zwischen Menschen ankommt: Woran glaubst du? Welche Erfahrungen bringst du mit? Was macht deine Identität aus?

Habermas und Rawls fragen, wie sich die Prinzipien *theoretisch* begründen lassen, die eine Gesellschaft der Vielfalt ermöglichen. Wer so fragt, hat gute Gründe, von faktischer Vielfalt erst einmal abzusehen und die konkreten Begegnungen zwischen Menschen ein Stück weit aus der Theorie herauszuhalten. Denn wo Menschen sich begegnen, wird es schnell persönlich. Menschen finden sich sympathisch oder auch nicht. Sie schleppen ihren Vorrat an Vorurteilen mit sich herum, bringen ihre subjektiven Vorlieben mit, ihr Bündel an Lebenserfahrung, von ihrer Weltanschauung ganz zu schweigen. Das alles ist nicht unbedingt hilfreich, wenn es darum geht, allgemeine Spielregeln der Gesellschaft, etwa Prinzipien der Freiheit und der Toleranz, zu rechtfertigen. Wirklich Sinn ergeben die Projekte von Habermas und Rawls aber nur für diejenigen, die die Vielfalt der Gesellschaft zuvor selbst erlebt und somit die Notwendigkeit erfahren haben, über deren Vorbedingungen nachzudenken.

Rosa Parks kämpfte als Aktivistin gegen Regeln, die Ungerechtigkeiten zementierten und dazu führten, Menschen die Anerkennung als vollwertige und gleichberechtigte Mitglieder der Gesellschaft zu verweigern. Eine Gesellschaft der Vielfalt funktioniert nach anderen Regeln, beruht etwa auf Prinzipien der Freiheit und der Toleranz. Diese Regeln ermöglichen es grundsätzlich allen, in ihrer Identität Anerkennung durch *signifikante andere* zu erfahren. Das heißt aber nicht, dass die Kämpfe dort beendet wären, wo die Gesellschaft der Vielfalt einmal existiert, wo Prinzipien der Freiheit und der Toleranz in Verfassungen verankert sind. Im Gegenteil, im Miteinander auf der Straße und in Bus und Bahn zeigen sich im Kleinen die Herausforderungen, vor denen die demokratische Gesellschaft im Großen steht. Nur dort, wo die Spielregeln der Gesellschaft der Vielfalt von allen eingehalten werden, können alle die öffentliche Verkehrsinfrastruktur gut und sicher nutzen und sich dabei auch wohlfühlen. Wo das nicht passiert und wo Regeln verletzt werden, gibt es keine Unbeteiligten. Der Regelbruch geht alle etwas an. Denn jede konkrete Regelverletzung ist zugleich ein Kratzen am System der Regeln, an dem, was im öffentlichen Raum getan werden darf und was nicht.

Wenn jemand im Bus oder Zug einen Sitz mit Absicht beschädigt und eine andere Person dies beobachtet, dann kann sie gute Gründe dafür haben, sich nicht direkt einzumischen. Sie möchte sich vielleicht nicht selbst in Gefahr bringen. Sie hat aber weniger gute Gründe dafür, den Vorfall nicht bei nächster Gelegenheit der Zugbegleiterin oder dem Busfahrer mitzuteilen oder wenigstens unter der entsprechenden Telefonnummer zu melden. Schließlich hat sie selbst, wie wir alle, die wir diese Infrastruktur regelmäßig nutzen, ein Interesse daran, dass auf solche Akte der Beschädigung angemessen reagiert wird.

Weitaus relevanter sind jedoch Fälle, in denen Menschen im Berufsverkehr die Regeln der Gesellschaft der Vielfalt verletzen, indem sie anderen Menschen bewusst und nicht selten geradezu demonstrativ die Anerkennung verweigern. Meist handelt es sich um sprachliche und gestische, oftmals um sexuelle, seltener um rohe physische Attacken. Im Bus wird ein Mitfahrer rassistisch beleidigt. Im Zug gibt es einen abfälligen Kommentar oder eine sexistische Bemerkung gegenüber der Schaffnerin. An der Tankstelle macht sich jemand lautstark über eine ältere Person lustig, die sich erst mit der neuen Zapfsäule samt Kreditkarten-Bezahlfunktion vertraut machen muss. Wer so handelt, nimmt für sich in Anspruch, nicht an die Regeln einer Gesellschaft der Vielfalt gebunden zu sein und allein über die Anerkennung oder Missachtung anderer im öffentlichen Raum entscheiden zu können.

Zwar sind die Spielregeln der pluralistischen Gesellschaft rechtlich verankert, vom Gleichheitsgrundsatz des Grundgesetzes bis hin zum Straftatbestand der Beleidigung. Doch bietet diese Tatsache im Alltag oft wenig Trost. Schließlich sind in vielen Kontexten nicht rechtliche Kategorien maßgeblich, sondern vielmehr unser Bemühen, Begriffe von Freiheit und Toleranz mit Leben zu füllen. Es kommt auf die Haltung aller Anwesenden an, auf ihr Handeln und Sprechen, ihre Gestik und Mimik. Wenn eine Person eine andere im öffentlichen Raum mit Geringschätzung oder mit offener Feindseligkeit behandelt, ist entscheidend, wie Dritte dieses Verhalten bewerten. Erkennen sie einen Regelbruch und machen sie das auch deutlich? Oder lassen sie der attackierenden Person ihr Handeln, den »diskriminierenden oder erniedrigenden Blick auf einen anderen Menschen«,[22] durchgehen und unternehmen nichts?

Im Pendelalltag lässt sich auch konkret erleben, was wir als Gesellschaft zumeist abstrakt und sehr theoretisch als Problem der schweigenden Mehrheit der Gesellschaft diskutieren. Viele wird es Überwindung kosten, sich einzumischen und die ausfällig gewordene Person zur Rede zu stellen. Es fällt oftmals nicht leicht, die betroffene Person in Schutz zu nehmen, Solidarität zum Ausdruck zu bringen und das dröhnende Schweigen zu brechen, das schnell als Zustimmung gedeutet werden kann. Denn wer das tut, bezieht auf der Bühne des Busses oder Bahnhofs Position und muss mit Reaktionen rechnen, die nicht vorherzusehen sind. Vielleicht gesellt sich jemand dazu, vielleicht gibt es zustimmendes Nicken. Vielleicht bleibt aber auch alles stumm, vielleicht erfährt gar die übergriffig gewordene Person Zuspruch. Die Ungewissheit bleibt. Eben deswegen spricht Hannah Arendt in dem Zusammenhang von dem »Risiko, als ein Jemand im Miteinander in Erscheinung zu treten«,[23] das mit dem Auftritt auf der Bühne verbunden ist.

Das Risiko besteht. Doch die Alternative ist nicht besser. Denn in Bus und Bahn wird tagtäglich an den Details des allgemeinen Regelwerks gearbeitet, das im öffentlichen Raum für unsere Gesellschaft der Vielfalt gelten soll. Wer beleidigt und damit durchkommt, wird es sich merken. Wer beleidigt wurde und keine Unterstützung erfährt, wird es sich ebenfalls merken und vielleicht zu dem Ergebnis kommen, dass die Spielregeln auch der freiesten Gesellschaft nur eingeschränkt gültig sind. Auf dem täglichen Weg zur Arbeit wie in der »großen Politik« gilt, dass alle gemeinsam Verantwortung tragen, wenn sie auf Versuche, die Grenzen des Sagbaren und des Machbaren zu verschieben, nicht entschlossen reagieren.

Nach Arendt kann nur derjenige das Risiko eingehen und öffentlich Position beziehen, der »bereit ist, [im] Miteinander auch künftig zu existieren, und das heißt bereit ist, im Miteinander unter seinesgleichen sich zu bewegen«.[24] Daraus folgt allerdings auch: Wer nicht bereit ist, das Risiko einzugehen, bringt ebenfalls eine Haltung zum Ausdruck. Es ist eine Haltung der Gleichgültigkeit gegenüber dem gesellschaftlichen Miteinander und den Prinzipien, nach denen es organisiert wird. Eine solche Haltung kann sich rächen. Wo den ersten die Anerkennung verweigert wird, kann schließlich niemand wirklich wissen, wen es als nächstes trifft.

Hier könnte Einspruch erhoben werden: Es ist nicht die Aufgabe der Einzelnen, weder als Pendlerinnen und Pendler noch als Bürgerinnen und Bürger, Sitten- und Demokratiewacht zu spielen und Mitmenschen zurechtzuweisen. Gefährlich ist es außerdem. Wozu gibt es Institutionen und Personen, die in diesen Institutionen arbeiten? Die Regeln in Bus und Bahn werden von Busfahrerinnen und Zugbegleitern durchgesetzt, so wie die Einhaltung der Regeln gesellschaftlichen Zusammenlebens in den Zuständigkeitsbereich von Justiz, Polizei und Verwaltung fällt.

Der Gedanke mag naheliegen, führt aber in die Irre. Das Personal eines Busses oder Zuges wird allein niemals sicherstellen können, dass in den Fahrzeugen und Wagen bestimmte Regeln eingehalten, geschweige denn Prinzipien einer Gesellschaft der Vielfalt Beachtung finden. Wenn die Mehrheit der Passagiere eine bestimmte Regel für unsinnig hält, die Regel missachtet oder Regelbrecher mit Sympathie betrachtet, gibt es kaum eine Möglichkeit, die Regel durchzusetzen. Das Personal kann nicht überall zur gleichen Zeit sein, es sieht nicht alles, seine Sanktionsmöglichkeiten sind begrenzt. Wenn die Gruppe von Fußballfans im Zug nur groß und konfliktbereit genug ist, werden formal geltende Alkoholverbote und Regeln zur Mülltrennung sie sicher nicht von ihren Bierflaschen fernhalten und für Sauberkeit im Wagen sorgen. Wer regelmäßig im Ruhebereich eines ICE sitzt, weiß, dass es nicht die Zugbegleiter sind und auch nicht sein können, die laute Gespräche oder Telefonate unterbinden.

Es lohnt sich, das folgende Szenario einmal zu durchdenken. Angenommen, das Personal allein wäre in den öffentlichen Verkehrsmitteln für die Durchsetzung aller Regeln verantwortlich, zu denen auch die Regeln einer pluralistischen Gesellschaft, etwa die Prinzipien der Freiheit und der Toleranz, gehörten. Das Zugpersonal sollte darauf achten, dass sich alle Fahrgäste wechselseitig tolerant verhalten und in ihren Freiheiten achten. Damit dies gelingt, bräuchte es mit Sicherheit sehr viel Personal, mindestens eine Zugbegleitung in jedem Waggon, dazu vermutlich eine Überwachung mit Kameras und Mikrophonen. Das Personal müsste über eine präzise Interpretation relevanter Prinzipien der Freiheit und Toleranz verfügen, um zum Beispiel zu wissen, welche Aussagen zulässig sind und welche nicht, welche Gesten kommentiert werden müssen und vieles mehr.

In einem solchen Zug würden sich alle regelkonform verhalten beziehungsweise würden sie schnell darauf gestoßen, wenn sie es nicht täten. Zugleich wären sie an diesem Ort unfrei. Er hätte aufgehört, ein Teil des öffentlichen Raums zu sein. Vielmehr hätte sich das Verkehrsunternehmen angemaßt, seinen Fahrgästen eine spezifische Interpretation der Prinzipien der Freiheit und der Toleranz aufzudrängen.

In diesem kleinen Szenario zeigt sich, wie eng die Verantwortung aller für die Durchsetzung der Spielregeln der Gesellschaft mit diesen Spielregeln selbst verknüpft ist. Das eine ist ohne das andere nicht zu haben. Wo auf die eigene Verantwortung verzichtet wird, beginnt der Weg in den autoritären Staat. Keine Institution kann Bürgerinnen und Bürgern ihre Mitverantwortung für die Regeldurchsetzung im Alltäglichen abnehmen, ohne zugleich ihre Freiheit erheblich einzuschränken. Der frühere Bundesverfassungsrichter Ernst-Wolfgang Böckenförde hat dieses Problem in einem berühmt gewordenen Diktum so zusammengefasst: »Der freiheitliche [...] Staat lebt von Voraussetzungen, die er selbst nicht garantieren kann. Das ist das große Wagnis, das er, um der Freiheit willen, eingegangen ist.«[25]

In der Gesellschaft der Vielfalt profitieren wir zum Beispiel täglich davon, frei unsere Meinung äußern zu können. Wenn einige diese Freiheit ausnutzen, um andere zu beleidigen und herabzuwürdigen, stehen wir alle vor der Wahl. Wir können dem entgegentreten, indem wir die Würde und die Rechte aller gegen einen solchen Missbrauch der Meinungs- und Redefreiheit verteidigen. Tun wir das nicht, müssen irgendwann staatliche Instanzen eingreifen, um die Betroffenen vor Hetze und Beleidigungen zu schützen. Sie müssen dafür unter Umständen Instrumente zur Überwachung von Meinungsäußerungen entwickeln, um entsprechende Aussagen auffinden und verfolgen zu können.

Solche Instrumente betreffen dann aber potentiell uns alle, genau darum geht es Böckenförde: »Als freiheitlicher Staat kann er einerseits nur bestehen, wenn sich die Freiheit, die er seinen Bürgern gewährt, von innen her, aus der moralischen Substanz des einzelnen [...], reguliert.«[26] Eben weil wir in einer Gesellschaft der Freiheit leben, tragen wir selbst die Verantwortung dafür, sorgsam mit dieser Freiheit umzugehen. Wir müssen uns selbst Grenzen setzen und unseren Gebrauch der Freiheit regulieren. »Andererseits kann er [der Staat, J. M.-S.] diese inneren Regulierungskräfte nicht von sich aus, das heißt mit den Mitteln des Rechtszwangs und autoritativen Gebots, zu garantieren suchen, ohne seine Freiheitlichkeit aufzugeben.«[27] Wenn wir uns selbst keine Grenzen setzen und der Staat eingreifen muss, um Opfer von Freiheitsmissbrauch zu schützen, dann kann er dies nicht tun, ohne in die Freiheit selbst einzugreifen. Das können wir nicht wollen. Also sind wir alle gefragt. So wie wir auch im Regionalzug oder am Busbahnhof gefragt sind, uns als immer schon beteiligte Dritte einzumischen, wenn die Spielregeln der pluralistischen Gesellschaft verletzt und anderen die ihnen gebührende Anerkennung verweigert wird.

Pendlerinnen und Pendler erleben alltäglich die Vielfalt, die unsere Gesellschaft ausmacht. Sie bewegen sich, ob im Auto, mit dem Bus, der Straßenbahn oder dem Zug, über eine der wenigen Bühnen, auf der wir uns noch wechselseitig beim Projekt der Vergesellschaftung beobachten und selbst in Erscheinung treten können, um Anerkennung als Gleichberechtigte zu finden. Auf den eingeübten Wegen zeigt sich, wie wichtig Begegnungsorte als »Infrastrukturen der Demokratie« sind,[28] in denen das Nebenwie Miteinander mit *signifikanten anderen* gelingt. So gesehen ist Pendeln ein tägliches Krafttraining für unsere demokratische Muskulatur, wie es andernorts kaum mehr verfügbar ist.

7.
Alltag in der pendelnden Gesellschaft

In diesem Buch standen bisher städtische Wohn- und Arbeitswelten und ihre Umgestaltung durch die Kulturtechnik des Pendelns im Mittelpunkt. Doch das Grundprinzip der räumlichen Trennung von Wohnort und Arbeitsstätte prägt unsere pendelnde Gesellschaft auch jenseits urbaner Zentren und über die Lebensfunktionen von Wohnen und Arbeiten hinaus. Die Gestalt des ländlichen Raumes hat sich durch das Pendeln grundlegend gewandelt. Längst pendeln nicht mehr nur diejenigen, die bezahlte Lohnarbeit leisten. Auch unbezahlte Sorgearbeit erfordert immer häufiger das regelmäßige Fahren, ob zu den Enkeln oder den Eltern. Das immer weiter verbreitete Fernpendeln begründet neue, verdoppelte Lebensformen mit eigenen Beschränkungen und eigenem Gestaltungspotential. Schließlich wandelt das Pendeln unseren Blick auf den durchquerten Raum und eröffnet stets prekär bleibende, zuvor unbekannte ästhetische Perspektiven und Möglichkeiten sinnstiftender Praxis. Erst in diesen Entwicklungen wird das ganze Ausmaß des kulturellen wie sozioökonomischen Wandels sichtbar, den die Neuorganisation der Gesellschaft nach dem Grundprinzip der räumlichen Trennung von Wohnort und Arbeitsstätte nach sich gezogen hat. Daher soll nun die gesellschaftsgestaltende Kraft des täglichen Fahrens eingehender betrachtet werden.

Stadt, Land, Work

Das Pendeln begann im städtischen Raum mit der Flucht aus den Hotspots der Industrialisierung. Noch heute werden die gegenläufigen Prozesse der Suburbanisierung und der Gentrifizierung, in denen sich entscheidet, wer täglich in die Städte fahren muss oder aber in den Städten leben kann, zumeist mit Blick auf urbane Ballungsräume diskutiert. So auch in diesem Buch, in dem von kleineren Orten und dem ländlichen Raum bisher kaum die Rede war. Das soll sich nun ändern. Dabei kann es nicht nur darum gehen, wie Menschen in weniger dicht besiedelten Regionen pendeln und welche Veränderungen täglicher Mobilitätspraktiken angesichts der Klimakrise geboten erscheinen. Vielmehr stellt sich die grundlegendere Frage, wie Praktiken des Pendelns ländliche Räume verändern und die soziokulturellen Koordinaten des Dorfes und der Kleinstadt verschieben.

Ich beginne mit dem Näherliegenden, der Bewältigung der täglichen Fahrerei. Wer ans Pendeln auf dem Land denkt, denkt an verfallene oder zu Wohnraum umgebaute Bahnhöfe, auf deren Bahnsteigen die wilden Wiesenblumen blühen; an den alle paar Stunden einmal gesichteten, schlecht ausgelasteten Bus und an mindestens zwei Autos, die vor jedem Haus stehen. 27 Prozent aller deutschen Haushalte verfügten 2022 über zwei Pkw.[1] Haushalte mit zwei Autos finden sich vor allem in kleineren Städten und im ländlichen Raum, wo der Großteil aller Wege mit dem eigenen oder durch Mitfahrt in einem privaten Auto zurückgelegt wird.[2] Die Mobilitätswissenschaftlerinnen Claudia Nobis und Melanie Herget beziffern diese Dynamik der Verkehrsentwicklung: »In 2017 wurden im ländlichen Raum im Durchschnitt 569 Mio. Personenkilometer (Pkm) pro Tag zurückgelegt, 153 Mio. mehr als in 2002. Von dieser Zunahme entfallen mit 137 Mio. Pkm 89 % auf den MIV [motorisierten Individualverkehr].«[3] Diese Zahlen lassen erahnen, wie viel zu tun bleibt, wenn die Verkehrswende hin zur Klimaneutralität auch abseits der Ballungszentren gelingen soll.

Die öffentliche Diskussion zur Verkehrswende kreist in der autoverliebten Gesellschaft fast ausschließlich um die Potentiale und Absatzzahlen von E-Autos. Dabei wird schnell übersehen, wie vielfältig Mobilität im ländlichen Raum gestaltet werden kann. Die Möglichkeiten reichen von einem Ausbau der Infrastruktur für Fahrräder und E-Scooter über die via App organisierten oder stationären Car-Sharing-Angebote und Mitfahrgemeinschaften bis hin zu einem differenzierten ÖPNV-Angebot, das Busse in fester Taktung auf definierten Linien ebenso umfasst wie Rufbusse und auf individuelle Bedürfnisse zugeschnittene, in Fahrplan und Linienführung flexible Busse.[4]

Die Digitalisierung von Mobilitätsangeboten kann dabei ein Schlüssel zur erfolgreichen Gestaltung ländlicher Verkehrswenden sein, wie das Beispiel des »sprinti« verdeutlicht, den die Hannoversche Verkehrsgesellschaft ÜSTRA in einigen Kommunen rund um die niedersächsische Landeshauptstadt anbietet.[5] Der sprinti wird über eine App gebucht. Das Angebot ist in Uhrzeit und Fahrtweg auf individuelle Bedürfnisse zugeschnitten und zum Preis einer Busfahrkarte oder mit dem Deutschlandticket erhältlich. Die Kleinbusse halten maximal 150 Meter vom gewünschten Ausgangspunkt entfernt und bieten Platz für den Rollstuhl oder Kinderwagen. Ein Algorithmus berechnet je nach Buchungslage die Streckenführung, so dass der sprinti auf einer Fahrt möglichst viele Fahrgäste befördern kann. Endpunkt der Fahrten sind die nächstgelegenen Bahnhöfe. Damit gelingt es, Lücken im Mobilitätsangebot auch in weniger dicht besiedelten Regionen bedarfsorientiert zu schließen. Natürlich kosten derartige Mobilitätsoptionen Geld, zumal wenn sie flächendeckend und diversifiziert vorgehalten werden sollen. Jede Summe, die in diesem Kontext genannt wird, muss jedoch zu den im fünften Kapitel ausführlich diskutierten finanziellen, sozialen und umweltbezogenen Kosten des privaten Autoverkehrs ins Verhältnis gesetzt werden.

Die Neugestaltung des täglichen Fahrens im ländlichen Raum verlangt nicht zuletzt, eine fatale Fehlentwicklung der vergangenen Jahrzehnte umfassend zu korrigieren. In Deutschland sind seit Gründung der Bundesrepublik mehr als 15 000 Kilometer Schienenstrecke stillgelegt worden; Hunderte Bahnhöfe wurden noch nach dem Jahr 2000 geschlossen, vor allem im ländlichen Raum in den neuen Bundesländern.[6] Eine Verkehrspolitik, die zugleich sozial- und klimapolitische Ziele verfolgt, steht hier vor der Aufgabe, die Bahn zurück in die Fläche zu bringen und eng mit anderen Mobilitätsangeboten zu verzahnen.

Wie dieser knappe Überblick zeigt, herrscht kein Mangel an Ideen zur Zukunft des Pendelns. Zugleich ist davon auszugehen, dass das private Auto im suburbanen wie im ländlichen Raum auch weiterhin von großer Bedeutung sein wird. Dieser Umstand liegt jedoch nicht einfach in der Natur der Dinge, etwa in unvermeidlich langen, täglichen Wegen, begründet, sondern ist vielmehr das Resultat politischer und planerischer Entscheidungen. Darauf weist der Mobilitätswissenschaftler Alexander Rammert hin. Die Erreichbarkeit von Orten der Daseinsvorsorge beeinflusst unser Mobilitätsverhalten

> beispielsweise dann, wenn aufgrund fehlender Versorgungsstrukturen in dörflichen Gegenden der Lebensmitteleinkauf nur mit einer PKW-Fahrt in die nächste Großstadt erledigt werden kann. Auf gesamtgesellschaftlicher Ebene führen solche monomodalen Erreichbarkeitsstrukturen langfristig zu negativen Effekten für Mensch, Natur und Klima.[7]

Diese Überlegung verweist auf die Veränderungen ländlicher Strukturen und Alltagskulturen in der pendelnden Gesellschaft. Um die Tiefe dieses Wandels zu verstehen, lohnt ein Blick zurück. Der Tübinger Historiker Ewald Frie schildert in seinem preisgekrönten Buch *Ein Hof und elf Geschwister* den Alltag in einem Münsterländer Dorf und seinen umliegenden Bauerschaften in den ersten Jahren der Bundesrepublik:

> Von der Bauerschaft aus gesehen war das Dorf der Ort der Kirche und des Frühschoppens, des Amtes und der Post. Die Volksschule war dort und die katholische Mädchenrealschule mit angeschlossenem Internat. Im Dorf praktizierte ein Arzt, es gab Einzelhandel, Landhandel und das Dorfhandwerk […], seit 1926 ein Freibad, […] und am Wochenende gab es Kino.[8]

Das Dorf, das Frie beschreibt, erfüllte die zentralen Funktionen der Daseinsvorsorge. Gearbeitet wurde ohnehin vor Ort oder direkt auf den Höfen. Zu den tiefen Umbrüchen, die dörfliche Strukturen seither erfahren haben, trug die Kulturtechnik des Pendelns maßgeblich bei.[9] Dabei sind zwei Wirkrichtungen zu unterscheiden: Auf der einen Seite wuchsen die Städte auf das Land hinaus und in die Dörfer hinein. Die rasante Entwicklung der Ballungszentren ließ neben Vororten auf der grünen Wiese auch Räume entstehen, die der deutsche Architekt und Stadtplaner Thomas Sieverts in den 1990er Jahren als *Zwischenstadt* bezeichnet und damit eine breite Debatte ausgelöst hat. Diese diffuse Formation, »die weder Stadt noch Land ist, aber Eigenschaften von beidem besitzt«, findet sich überall auf der Welt,

> besonders ausgeprägt in Bereichen wo Städte über ihre in das Umland ausgreifende Ausdehnung zusammenwachsen zu einer Ansammlung von Stadtfeldern. […] Diese Zwischenstadt ist ein Lebensfeld, das man je nach Interesse und Blickrichtung eher als Stadt oder eher als Land lesen kann.[10]

Daneben übte das Wachstum großer Städte Druck auf kleinere Städte und Dörfer in der Umgebung aus, die sich zunehmend in Schlafstädte verwandelten. Die Einwohnerzahl solcher Orte wuchs rasant, vor allem durch den Neubau von Wohngebieten. Zugleich verloren sie an die Großstadt zentrale Funktionen, die sie teils über Jahrhunderte hinweg selbst besessen hatten. All diese Prozesse setzen sich bis in unsere Gegenwart hinein fort. Die Steuerpolitik begünstigte die Entwicklungen, vor allem durch das Instrument der Entfernungspauschale. Als »Motorisierungsanreiz« gedacht, entwickelte sich die Pauschale zur »Zersiedelungsprämie«, deren »enorme siedlungspolitische und verkehrsfördernde Komponente« die Politik erst nicht bedachte und dann nicht weiter beachtete.[11]

Auf der anderen Seite pendelt ein seit Jahrzehnten immer größer werdender Anteil der Bevölkerung des ländlichen Raums zur Arbeit in die Städte. In manchen Regionen betrifft dies mehr als zwei Drittel aller Erwerbstätigen.[12] Das Dorf wird dadurch, in den Worten des Geographen Gerhard Henkel, zu einem reinen Wohndorf, »dessen ökonomische Basis [...] zu einem großen Teil außerhalb des eigenen Ortes« liegt.[13] Auch dadurch wird eine Entwicklung befördert, die in der Stadt- und Raumplanung oft als Donut-Effekt beschrieben wird: Seiner Funktionen für das alltägliche Leben der Einwohnerinnen und Einwohner beraubt, schrumpft die Mitte des Dorfes oder das Zentrum der kleinen Stadt, während die vorgelagerten Wohnsiedlungen wachsen, von denen aus alles mit dem Auto in die größeren Städte und Zentren fährt. So wird in der pendelnden Gesellschaft, die auf dem Grundprinzip der räumlichen Trennung von Wohnen und Arbeiten beruht, der ländliche Raum umfassend neu strukturiert.

Praktiken des Pendelns beeinflussen auch hier die Verteilung von Anerkennung. In einer Verkehrsinfrastruktur, die noch stärker als in vielen städtischen Ballungszentren auf das Auto hin ausgerichtet ist, findet eine Anerkennungsordnung weiterhin Rückhalt, die Erich Kästner mit Blick auf die frühe Bundesrepublik als »motorisiertes Biedermeier« bezeichnet hat.[14] Wenn die Familienväter morgens mit dem Familienauto aufbrachen, um das Familieneinkommen zu erarbeiten, blieben die Ehefrauen und der Nachwuchs in Siedlungen und Dörfern zurück, die immer stärker auf ihre Wohnfunktion reduziert wurden. Architekt Ernst Hubeli spricht pointiert vom »Mutter-Kind-Ghetto«, in dem der Hausfrau wenig mehr blieb als »unter dem Apfelbaum nochmals den neusten Paolo Coelho zu lesen«.[15]

Dieses Grundmuster hält sich beharrlich. Denn es ist kein Wandel der Anerkennungsordnung, sondern das zweite Auto in der Familie, das die Spielräume vieler Frauen inzwischen erweitert und ihr soziales Ansehen erheblich erhöht hat. Zurück bleibt dagegen eine andere Gruppe auf dem Land, wie Nobis und Herget konstatieren:

Bei den Autofreien auf dem Land handelt es sich vor allem um ältere Frauen in Rente, mit niedrigem ökonomischem Status und ohne Führerschein, die überdurchschnittlich oft das Haus nicht verlassen haben. In der Stadt ist die Gruppe der Autofreien hingegen meist jung, berufstätig und mobil.[16]

Auf den Dörfern sind darüber hinaus vor allem Schülerinnen und Schüler die wichtigste Fahrgastgruppe im ÖPNV. Der Schulbus prägt fürs Leben: laut, lästig und langsam. Der eigene Führerschein wird unter solchen Umständen nicht nur zur Eintrittskarte in die Welt der Erwachsenen, sondern fast zwangsläufig zur Vorbedingung sozialer Anerkennung.

Wenn auch die Durchsetzung des Grundprinzips der pendelnden Gesellschaft den ländlichen Raum oftmals nicht zum Besseren hin verändert hat, besteht doch Grund zur Hoffnung. Denn die Digitalisierung mischt die Karten neu. Der nicht zuletzt durch die Pandemie stark beschleunigte Siegeszug des Homeoffice verändert Arbeitsabläufe und damit auch das Pendelverhalten. In immer mehr Branchen und Arbeitsverhältnissen ist es möglich, an mehreren Tagen in der Woche vom heimischen Schreibtisch aus tätig zu sein.

Für die Zukunft des ländlichen Raums ist die Bedeutung dieser Entwicklung kaum zu überschätzen. Denn sie führt dazu, dass deutlich mehr Einwohnerinnen und Einwohner auch tagsüber vor Ort sind. Damit wirkt die Digitalisierung der Reduktion von Vorstädten und Dörfern auf die Wohnfunktion entgegen. Das zeigt sich an schlichten Beispielen wie dem Mittagessen: Der Einzelhandel und die Gastronomie in den Bürovierteln der großen Städte leiden unter dem Boom des Homeoffice. Auf dem Dorf hingegen kann sich das Angebot eines Mittagstisches auf einmal wieder rechnen und dem alten Dorfgasthof zu neuem Leben verhelfen. So können Orte neu entstehen, die in der Geographie als »dritte Orte« bezeichnet werden, als regelmäßig frequentierte, für das eigene Leben wichtige Orte jenseits des Zuhauses und der Arbeitsstätte.

Die klassischen dritten Orte kleinerer Städte und Dörfer stehen seit langem unter Druck. Pluralisierung und nachlassende soziale Bindungen führen zu Nachwuchsproblemen in Sport- und Schützenvereinen, bei der Freiwilligen Feuerwehr und in den Kirchengemeinden. In der pendelnden Gesellschaft verstärkt sich dieser Trend. Orte am Rand von Ballungszentren werden von Prozessen der Suburbanisierung erfasst. Die neu Hinzugezogenen knüpfen ihre Sozialkontakte oft in den Zentren, in denen sie arbeiten, nur wenige lassen sich für die bestehenden Vereine und Verbände vor Ort gewinnen. Das Pendeln von Bewohnerinnen und Bewohnern des ländlichen Raums in die Stadt wirkt in dieselbe Richtung.

Wo in Zeiten digitalisierter Arbeit mehr Menschen tagsüber in den Dörfern und Kleinstädten vor Ort sind, entsteht neuer Raum für alltägliche Begegnungen, beim Joggen oder beim Spaziergang mit dem Hund, am Gartenzaun oder beim Einkaufen. Hier können wir noch einmal zu Charles Taylor und der Entstehung individueller Identität in Auseinandersetzung mit *signifikanten anderen* zurückkehren. In öffentlichen Debatten wird gern über den Verlust dörflicher Identitäten geklagt. Erst recht gilt dies für die als gesichts- und konturlos wahrgenommenen Schlafstädte. Mit Taylor lassen sich diese Schwierigkeiten als Problem unterbliebener Identitätsbildung verstehen. Die *signifikanten anderen*, um die es in diesem Fall geht, sind die Bewohnerinnen und Bewohner des jeweiligen Dorfes, der jeweiligen Schlafstadt. Wenn sie sich nicht vor Ort begegnen, können sie nicht gemeinsam an der Frage arbeiten, was es heißt, genau in diesem Ort zu wohnen. Wenn sie nun aber, dank des Homeoffice, verstärkt zu Hause sind, können sie, an dritten Orten ebenso wie im alltäglichen Austausch, an einer eigenen, ortsgebundenen Identität arbeiten und sich in dieser wechselseitig anerkennen und bestärken. Mittelfristig können bisher reine Wohnorte so zu Gewinnern der neuen Arbeitswelten werden. Mit Blick auf das Pendeln gilt dabei, was auch schon für die großen Städte festgestellt wurde: Der Wegfall der Notwendigkeit, täglich fahren zu müssen, produziert viele Gewinnerinnen und Gewinner.

Das Pendeln der anderen.
Die übersehene Haus- und Sorgearbeit

Axel Honneth zeigt in seiner Philosophie den engen Bezug von Arbeit und normativer Anerkennungsordnung auf. Bereits die Frage, »was überhaupt als ein sozial nützlicher Arbeitsbeitrag gilt, wird jeweils durch die [...] sittlichen Überzeugungen geregelt, die einer Gesellschaft ihren individuellen Charakter geben«.[17] Durch die Verwirklichung des Grundprinzips der pendelnden Gesellschaft, der räumlichen Trennung von Wohnort und Arbeitsstätte, wird zugleich eine Anerkennungsordnung etabliert, die Hierarchien zwischen verschiedenen Formen von Arbeit festschreibt. Was zu Beginn des Buches nur angedeutet werden konnte, bedarf nun einer genauen Betrachtung: Die Arbeit, die in der pendelnden Gesellschaft vom Wohnort getrennt wird, ist die *Lohn*arbeit. Die Entstehung dieser Gesellschaft ist ohne ein Anerkennungsprimat der Lohnarbeit nicht denkbar. Dieser Primat rechtfertigt den enormen Einsatz von räumlichen und rechtlichen, finanziellen und natürlichen Ressourcen zur Trennung des Wohnorts von der Lohnarbeitsstätte.

Indem die Lohnarbeit zum Normalmaß des Arbeitens erhoben wird, werden andere Formen der Arbeit strukturell übersehen. Dies gilt gerade für die häusliche Arbeit sowie die Sorgearbeit, die Pflege der Eltern ebenso wie die Erziehung der Kinder. Diese überdurchschnittlich häufig von Frauen verrichteten Arbeitsformen werden nicht nur selten anerkannt und oftmals nicht bezahlt, was sich nicht zuletzt auf die Altersversorgung der Betroffenen stark nachteilig auswirkt. Sie werden auch in den Mobilitätsentwürfen der pendelnden Gesellschaft konsequent missachtet. Eine Gesellschaft, in der die Sorgearbeit und die häusliche Arbeit dieselbe Wertschätzung erfahren wie die Lohnarbeit, würde die Entstehung monofunktionaler, reiner Wohnsiedlungen nicht dulden, die tagsüber zur Vereinsamung einladen und Tätigkeiten wie den Einkauf erschweren. Sie würde auch eine Straßenverkehrsordnung ablehnen, die den reibungslosen Fluss des Autoverkehrs für wertvoller hält als die Aufenthaltsqualität in jenen städtischen Räumen, in denen nicht zuletzt beim Spaziergang mit Kinderwagen oder Rollstuhl Sorgearbeit geleistet wird.

Die Durchsetzung des Grundprinzips der pendelnden Gesellschaft hat vielerorts dazu geführt, dass Menschen nicht nur für die Lohnarbeit ihr Wohnviertel verlassen müssen, sondern für alles andere auch, für den Supermarkt und die Ärztin, für die Schule und das Pflegeheim sowie für die vielen Hobbys der Kinder. In den USA ist der Begriff der *soccer mom* längst als Bezeichnung für Mütter etabliert, die keiner Lohnarbeit nachgehen können und die meiste Zeit ihres Tages damit verbringen müssen, den Nachwuchs zur Schule, zum Fußballtraining und zu anderen Freizeitaktivitäten zu kutschieren.

Die US-amerikanische Philosophin Nancy Fraser nimmt die Lebensläufe der *soccer moms* und vieler Frauen in vergleichbarer Lage in den Blick, wenn sie von verschiedenen »Achsen der Ungerechtigkeit« spricht.[18] Ihre Überlegungen haben die jüngeren Debatten um Anerkennung maßgeblich geprägt. Fraser geht davon aus, dass sich zwei Formen von Ungerechtigkeit analytisch voneinander unterscheiden lassen: sozioökonomische Ungerechtigkeit, etwa Formen von Ausbeutung und Marginalisierung, und kulturelle oder symbolische Ungerechtigkeit, etwa in Form von mangelnder Anerkennung und Missachtung.[19] Erforderlich ist für sie daher eine kritische Theorie der Anerkennung, die beide Seiten zusammenbringt und zu erklären vermag, »auf welche Art und Weise ökonomische Benachteiligung und kulturelle Nichtachtung gegenwärtig miteinander verflochten sind und einander verstärken«.[20]

Auf dieser Grundlage nimmt Fraser die gesellschaftliche Position von Frauen in den Blick: Frauen sehen sich demnach mit materieller Ungerechtigkeit konfrontiert: Sie beginnt mit der Einteilung von Arbeit in »bezahlte ›produktive‹ und unbezahlte ›reproduktive‹ Arbeit, wobei den Frauen hauptsächlich die Verantwortung für letztere zugewiesen wird«.[21] Die so etablierte Ungleichheit wird kulturell durch Sexismus und Androzentrismus, also »eine autoritative Konstruktion von Normen, die mit Männlichkeit assoziierte Merkmale privilegiert«, zementiert.[22] Eine Arbeitsteilung, die verschiedene Formen von Arbeit unterschiedlichen Geschlechtern zuweist, trifft auf eine Anerkennungsordnung, in der alles, was als »weiblich« gilt, abgewertet und herabgesetzt wird.

Es fällt nicht schwer, die Auswirkungen der von Fraser beschriebenen Mechanismen in der pendelnden Gesellschaft zu beobachten. Ökonomischer Status, soziales Ansehen und vor allem auch soziale Sicherung hängen maßgeblich von der Lohnarbeit ab. Es ist die Arbeit, für die der Mann den Wohnort verlässt und zur Lohnarbeitsstätte fährt. Es sind diese Wege, die als *Arbeits*wege gelten und von der Steuer abgesetzt werden können. Übrig bleibt der den Frauen zugewiesene Rest der Arbeit, die Sorge- und die Hausarbeit. Wo diese Arbeiten keine Wertschätzung finden, überrascht es nicht, dass auch die für diese Arbeiten notwendigen Wege unberücksichtigt bleiben, nicht einmal als *Arbeits*wege verstanden werden. Dies Gefälle zwischen bezahlten und nicht bezahlten, anerkannten und nicht wertgeschätzten Arbeitsformen ist in der pendelnden Gesellschaft von besonderer Brisanz. Denn diese Gesellschaft lebt geradezu davon, häusliche Arbeit und Sorgearbeit und die Kosten dieser Formen von Arbeit systematisch auszublenden. Nur so kann sie das Ausmaß ihrer Dysfunktionalität vor sich selbst verschleiern.

Um die pendelnde Gesellschaft der Gegenwart für in zentralen Hinsichten dysfunktional zu halten, muss man sich weder der Revolution verschrieben haben, noch Frasers weitreichendes philosophisches Programm eines transformativen, feministischen Sozialismus unterschreiben. Es genügt, einmal die Stunden zu addieren, die Frauen – nach wie vor sind es in der überwiegenden Mehrheit Frauen – in der Woche damit verbringen, aus dem Haus in der Wohnsiedlung ihre Kinder zur Schule zu fahren, sie zu ihren Freundinnen zu bringen und dort wieder abzuholen, sie für den Musikunterricht im Zentrum der Stadt oder für den Fußballkurs am Sportplatz abzusetzen, zur Bank und zum Supermarkt zu fahren und sich noch einmal hinters Lenkrad zu setzen, um ein Rezept in der Praxis abzuholen und in der Apotheke vorbeizuschauen. Der Zweitwagen, den es dafür braucht, will ebenso bezahlt werden wie die Parkgebühren und das Benzin. Die pendelnde Gesellschaft lebt davon, diese Kosten, die sie durch ihr Grundprinzip selbst produziert, zu ignorieren, indem sie die hier geleistete Arbeit nicht als Arbeit gelten lässt. Aus ihrer Sicht pendelt nur, wer zur bezahlten Arbeit fährt. Das Pendeln *der anderen* bleibt unberücksichtigt.

Pendeln ist zu Beginn dieses Buches als Praxis beschrieben worden, bei der sich eine Person aus Arbeitsgründen dauerhaft zwischen zwei oder mehreren Orten hin- und herbewegt und dabei relevante Distanzen zurücklegt. Es kann kein Zweifel daran bestehen, dass Fahrten aus Gründen der Sorgearbeit oder zum Zwecke des Einkaufs unter diesen Begriff fallen. Sie finden in hoher Regelmäßigkeit zwischen wohlvertrauten Orten statt und sind keine Freizeitbeschäftigung. Die unter Zurücklegung dieser Wege geleistete Arbeit bleibt weiterhin nicht anerkannt; zugleich verschärfen sich die Probleme. Noch immer entstehen Wohnsiedlungen, bei denen lange Wege im Alltag vorprogrammiert sind. Hier wird die Arbeitskraft vor allem von Frauen gebunden, die zugleich auf einem immer angespannter werdenden Arbeitsmarkt immer dringender gebraucht wird.

Sorgearbeit wird zu relevanten Teilen in den Familien geleistet – oft aus Mangel an Alternativen. Die unter Finanzdruck stehende Pflegeversicherung reicht nicht einmal ansatzweise aus, um die Kosten professioneller, entlohnter Pflegearbeit zu bezahlen. Durch den längst überall spürbaren demographischen Wandel wird sich die Lage absehbar dramatisch zuspitzen, etwa wenn die geburtenstarken Jahrgänge der Babyboomer verstärkt auf Pflegeleistungen angewiesen sind. Zugleich scheitern viele Kommunen daran, hinreichend Betreuungsplätze in Kindertagesstätten und in schulischen Ganztagsangeboten zur Verfügung zu stellen. Der viel beklagte Personalmangel ist nicht zuletzt das Resultat fehlender Anerkennung von Sorgearbeit, die auch diejenigen zu spüren bekommen, die für diese Arbeit entlohnt werden.[23]

Neu ist zudem, dass die verschiedenen Generationen einer Familie immer häufiger immer weiter voneinander entfernt wohnen. Sorgearbeit muss über große Entfernungen geleistet werden; die Fachliteratur spricht hier mit Blick auf die Altenpflege vom *distance caregiving*. Manches lässt sich telefonisch oder digital erledigen. Oftmals ist jedoch die Präsenz vor Ort gefragt. Der Wandel der Familien- und Sozialstruktur produziert dann eine völlig neue Form des Pendelns: Kinder fahren einmal in der Woche eine weite Strecke, um bei ihren Eltern nach dem Rechten zu sehen oder sie in der Seniorenresidenz zu besuchen. Großeltern setzen sich regelmäßig in den Zug, um bei der Betreuung der Enkelkinder auszuhelfen.

In der pflegewissenschaftlichen Literatur zum Thema ist längst festgestellt worden, dass Angehörige mit Pflegeaufgaben, darunter auch klassischer Pflegearbeit vor Ort, teilweise in »regelrechten Pendelverhältnissen« leben.[24] Eine 2022 veröffentlichte Studie des Zentrums für Qualität in der Pflege vermittelt einen Eindruck von Umfang und Art der über größere Distanzen hinweg erbrachten Pflegearbeit.[25] In Gesprächen wurden 1007 pflegende Angehörige befragt, die pro Fahrtrichtung mindestens 20 Minuten benötigen, um die gepflegte Person aufzusuchen. 77 Prozent aller Befragten gaben an, die gepflegte Person mindestens einmal in der Woche persönlich zu besuchen. Selbst von denjenigen, die zwischen einer und zwei Stunden von der gepflegten Person entfernt wohnen, gaben 27 Prozent an, regelmäßig persönliche Pflege zu leisten. Es überrascht wenig, dass die aus der Distanz heraus pflegenden Angehörigen unter anderem den zeitlichen Aufwand und die mangelnde Wahrnehmung ihrer Arbeit als belastend wahrnehmen. Die Pendeldistanz verschärft die Probleme einer ohnehin schon wenig anerkannten Arbeit. Dieser Mangel an Anerkennung zeigt sich nicht zuletzt darin, dass politisch Verantwortliche bisher scheinbar keine Notwendigkeit sehen, relevante Daten zu sammeln, um ein klares Bild der Lage zu erhalten: »Über die Zahl an informell Pflegenden auf räumliche Distanz in Deutschland gibt es bisher keine belastbaren Schätzungen.«[26] Es dürfte in jedem Fall kaum zu bezweifeln sein, dass das Pendeln aus Gründen der Sorgearbeit in Zukunft zu- und nicht abnehmen wird.

Die pendelnde Gesellschaft steht vor großen Aufgaben, wenn verschiedene Formen von Arbeit angemessen vergolten und in gleichem Maße anerkannt werden sollen. Die Anerkennung einer Form von Arbeit beginnt mit der gesellschaftlichen Wahrnehmung dieser Arbeit und ihrer Wahrnehmung *als* Arbeit.

Im Jahr 2020 schuf die Bundesregierung die Mobilitätsprämie im Steuerrecht als Ergänzung zur Pendlerpauschale.[27] Mit der Mobilitätsprämie sollten diejenigen entlastet werden, denen durch Lohnarbeit Fahrtkosten entstehen, die dabei aber so wenig verdienen, dass sie keine Lohnsteuer bezahlen. Dahinter steht der Grundsatz, dass sich die Gesellschaft an den Fahrtkosten beteiligt, die durch Arbeit entstehen. Es wäre nur konsequent, diesen Grundsatz auf Sorgearbeit und häusliche Arbeit und damit auf diejenigen Arbeitsformen auszuweiten, für die ebenfalls keine Steuern bezahlt werden, die aber genauso unverzichtbar sind. Eine solche erweiterte Mobilitätsprämie leistete einen Beitrag zur Aufwertung nicht entlohnter Arbeit.

Eine Mobilitätsprämie für nicht entlohnte Arbeit hätte auch noch einen zusätzlichen praktischen Vorteil: Überall im Land hätten diejenigen, die Sorgearbeit und häusliche Arbeit leisten, plötzlich einen Anreiz, sich ein Fahrtenbuch zuzulegen und genau zu dokumentieren, wie viele Kilometer sie im Jahr zurücklegen, um Lebensmittel einzukaufen und Kinder in die Schule und die Eltern zur Ärztin zu bringen. Die Fahrtenbücher lieferten Datenmaterial, um das Verhältnis zwischen Fahrtwegen für die Lohnarbeit und Fahrtwegen für die häusliche Arbeit und Sorgearbeit zu berechnen. Der Anteil gefahrener Kilometer, der auf die Sorgearbeit und häusliche Arbeit entfällt, wird vermutlich umso größer sein, je monofunktionaler der Wohnort geplant und je weniger dicht er besiedelt ist.

Noch spannender wird es, wenn man die zurückgelegten Kilometer mit der dafür benötigten Zeit in Beziehung setzt und die so erhaltenen Werte für die Lohnarbeit mit der für andere Arbeitsformen vergleicht. Oft wird sich zeigen, dass ein Lohnarbeitskilometer schneller zurückgelegt ist als ein Sorgearbeitskilometer. Dies hat mit den für die verschiedenen Arbeitsformen zur Verfügung stehenden Verkehrsmitteln ebenso zu tun wie mit dem Umstand, dass Pendelwege für die Lohnarbeit zumeist möglichst gerade und damit schnell von A nach B verlaufen, während Sorgearbeitswege gestaffelt sind: Erst geht es zur Schule, von dort in den Supermarkt, zurück nach Hause an den Schreibtisch oder für ein paar Stunden zur Arbeit, dann wieder zur Schule, dann zum Sportkurs des Kindes und schließlich wieder nach Hause.[28]

Wo die reale Anzahl an Kilometern, die Menschen täglich für alle Formen von Arbeit und nicht nur für die Lohnarbeit verpendeln, sichtbar gemacht und der Preis dieser Fahrten beziffert wird, wächst vielleicht auch die politische Bereitschaft, ernsthaft über Fehlentwicklungen in der pendelnden Gesellschaft und damit zugleich über neue Wohn-, Arbeits- und Lebensformen zu debattieren, die allen viel Zeit und Geld ersparen können.

Verdoppelte Leben

Mit der Verwirklichung des Grundprinzips der pendelnden Gesellschaft werden Wohnort und Arbeitsstätte räumlich voneinander getrennt. Die Distanzen zwischen Wohnen und Arbeiten nehmen zu – und nicht wenige Menschen arbeiten mittlerweile so weit von ihrem Wohnort entfernt, dass sie als Fernpendlerinnen und Fernpendler nur am Wochenende oder noch seltener nach Hause fahren. So etabliert sich in der pendelnden Gesellschaft ein weiteres Muster räumlicher Verteilung, der Zweitwohnsitz.

Was im vorherigen Abschnitt für das Pendeln als Teil unbezahlter Sorgearbeit festgestellt wurde, gilt auch hier: Es fehlt an Daten, um genau beziffern zu können, wie viele Menschen zur Gruppe der Fernpendlerinnen und Fernpendler zu zählen sind. Erneut bleibt eine wichtige Facette sozioökonomischer Strukturbildung unsichtbar.

In einer Auswertung für das Jahr 2022 kam das Bundesinstitut für Bau-, Stadt- und Raumforschung zu dem Ergebnis, dass 3,9 Millionen Menschen länger als 50 Kilometer pro Richtung pendeln.[29] Ein relevanter Teil von ihnen wird nicht täglich fahren.

Die Lebensform von Fernpendlerinnen und Fernpendlern wird in der Forschung als *Multilokalität*, genauer als *residenzielle* Multilokalität bezeichnet. Multilokal lebt, wer sein gewöhnliches Leben dauerhaft oder doch zumindest über größere Zeiträume hinweg an mehreren Orten führt.[30] Residenzielle Multilokalität bleibt nicht auf die Arbeitsmobilität beschränkt. Auch Rentnerinnen und Rentner, die die Hälfte des Jahres in ihrer Wohnung in Spanien verbringen, oder Kinder getrennt lebender Eltern, die eine Woche bei dem einen und eine Woche bei dem anderen Elternteil wohnen, leben multilokal. Darüber hinaus zählen zu den Multilokalen auch diejenigen, die in einer Fernbeziehung leben. Über sie ließe sich ein eigenes Buch schreiben. Denn in der Partnerschaft auf Entfernung treffen moderne Formen von Leben und Lieben auf die Anforderungen einer ausdifferenzierten Arbeitswelt und das Grundprinzip der pendelnden Gesellschaft. Beziehungspendeln entsteht aus privaten Motiven heraus und ist doch meistens eine Folge der Unmöglichkeit, zwei Arbeitsorte von einem gemeinsamen Wohnort aus erreichen zu können.

Das Fernpendeln schafft Strukturen ganz eigener Art, indem es die Leben verdoppelt. Wer an seinem Arbeitsort einen Zweitwohnsitz unterhält, entwickelt auch einen zweiten Alltag – mit allem, was dazu gehört. Alltägliche Routinen bilden sich aus, vom Supermarkt über das Stammrestaurant und die Essgewohnheiten bis hin zum Fitnessstudio. Ein zweites Set alltäglicher Kontakte entsteht. Dabei gilt: »Die berufsbedingt multilokale Lebensführung verortet sich innerhalb eines Kontinuums zwischen Freiheit und Zwang und beinhaltet Chancen und Zumutungen.«[31] Im besten Fall, dazu kommen wir gleich, können Menschen die dauerhaften Ortswechsel nutzen, um eine vielschichtige Identität zu entwickeln und so ihren verschiedenen Interessen und Bedürfnissen Rechnung zu tragen. Oftmals aber läuft es schlechter. Deutlicher noch als in anderen Pendelmustern zeigt sich im Fernpendeln eine gesellschaftliche Anerkennungsordnung, die, mit Honneth gesprochen, »die Wertigkeit der einzelnen Arbeitsfunktionen« festlegt und damit darüber entscheidet, wer mit welcher Wertschätzung rechnen darf.[32]

Der Blick auf zwei verschiedene Gruppen von Fernpendlerinnen und Fernpendlern verdeutlicht, dass die lange Fahrt zum Arbeitsort in der pendelnden Gesellschaft in sehr ungleichem Maße Anerkennung findet: Der Soziologe Mathias Wagner hat die Mobilitätspraktiken polnischer Arbeitskräfte untersucht, die in Deutschland tätig sind. Wagner zeigt auf, dass die Übergänge zwischen Saisonkräften, die für mehrere Monate am Stück nach Deutschland kommen, um etwa in der Landwirtschaft oder auf dem Bau zu arbeiten, und Fernpendlerinnen und Fernpendlern, die wöchentlich über große Distanzen hinweg zwischen Deutschland und Polen pendeln, fließend sind. In Wagners Studie kommen unter anderem als Reinigungskräfte arbeitende Frauen zu Wort, die im niederschlesischen Rudnica leben und wöchentlich ins 360 Kilometer entfernte Berlin zur Arbeit pendeln.[33] Mit mehreren Kolleginnen mieten sie sich in Berlin kleinste Wohnungen und leben so sparsam wie möglich:

Pointiert kann man sagen, dass Wanderarbeiter ihre Arbeitszeit nicht als gelebte Zeit organisieren. Während diese Lebensweise für den ein- bis zweimonatigen Einsatz als Erntehelfer noch nachvollziehbar ist, finden wir bei den Reinigungsfrauen auch nach zehn oder zwanzig Jahren wöchentlichen Pendelns überraschenderweise das gleiche Phänomen.[34]

Die pendelnde Gesellschaft hat kein Problem damit, Wertschätzung, etwa in Form erholsamer Wohnverhältnisse, auch dort zu verweigern, wo Arbeit unverzichtbar ist. Das Zusammenleben mit Kolleginnen auf engstem Raum verursacht Stress. Andere Fernpendlerinnen, die als Pflegekräfte arbeiten, leiden hingegen unter Vereinsamung: »Als Justyna Grabowska in der Berliner U-Bahn einmal Polnisch hörte, fuhr sie einfach ein paar Stationen weiter, nur um den vertrauten Klang ihrer Muttersprache zu genießen.«[35]
In ihrem Roman *Autobus Ultima Speranza* (2018) erzählt die österreichische Autorin Verena Mermer von den Bedingungen prekärer Arbeitsmigration zwischen Ost- und Westeuropa. Die Geschichte begleitet Dutzende Arbeiterinnen und Arbeiter auf der weihnachtlichen Heimreise von Wien ins nordwestrumänische Cluj. Die Fahrgäste der Buslinie »Speranza« arbeiten als Putzkräfte, als Erntehelfer, auf westfälischen Schlachthöfen oder in der 24-Stunden-Pflege. Einer der Busfahrer, Adrian, fragt sich, »wer von den Reisenden die beste bzw. die am wenigsten widerwärtige Arbeit hat«.[36] Der andere Fahrer, Ioan, spürt »einen Anflug von Neid in den Blicken derer, die bei ihm ein- und aussteigen. Er arbeitet zumindest zwischen hier und dort; sie haben ihre Familie hier, während ihre Arbeit dort ist.«[37] Eindrücklich schildert Mermer das Pendeln zwischen zwei Identitäten[38] und berichtet von Entfremdung und Erschöpfung, von Wurzeln, Kindern und Lieben, die auf der Strecke bleiben. In *Autobus Ultima Speranza* werden die sozialen und emotionalen Kosten des Fernpendelns unter Bedingungen von Ausbeutung sichtbar. Claas Tatje hat dies Prob-

lem in seinem Buch über das Pendeln auf eine bündige Formel gebracht: »Familie bedeutet, da zu sein und nicht dort.«[39]

Am anderen Ende der Anerkennungsskala stehen gut bezahlte Berufstätige, die als Managerin oder Lehrstuhlinhaber, als leitende Beamte oder Ingenieurin unter der Woche – oft nur von Dienstag bis Donnerstag – am Arbeitsort leben und am Wochenende zur Familie fahren. Im Idealfall können sie sich in der pendelbedingten Verdopplung ihres Lebens das Beste zweier Welten erschließen: Am Wochenende erfüllen sie die Rolle des Familienmitglieds. Unter der Woche gehen sie neben der Arbeit ungebunden ihren Interessen nach und entwickeln eine frei gestaltete, eigene Di-Mi-Do-Identität:

> Während der Arbeitswohnort genutzt wird, um intensiv zu arbeiten und ansonsten Dinge »für sich« zu tun (lesen, shoppen, schwimmen/joggen, lange Telefonate mit Freundinnen und Freunden), steht der Zeitblock rings um das Wochenende ganz im Zeichen der Familie und generell der sozialen Kontakte.[40]

Auch hier gilt: Wer hat, dem wird gegeben. Eine Fernpendlerin, die einer gesellschaftlich geschätzten, daher gut bezahlten Tätigkeit nachgeht, kann sich eine attraktive Zweitwohnung in guter Lage leisten und profitiert dabei besonders stark von der steuerlichen Absetzbarkeit einer doppelten Haushaltsführung.

Den Preis für ein gelingendes verdoppeltes Leben zahlen in solchen Fällen zumeist andere. Dazu gehören zunächst die Ehefrauen der in der Mehrheit männlichen Fernpendler. Sie müssen an drei bis fünf Tagen die Sorgearbeit und häusliche Arbeit am familiären Hauptwohnsitz allein tragen. Das Nachsehen haben aber auch Wohnungssuchende, wie der österreichische Geograph Peter Weichhart betont:

> Durch die massenhafte Praxis residentieller Multilokalität ändert sich das Verhältnis von Wohnfläche beziehungsweise

Wohnungszahl und Bevölkerungszahl sehr erheblich. [...] Residentielle Multilokalität muss natürlich dazu führen, dass sich der »Wohnflächenverbrauch« pro Person und damit auch der Druck auf den Bodenmarkt weiter erhöhen.[41]

Im Idealfall kann eine vermögende Fernpendlerin gleich an zwei Orten ihr Recht auf Stadt verwirklichen und sowohl ihren Hauptwohnsitz als auch ihren Zweitwohnsitz in attraktiven urbanen Vierteln nehmen. Das Fernpendeln erweist sich hier als zusätzlicher Motor der Gentrifizierung und verschärft dadurch die unsere pendelnde Gesellschaft prägenden Konflikte um Positionen und Anerkennung im Raum.

Die Schönheiten der Strecke

Neue räumliche Ordnungen entstehen in der pendelnden Gesellschaft nicht nur durch die Trennung von Wohnort und Arbeitsstätte, sondern auch durch den Umgang mit allem, was dazwischen liegt. Auf dem Weg zur Arbeit wird für gewöhnlich eine Strecke bewältigt, kein Raum erfahren. Pendlerinnen und Pendler betreten am Wohnort eine in sich geschlossene Umwelt, das Auto, den Bus oder die Bahn. Sie erleben diese Umwelt und nicht den durchquerten Raum mit seinen Temperaturen, Geräuschen und Gerüchen.

Die von der Außenwelt abgeschirmten Pendelumwelten sind Orte ganz eigener Art. Man sollte sie nicht idealisieren. In historischer Perspektive ist deutlich geworden, dass Pendeln schon immer anstrengend und lästig war, verbunden mit Staus, Lärm und Menschenmassen. Dennoch entstanden mit den Verkehrsmitteln regelmäßig genutzte und zugleich von Wohnort und Arbeitsstätte klar getrennte Orte, an denen es nichts zu tun gab. Wer Bus und Bahn fährt, muss sich nicht einmal auf den Verkehr konzentrieren. In der pendelnden Gesellschaft werden alle, die fahren müssen, auf diese Weise zweimal täglich nicht nur mit den Mitfahrenden, sondern auch mit sich selbst konfrontiert. Im Alltag eingelassen, birgt das Pendeln die Möglichkeit, sich selbst als Person kennenzulernen, die viel mehr kann und will als nur das Leben an zwei Orten produktiv zu bewältigen.

In den Eisenbahnen des 19. Jahrhunderts übten Menschen sich in der Nutzung dieser neuen freien Zeit der Strecke. Das geschah nicht im luftleeren Raum, sondern in der materialisierten Anerkennungsordnung der Züge, die Möglichkeiten festlegte. Wer in der dritten Klasse reiste, verplauderte die Zeit:

> Die primitiven großräumigen Wagen der 3. und 4. Klasse, in die das proletarische Reisepublikum gepfercht wird, sind gekennzeichnet durch eine ungebrochene Kommunikation dieses Publikums untereinander, eine Kommunikation wie sie in den Abteilen der bürgerlichen 1. und 2. Klasse gegen Ende des 19. Jahrhunderts erstorben ist.[42]

Die Züge mochten voll und unbequem sein. Doch das Pendeln schuf Inseln kleiner Freiheit und ungestörter Interaktion, deren Wert sich nur vor dem Hintergrund der damals herrschenden Arbeits- und Kontrollregimes angemessen einschätzen lässt. Wo und wann bekamen Arbeiterinnen und Arbeiter sonst die Chance, jenseits der Familie und der Aufsicht des Vorarbeiters Gedanken zu spinnen und von dem zu erzählen, was sie umtrieb? Es überrascht daher kaum, dass Angehörige der Arbeiterklasse schon in den 1860er Jahren berichteten, dass das Pendeln sie entspanne. Die Zugfahrt nach der Arbeit gebe eine erste Gelegenheit zur Erholung; infolgedessen komme es zu Hause seltener zu Streit und Konflikten.[43]

Wie bei der Geschichte des Pendelns im zweiten Kapitel erläutert, verhinderten soziale Hierarchien in der ersten und zweiten Klasse das freie Gespräch. Die europäische Sitzordnung des Abteils schuf zusätzliche Verlegenheit, war sie doch geradezu auf Kommunikation hin angelegt.[44] Die Lektüre wies den Ausweg. In den rumpelnden, schlecht gefederten Kutschen war ans Lesen nicht zu denken gewesen, doch in den Zügen war es möglich. Zur Grundausstattung des bürgerlichen Pendlers gehörte neben Hut und Schirm bald auch die Tageszeitung.

Das wachsende Lektürebedürfnis der pendelnden Gesellschaft sicherte den Erfolg eines Unternehmens wie W. H. Smith & Sons Ltd.[45] Die bis heute im britischen Buchmarkt einflussreiche Firma war als kleiner Zeitungsstand Ende des 18. Jahrhunderts in London gegründet worden. Um 1850 sicherte sich Smith in ersten Exklusivverträgen das Recht, Reisende auf den Bahnhöfen der großen Eisenbahngesellschaften und ab 1875 auch in den Stationen der Londoner *Underground* mit Literatur zu versorgen. Die Anzahl der Bahnhofsbuchläden von Smith stieg von 30 in den 1850er Jahren auf mehr als 1100 zu Beginn des 20. Jahrhunderts.

Ab 1860 schuf Smith in seinen Bahnhofsbuchläden ein eigenes Leihbibliothekssystem. Gegen einen nach Anzahl der Ausleihen gestaffelten Subskriptionspreis konnten Reisende vor der Abfahrt ein Buch entleihen und an anderen Bahnhöfen überall in England wieder abgeben. Die Bibliotheken hatten bis 1961 Bestand. Smith bestimmte maßgeblich, was das viktorianische England zu lesen bekam. Das Unternehmen achtete auf Sittlichkeit und bürgerlichen Geschmack. Das Satiremagazin *Punch* verpasste dem langjährigen Firmenchef William Henry Smith II., der in den 1880er Jahren zum britischen Kriegs- und zum Finanzminister aufstieg, daher den Spitznamen »Old Morality«. Die Geschichte von W. H. Smith zeigt: Wer Pendlerinnen und Pendlern auf dem Weg zur Arbeit einen Zeitvertreib anbot, ob ernst und bildend, ob unterhaltend und phantasievoll, konnte ein Vermögen verdienen.

Um den immer größer werdenden Bedarf an günstig verfügbarer und für die tägliche Mitnahme geeigneter Literatur zu decken, setzten Verlage nicht nur auf neue Drucktechniken, sondern auch auf die Wiederauflage von gemeinfrei gewordenen klassischen Texten. Routlegde in England und Hachette in Frankreich schufen eigene Reihen zum Verkauf an den Bahnhöfen;[46] in

Deutschland begründete Anton Philipp Reclam 1867 die Universal-Bibliothek. 1912 reagierte Reclam auf den Wunsch nach stetiger Verfügbarkeit von Literatur für die Fahrt mit der Aufstellung erster Buchautomaten an Bahnhöfen.[47]

Pendelhistoriker Simon Webb hat die These vertreten, dass W. H. Smiths Leihbibliothek einen entscheidenden Beitrag zur Bildung der Arbeiterklasse und zur Verbreitung der neuesten Theorien, etwa denen von Marx und Darwin, geleistet habe.[48] Dem widersprechen zumindest teilweise Argumentationen, die die Pendellektüre als eine »ausschließlich bürgerliche Beschäftigung« einordnen.[49] Nur die Geschichtswissenschaften können diese Frage klären. Für die Bildungsgeschichte der Moderne ist die freie Zeit zum Lesen, die Millionen Menschen in der pendelnden Gesellschaft plötzlich zur Verfügung stand, in jedem Fall von zentraler Bedeutung gewesen. Die Universitäten, so schrieb der Autor Samuel Phillips 1851, seien exklusiv, doch die Eisenbahn kenne keine sozialen Distinktionen, wenn es darum gehe, Menschen durch Bücher Bildung zu vermitteln.[50] Der Blog der Fotografin Ourit Ben-Haim, der Bilder von lesenden Pendlerinnen und Pendlern in der New Yorker U-Bahn präsentiert, zeugt vom Glück der Lektüre, das Menschen auch heute noch auf dem täglichen Weg zur Arbeit finden können.[51]

Nicht nur für die Phantasie, auch für die Sinne bietet Pendeln reichlich Potential. Wolfgang Schivelbusch hat im Anschluss an den Politikwissenschaftler Dolf Sternberger herausgearbeitet, wie sich mit dem Aufkommen der Eisenbahn unsere Sehgewohnheiten verändert haben und die *panoramatische Wahrnehmung* entstand. Die hohe Geschwindigkeit der Züge versperrte den Blick auf das Detail, auf die einzelnen, in der Nähe liegenden Gegenstände. An seine Stelle trat der »Über-Blick«, die Sicht auf das Ganze, auf den Raum als rasch durchquerte Landschaft.[52] Auf der einen Seite ist ein solcher Überblick ästhetisch begrenzt, insbesondere weil ihm das direkte Erleben des Betrachteten fehlt. Der geschlossene Zug ist eine Art fahrender Aussichtsturm, der es erlaubt, von außen auf die Landschaft zu schauen. Auf der anderen Seite ermöglicht diese besondere Wahrnehmungsposition das, was seit Kant als Inbegriff der ästhetischen Erfahrung gilt, das *interesselose Wohlgefallen*. Dabei geht es um die Frage, »ob die bloße Vorstellung des Gegenstandes in mir mit Wohlgefallen begleitet sei, so gleichgültig ich auch immer in Ansehung der Existenz des Gegenstandes dieser Vorstellung sein mag«.[53] Die Pendlerin, die aus dem Zugfenster schaut, verfolgt kein Interesse, keinen praktischen Zweck. Sie sieht nicht in die Landschaft hinaus, um sich zu orientieren oder ein Baugrundstück zu finden. Ohne Hintergedanken und damit interesselos kann sie sich auf das einlassen, was ihrem Blick geboten wird.

Forschungen in der noch jungen Disziplin der Alltagsästhetik haben gezeigt, dass der Blick auf das vermeintlich Wohlvertraute und Immergleiche viel zu bieten hat.[54] Wer eine Landschaft gut kennt und sie immer wieder sieht, nimmt andere Qualitäten wahr. Nur in serieller Betrachtung können die Auswirkungen von Wetter und Licht auf die Erscheinung einer Umwelt wahrgenommen werden. Prozesse wie das Erwachen des Frühlings, das Kürzerwerden der Tage oder der Bau eines die Stadtsilhouette verändernden Gebäudes erschließen sich nur der wiederholten Beobachtung.

Im Laufe der Zeit sind wir immer besser dazu in der Lage, das Zusammenspiel der verschiedenen Elemente in der Konstitution von Landschaft wahrzunehmen. Das habe ich selbst erlebt: Eine Zeit lang pendelte ich auf der Mittelrheinstrecke zwischen Koblenz und Mainz. Auf den ersten Fahrten sah ich das Ensemble der Rheinromantik, die Burgen, die Weinberge und die kleinen, alten Städte. Doch langsam trat Gewöhnung ein, die es mir ermöglichte, auch andere Elemente der Landschaft wahrzunehmen. So entdeckte ich eines Tages, dass der Loreley direkt gegenüber auf der linksrheinischen Seite ein Betonwerk lag, das produzierte Elemente auf großer Fläche im Freien lagerte. Das Werk blieb vor lauter Konzentration auf den Loreley-Felsen bei den ersten Fahrten im Wortsinne unsichtbar, so sehr war meine Wahrnehmung durch vorbestimmte Muster konditioniert. Die

Vertrautheit eröffnete dann neue Perspektiven. So konnte im Zug am Rhein ein reizvolles ästhetisches Spiel beginnen und bei jeder neuen Fahrt fortgesetzt werden: Wie sieht das zusammen aus, das Betonwerk mit dem Felsen? Wer hielt das wohl warum für eine gute Idee, ausgerechnet hier ein solches Werk zu gründen? Welche Geschichte vom Verhältnis von Moderne und Mythos wird hier erzählt?

Wer im Auto pendelt, muss den Verkehr immer im Blick behalten. Eine völlig interesselose Wahrnehmung der Umwelt ist hier ausgeschlossen. Dafür erlaubt die Einsamkeit des von der Umwelt abgeschirmten Autoinnenraums eigene ästhetische Produktivität. So sind auf den Autobahnen in vorbeifahrenden Fahrzeugen viele Solosängerinnen und -sänger zu beobachten, die den täglichen Weg zur störungsfreien Stimmbildung nutzen.

Kant hat in seiner Ästhetik zwischen dem Schönen und dem Erhabenen unterschieden. Ein Erlebnis des Erhabenen entsteht dort, wo sich »Größe und Macht blicken läßt«, der gegenüber »unser Vermögen zu widerstehen [...] zur unbedeutenden Kleinigkeit« wird.[55] Unser ästhetisches Erleben im Anblick der sich »auftürmenden Donnerwolken« oder des »grenzlose[n] Ozeans« ist ein Erlebnis der vorgestellten eigenen Ohnmacht. Sogar dieses Erhabene lässt sich auf dem täglichen Weg zur Arbeit entdecken. Hierzu muss man im Zug nur einmal die Augen schließen und sich zu Bewusstsein führen, in welch gewaltiger Maschine man gerade sitzt, wie man täglich der Technik das eigene Leben anvertraut. Die »Fallhöhe technischer Apparaturen«, so formuliert es Schivelbusch, ist enorm, die mögliche »Destruktivität des Unfalls proportional [...] zum technischen Niveau der Apparatur«.[56] Wer diese Gedanken nicht nur zulässt, sondern im Ruckeln der Räder auf dem Gleis und im Grundrauschen des Zuges auch spürt, den kann der ästhetische Grusel des Erhabenen packen.

Natürlich haben auch die ersten Pendler bald versucht, nicht nur aus dem Fenster oder in sich selbst hineinzuschauen, sondern die tägliche Fahrt effizient zu nutzen, und sich etwa in der

Zeitung über die für den eigenen Beruf relevanten Wirtschaftsnachrichten informiert. Doch die Möglichkeiten blieben vor dem Aufkommen digitaler Kommunikationstechnologien begrenzt. Damit ist es nun vorbei. Die Freiheiten des interesselosen Wohlgefallens und damit die Schönheiten der Strecke sind jenseits der Funklöcher, in denen Fahrgäste zuweilen irritiert von ihren Geräten aufblicken, nicht mehr einfach gegeben. Angesichts der Allgegenwart von Smartphones, Laptops und Konsolen müssen sie aktiv von uns verteidigt werden. Wir können Busse und Bahnen als unruhige Co-Working-Spaces nutzen – oder als Räume, in denen wir uns selbst als phantasiebegabte Sinnenwesen anerkennen, die sich manchmal auch in Geschichten und Musik verlieren oder in eine Landschaft vertiefen möchten.[57]

8.
Missverstandene Befreiung.
Die Zukunft des Pendelns

Der Imperativ der Effizienz hat das Pendeln um seine Freiheiten und Schönheiten gebracht. Das Stresslevel steigt, wenn auch der tägliche Weg zur Arbeit noch produktiv genutzt werden muss. Im Auto wird telefoniert, um die Sitzung vorzubereiten, den neuen Geschäftsvertrag zu besprechen oder den Nachmittag der Kinder zu organisieren. Die halbe Stunde in der Bahn muss reichen, um die dringendsten Mails zu beantworten, die Einkaufsliste zu schreiben und einen Arzttermin zu vereinbaren.

Wo die vermeintlich tote Zeit der Pendelstrecke in die täglichen Arbeitspakete eingetaktet wird, verschärft sich ein seit langem bekanntes Problem: Pendeln schlägt auf die Gesundheit. In zahllosen Studien sind die vielen negativen Konsequenzen des täglichen Fahrens untersucht worden. Vor zwanzig Jahren kam etwa der britische Stressforscher David Lewis zu dem Ergebnis, dass Pendlerinnen und Pendler in herausfordernden Situationen im ÖPNV, etwa bei Verspätungen oder ausgefallenen Verbindungen, immer wieder gestresster sind als Kampfpilotinnen und Kampfpiloten im Einsatz.[1] In der *Stressstudie 2021* der Techniker Krankenkasse benennt mehr als ein Fünftel der Befragten die Teilnahme am Verkehr als hauptsächliche Stressursache.[2] Insbesondere Frauen leiden unter pendelbedingtem Stress – nicht zuletzt weil sie häufiger als Männer auf schlechte Verkehrsverbindungen angewiesen sind.[3] Depressionen treten bei Pendlerinnen und Pendlern gehäuft auf. Gleiches gilt für Rückenschmerzen und Schlafstörungen.[4] Neuere Studien deuten zudem darauf hin, dass sich stressbehaftetes Pendeln negativ auf die Motivation und Arbeitsfähigkeit auswirkt.[5]

Bereits im 19. Jahrhundert waren die Folgen des Pendelns für die Gesundheit bekannt. Wolfgang Schivelbusch zitiert aus einem Bericht der englischen Fachzeitschrift *The Lancet* von 1862, dessen Autor mit Blick auf tägliche London-Pendler feststellte: »Aufgrund langjähriger Erfahrung weiß ich, welchen Einfluss der Prozess des normalen Alterns auf Leute hat, die aktiv im Leben stehen; nie jedoch habe ich eine Gruppe von Menschen beobachten können, die im Verlauf weniger Jahre so schnell gealtert sind wie diese.«[6]

So wie es ist, kann es nicht bleiben. In einer Gesellschaft, die das tägliche Fahren dauerhaft an grundlegenden Gesundheits- und Mobilitätsbedürfnissen vorbei organisiert, besteht umfassender Handlungsbedarf. Dabei hilft es, sich die Ursprünge des Pendelns noch einmal in Erinnerung zu rufen. Die Kulturtechnik des Pendelns erschien vielen Menschen seit dem 19. Jahrhundert als Technik der Befreiung. Sie siedelten im Grünen, um den vielerorts katastrophalen hygienischen Bedingungen und dem Stadtlärm zu entgehen. Sie zogen in die Vorstadt, um sich der sozialen Kontrolle durch Vorgesetzte und staatliche Stellen zu entziehen. Mit den Pendlerströmen wuchsen die Siedlungen und die Hoffnungen großer Teile der Gesellschaft, den Traum von den eigenen vier Wänden verwirklichen zu können. Dabei wurden die Hierarchien, die das tägliche Fahren produziert, in der pendelnden Gesellschaft mit Erfolg verdrängt. Das Einfamilienhaus präsentiert sich bis heute als ungestörte Selbstverwirklichung mit Garten. Die Folgekosten, der Zwang zum ständigen Fahren, die Abhängigkeit von Planung und Politik, die drohende Vereinsamung in reinen Wohnwüsten, werden zu Vorbedingungen der Vorortfreiheit umgedeutet.

Zu einer Geschichte der Befreiung wird die Zukunft des Pendelns jedoch erst dort, wo die in die tägliche Mobilität eingelassenen Anerkennungsordnungen völlig neugestaltet werden. Ziel einer Neufassung muss es sein, den täglichen Mobilitätsanforderungen aller in gleichem Maße Rechnung zu tragen und Konflikte zwischen unterschiedlichen Interessen und Bedürfnissen fair zu lösen. Auf dem Weg zu einer solchen Neuordnung müssen zunächst bestehende hierarchische Gefälle sichtbar gemacht und die in der pendelnden Gesellschaft benachteiligten, weil in ihren Bedürfnissen nicht anerkannten und in ihrem Beitrag zum Gesellschaftsleben nicht wertgeschätzten Gruppen identifiziert werden.

Einmal etablierte Anerkennungsordnungen halten sich hartnäckig, zumal dann, wenn sie in Paragrafen und Beton gegossen sind. Es bedarf externer Schocks, um Dinge in Bewegung zu bringen. Diese Einsicht lässt sich bei Roberto Blanco nachhören. 1979 und 1980 erlebte die Bundesrepublik eine durch den Ersten Golfkrieg ausgelöste kleine Ölpreiskrise. Die Westdeutschen hatten den Schock der ersten Ölpreiskrise von 1973 mit seinen Sonntagsfahrverboten und dem Radeln auf der Autobahn noch gut im Gedächtnis. In dieser Situation schrieb Texter Bernd Meinunger für Roberto Blanco einen Song: *Am Tag, als es kein Benzin mehr gab*.[7] Aus heutiger Sicht muss das Lied visionär erscheinen.

Blanco besingt eine Gesellschaft, der mit dem Benzin über Nacht die Geschäftsgrundlage entzogen wurde. In utopischer Gemütlichkeit, wie es sich für einen Schlager gehört, wird ein Bild explodierender Kreativität entworfen. Menschen beginnen, ihre Autos mit Sonnen- und Windenergie zu betreiben. Sie steigen in die überfüllten Straßenbahnen um oder gehen einfach einmal zu Fuß, »kriegen plötzlich Lust zum Wandern und genießen wieder Sonne, Luft und Gras«. Selbst für diejenigen, die sich angesichts so vieler Neuerungen um den Fortbestand des Abendlandes sorgen, hält Blanco eine beruhigende Nachricht bereit. Denn Recht und Ordnung werden weiterhin verteidigt, ein »Schutzmann ohne Gnade schreibt schon wieder Strafmandate für zu schnelles Gehen auf dem Bürgersteig«. Und der Tankwart bleibt der Pflege gezapften deutschen Kulturguts treu und sagt »von mir aus, statt Benzin schenk ich halt Bier aus«.

Auch unserer heutigen pendelnden Gesellschaft geht das Benzin aus, nicht über Nacht, doch dafür auf Dauer. Die Klimakrise ist eben jener Schock, der zu gesellschaftlicher Neugestaltung zwingt. Denn diese Gesellschaftsform beruht auf der Möglichkeit vieler Menschen, sich täglich zu vertretbaren Kosten zwischen zwei Orten hin- und herbewegen zu können. In unserer Gegenwart kann der Umstand nicht mehr ignoriert werden, dass die bisherige Kostenrechnung nicht länger aufgeht, dass sie schon vor Jahrzehnten nicht aufgegangen ist, weil die Folgekosten des täglichen Fahrens externalisiert und damit ignoriert wurden.

Die klimapolitische Notwendigkeit, die tägliche Mobilität neu zu organisieren, bietet zugleich die einmalige Chance, die in der pendelnden Gesellschaft etablierten Anerkennungsordnungen umzubauen. Jetzt kommt es darauf an, die Zukunft des Pendelns nicht nur verkehrs- und klimapolitisch, sondern ebenso sozial-, gesellschafts- und familienpolitisch zu denken. Wer sich nur fragt, wie vorhandene Verbrenner möglichst schnell durch E-Autos ersetzt werden können, lässt zu viele Möglichkeiten ungenutzt. Jetzt kann ein öffentlicher Raum entstehen, zu dem alle gleichberechtigt Zugang haben. Jetzt kann das Verkehrssystem so demokratisiert werden, dass den verschiedenen Mobilitätsbedürfnissen Rechnung getragen wird. Jetzt können die Zentren der großen Städte wie der kleinen Orte zu neuem Leben finden, indem Wohnraum entsteht und das Pendeln teilweise aufgegeben wird. Jetzt kann erkundet werden, welche Verkehrsmittel es wo in welchem Umfang braucht, damit alle schnell und sicher von A nach B gelangen können. Jetzt können die Anerkennungsordnungen der pendelnden Gesellschaft so umgestaltet werden, dass der Beitrag aller Wertschätzung findet, in der Lohnarbeit ebenso wie in der Betreuungs- und Sorgearbeit, in der Büroarbeit am Tag wie in der nächtlichen Schichtarbeit. Die Klimakrise erzwingt die Verkehrswende. Und wenn wir es klug angehen, ist viel mehr möglich.

Anhang

Anmerkungen

1. Eine ungeliebte Notwendigkeit

1 Auswertung gesammelter Verkehrsdaten durch den Kartendienstleister TomTom im »TomTom Traffic Index« 2023, online unter: https://www.tomtom.com/traffic-index, abgerufen am 2. 4. 2025.
2 Ebd.
3 Angaben der Deutschen Bahn, online unter: https://www.deutschebahn.com/de/konzern/konzernprofil/zahlen_fakten/puenktlichkeitswerte-6878476, abgerufen am 2. 4. 2025.
4 Ebd.
5 Vgl. die Aufarbeitung im Portal »Deutschlandatlas«, online unter: https://www.deutschlandatlas.bund.de/DE/Karten/Wie-wir-uns-bewegen/100-Pendlerdistanzen-Pendlerverflechtungen.html#_7c7bt6d9l, abgerufen am 2. 4. 2025.
6 Pendleratlas der Bundesagentur für Arbeit, online unter: https://statistik.arbeitsagentur.de/DE/Navigation/Statistiken/Interaktive-Statistiken/Pendleratlas/Pendleratlas-Nav.html, abgerufen am 2. 4. 2025.
7 Ebd.
8 Siehe Kapitel 7, Abschnitt »Das Pendeln der anderen«, S. 169.
9 Kukla 2021, S. 42, 95, eigene Übersetzung.
10 Schivelbusch 2023, S. 218.
11 Foucault 1994, S. 181.
12 Ikäheimo 2014, S. 8; zum Folgenden ebd., S. 8–10.
13 Dazu Ikäheimo 2014, fortlaufend, etwa S. 22 f.
14 Fraser 1998, S. 6, eigene Übersetzung.
15 Fraser 2001, S. 16 f.

2. Als die Menschen pendeln lernten

1 Für eine einführende Kontextualisierung siehe Vidaurreta 1982, S. 296.
2 Marx 1983, S. 414.
3 In den historischen Überlegungen in den folgenden Abschnitten und Kapiteln stütze ich mich, so nicht näher angegeben, auf Grundlagenliteratur zur Geschichte des Pendelns in ausgewählten Staaten und Städten. Vgl. dazu insbesondere NGBK 1984, Bendikat 1999 sowie Webb 2016.
4 Vgl. zum Folgenden Webb 2016, S. 3 ff.

5   Engels 1952, S. 90.
6   Ebd., S. 71.
7   Vgl. dazu auch Ackroyd 2000, S. 522.
8   Dickens 2022, S. 16.
9   Ebd, S. 78 f.
10 Ebd., S. 70.
11 Ebd., S. 21.
12 Zur Darstellung der Londoner Geschichte in den folgenden Absätzen vgl. Ackroyd 2000, S. 510–528; White 2007, S. 37–98.
13 Fontane 1991, S. 257.
14 Ebd., S. 175.
15 Schriftverkehr zitiert nach Denton 1861, S. 31, eigene Übersetzungen. Ebd. auch die folgenden Zitate.
16 Ebd., S. 32.
17 Demel 2005, S. 89.
18 London 1982, S. 39 f., 155, 159, eigene Übersetzung.
19 Jordan 1996, S. 60.
20 Ebd., S. 113.
21 Ebd., S. 218.
22 Ebd., S. 307.
23 Zum Folgenden vgl. Rumin 2004.
24 Webb 2016, S. 40.
25 Ebd., S. 58
26 Schott 1999, S. 351 (Mannheim) und S. 449 (Mainz).
27 Bendikat 1999, S. 82 f.
28 Vgl. Webb 2016, S. 41 ff.
29 Fontane 1991, S. 569.
30 Report from the Select Committee on Metropolitan Communications [Reports from Comitees, 12. Dezember 1854 bis 14. August 1855, Bd. 10, London 1855], Abschnitt »Minutes of Evidence«, S. 78, eigene Übersetzung.
31 Zum Folgenden Taylor 2009, S. 14.
32 Monmerqué 1828, S. 24 f.
33 Ebd., S. 17.
34 Ebd, S. 24.
35 Ebd., S. 50, eigene Übersetzung; vgl. ebd., S. 45.
36 Fontane 1978, S. 165.
37 Jerome 1985, S. 86.
38 Dazu Webb 2016, S. 44.
39 Engels 1952, S. 81 f.
40 NGBK 1984, S. 28.
41 Vgl. den historischen Überblick in NGBK 1984, S. 11, 27 f.

42 Die Darstellung in diesem Absatz orientiert sich an Erika Schachingers Rekonstruktion der Baugeschichte der Berliner Stadtbahn, in: NGBK 1984, S. 28–46.
43 Ebd., S. 28.
44 Zitiert nach der Online-Veröffentlichung des Artikels aus dem Archiv unter: https://epilog.de/berliner-stadtbahn.illustrirte-zeitung.1882, abgerufen am 8. 2. 2024.
45 Denton 1861, S. 8, eigene Übersetzung.
46 Ebd., S. 25, eigene Übersetzung.
47 White 2007, S. 47, eigene Übersetzung; dort auch die Zahlen zum Häuserbestand.
48 Dazu Webb 2016, S. 50. Zum Folgenden ebd., S. 50 ff.
49 Ebd. Die Wagenklasse firmierte gelegentlich auch unter dem Namen *parliamentary third class*, als staatlich subventionierte dritte Klasse neben der »regulären« dritten Klasse.
50 Der Gesetzestext findet sich online unter: https://www.railwaysarchive.co.uk/documents/HMG_ActCheap1883. pdf, abgerufen am 15. 9. 2024.
51 Zur Übersicht zum Folgenden vgl. abermals Webb 2016, S. 69, 74–78.

3. Pendeln zwischen Armut und Achtung

1 Grossmith/Grossmith 1995, S. 19, eigene Übersetzung.
2 Ebd., S. 148.
3 Ebd.
4 Ebd., S. 233.
5 Ebd., S. 223.
6 Honneth 1994/2003, S. 197.
7 Ebd., S. 198.
8 Ebd.
9 Goerd Peschken in NGBK 1984, S. 113. Vgl. ebd. für die geschilderte städtebauliche Tätigkeit Carstenns.
10 Detlef Wittgen und Reiner Krznar in NGBK 1984, S. 311.
11 Schivelbusch 2023, S. 93 f.
12 Ebd., S. 94.
13 Ebd., S. 124.
14 Hierzu und zu den Ausführungen der folgenden Absätze der noch immer lesenswerte Überblick von Bottles 1987, S. 5–13.
15 Kafka 1997, S. 49 f.
16 Ebd., S. 63.
17 Ebd., S. 73.

18 Webb 2016, S. x.
19 Dazu Foster 1981, S. 46–50, die Zahlen auf S. 49.
20 Webb 2016, S. 89 f.
21 Zu Metro-land Webb 2016, S. 112–119.
22 Bottles 1987, S. 55; Foster 1981, S. 116, 131. Die beiden Autoren schildern anschaulich die Prozesse, die in Detroit und Los Angeles zu einer zunehmenden Verdrängung der Straßenbahnen aus dem öffentlichen Raum führten (Bottles, Kap. 3; Foster, S. 78–90).
23 Ford 1922, S. 73, eigene Übersetzung.
24 Foster 1981, S. 58.
25 Bottles 1987, S. 93.
26 Foster 1981, S. 59.
27 Webb 2016, S. 121.
28 Dos Passos 1948, S. 295.
29 Foster 1981, S. 46 f., zum Folgenden auch ebd., S. 161–164; am Beispiel Los Angeles' Bottles 1987, S. 20, S. 177 f.
30 Für einen kompakten Überblick über die Sozialgeschichte des Autos in Deutschland vgl. Grieger 2019.
31 *Automobil-Revue* 7 (1923), S. 126; zitiert nach Sachs 1984, S. 56.
32 Zu den in diesem Abschnitt genannten Zahlen vgl. Möser 2002, S. 193 f.; Sachs 1984, S. 83; Zeller 2002, S. 215 f.; sowie für München Wenzlaff 2011, S. 25.
33 Felsch 2024, S. 11.
34 Brinkmann 2023, insbesondere S. 10–19.
35 Arendt 2002, S. 190.
36 Vgl. die Daten des Umweltbundesamtes, online unter: https://www.umweltbundesamt.de/daten/private-haushalte-konsum/mobilitaet-privater-haushalte#-hoher-motorisierungsgrad, abgerufen am 15. 9. 2024.
37 Güçyeter 2022, S. 149.
38 Vgl. das Kapitel 5 in diesem Buch.
39 Die Ausführungen in diesem und im folgenden Absatz folgen Lucas [u. a.] 2016. Eine kompakte deutschsprachige Zusammenstellung der verschiedenen Aspekte von Mobilitätsarmut findet sich in Florian Peiseler / Matthias Runkel / Ronja Kwasniok, unter Mitarbeit von Johanna Büchele, *Mobilitätsarmut. Die soziale Frage der Verkehrspolitik. Forum Ökologisch-soziale Marktwirtschaft*, Policy-Briefing 08/2022, online unter: https://foes.de/de-de/publikationen, abgerufen am 15. 9. 2024.
40 Fischer [u. a.] 2024, S. 24. Der Band enthält aufschlussreiche quantitative wie qualitative Studien.
41 Zum Konzept des Möglichkeitsraums in der Mobilitätsforschung vgl. Rammert 2022, S. 85–91, besonders S. 89.

42 In: NGBK 1984, S. 370. Eine ähnliche Argumentation bei Webb 2016, S. 127 f.
43 Honneth 1994/2003, S. 205.
44 Ebd.
45 Die folgende Darstellung folgt den in den nächsten Anmerkungen aufgeführten Medienberichten.
46 Artikel auf *Spiegel Online*, 20. 7. 2023, online unter: https://www.spiegel.de/panorama/pendler-mob-in-achim-menschenmenge-blockiert-zugabfahrt-und-kapert-regionalexpress-a-73e6d1b3-8798-4178-8ee0-db32a8888aec; Artikel von Jana Godau für die *Bild*, 20. 7. 2023, online unter: https://www.bild.de/regional/bremen/hannover-aktuell/sie-wollten-den-anschluss-nicht-verpassen-pendler-mob-blockiert-zug-84749480.bild.html. Vgl. dagegen den sehr sachlichen Bericht über den Vorfall auf *Zeit Online*, 19. 7. 23, mit Materialien der dpa, online unter: https://www.zeit.de/news/2023-07/19/menschenmenge-springt-auf-gleise-und-in-regionalzug, alle abgerufen am 2. 4. 2025.
47 Die folgenden Zitate entstammen einem Artikel von *Spiegel Online*, 21. 7. 2023, online unter: https://www.spiegel.de/panorama/gesellschaft/bahnhof-achim-wie-eine-baustelle-zur-aufregung-um-angeblichen-pendlermob-fuehrte-a-840c619a-51a6-4c29-9019-d0fe9aca0def, abgerufen am 2. 4. 2025.
48 Bericht von Christian Walter und Ronald Klee in der *Kreiszeitung*, 20. 7. 2023, online unter: https://www.kreiszeitung.de/lokales/verden/achim-ort44553/nach-schwichtwechsel-bei-amazon-menge-hindert-im-bahnhof-achim-zug-an-abfahrt-92414066.html, abgerufen am 2. 4. 2025.

4. In die Städte pendeln: Entfernung und Erwärmung

1 Dos Passos 1948, S. 198.
2 Vgl. Webb 2016, S. 111, 114.
3 Christie 2004, S. 76.
4 Christie 2022, S. 6.
5 Christie 2018, S. 27.
6 Christie 1994, S. 38 f.
7 Simenon 2008, S. 11.
8 Ebd.
9 Ebd., S. 80, 144.
10 Glass 1964, S. XVIII, eigene Übersetzung.
11 Ebd., S. XVIII f., eigene Übersetzung.
12 Ebd., S. XV, zu den Gründen dafür ebd., S. XIX.
13 Bundesinstitut für Bevölkerungsentwicklung (BiB), Pressemitteilung vom

5.12.2022, online unter: https://www.bib.bund.de/DE/Presse/Mitteilungen/2022/2022-12-05-Wanderungsverluste-der-Staedte-erreichen-das-hohe-Niveau-der-1990er-Jahre.html, abgerufen am 2.4.2025.

14 Daten nach statista.de, online unter: https://de.statista.com/statistik/daten/studie/1174428/umfrage/anteil-der-stadt-und-landbevoelkerung-weltweit, abgerufen am 2.4.2025.

15 Zahlen zum Beispiel bei der NASA, online unter: https://earthobservatory.nasa.gov/images/86970/megacities-carbon-project, abgerufen am 2.4.2025.

16 Alle Zahlen nach statista.de, online unter: https://de.statista.com/statistik/daten/studie/1241046/umfrage/treibhausgasemissionen-in-deutschland-nach-sektor, abgerufen am 2.4.2025.

17 Agora Verkehrswende (2021): Pendlerverkehr in Deutschland. Zahlen und Fakten zu den Wegen zwischen Wohn- und Arbeitsort, online unter: https://www.agora-verkehrswende.de/fileadmin/Projekte/2021/Pendlerverkehr/63_Faktenblatt_Pendlerverkehr.pdf, abgerufen am 2.4.2025.

18 Stößenreuther [u.a.] 2023, S. 101.

19 Zu den Zusammenhängen zwischen Extremwetterereignissen wie Hitzewellen und Starkregen und den menschenverursachten Klimaveränderungen vgl. die anschaulichen Erläuterungen bei Otto 2020, besonders Kap. 5.

20 Die folgenden Zahlen nach Apel 1994, 2.5.1.1, S. 5.

21 Vgl. die Zusammenstellung entsprechender Studienergebnisse im Forschungsinformationssystem, online unter: https://www.forschungsinformationssystem.de/servlet/is/79638, abgerufen am 2.4.2025.

22 Walker 2024, S. 15, 223.

23 Vgl. Nello-Deakin 2019, S. 706.

24 Sommer [u.a.] 2021, S. 134. Methodische Überlegungen zur Berechnung der Verkehrsflächenanteile ebd., S. 65–80.

25 Diehl 2022, S. 82.

26 Programmatisch dazu Lefebvre 2016.

27 Das Folgende nach Young 2011, S. 43 f.

28 Ebd., S. 45.

29 Einen Überblick über zeitgenössische anerkennungstheoretische Anschlüsse an Hegel gibt Siep 2014, S. 11–65.

30 Hegel 1986, S. 220.

31 Ikäheimo 2014, S. 76, Hervorhebung im Original.

32 Hegel 1986, S. 224.

33 Hubeli 2020, S. 147, 64.

34 Siehe die Angaben des Bezirksamts Mitte, online unter: https://www.

berlin.de/ba-mitte/politik-und-verwaltung/aemter/amt-fuer-buerger dienste/buergeraemter/artikel.244803.php, abgerufen am 2. 4. 2025.
35 Diehl 2022, S. 29, 61.
36 Die folgenden Angaben folgen der Darstellung auf der Homepage der Betreibergesellschaft TfL, online unter: https://tfl.gov.uk/modes/driving/congestion-charge, abgerufen am 2. 4. 2025.
37 Jérôme Fourquet / Sylvain Manternach, *Die Gelbwesten. Ein Zeichen der gesellschaftlichen Spaltung Frankreichs*, hrsg. von der Friedrich-Ebert-Stiftung Paris, Februar 2019, S. 7, online unter: https://library.fes.de/pdf-files/bueros/paris/15245.pdf, abgerufen am 2. 4. 2025.
38 Ernaux 2017, S. 134.
39 Ebd., S. 172, 132 f.
40 Fourquet/Manternach 2019 [wie Anm. 37], S. 2.
41 Wirth 1938, S. 8, eigene Übersetzung.
42 Baudrillard 2007, S. 87. Vgl. Ruhrort 2019, S. 196 f.
43 Ernaux 2017, S. 172.
44 Diehl 2022, S. 67.
45 Die folgende Darstellung folgt in Grundzügen Lessing 2022 sowie, mit Blick auf die USA, Guroff 2016. Für eine knappe historische Übersicht zum 19. Jahrhundert vgl. auch Maskit 2024, S. 9–22.
46 Lessing 2022, S. 40.
47 Ebd., S. 46 ff.
48 Ebd., S. 141.
49 Maskit 2024, S. 33.
50 Für einen Überblick zur Geschichte des Fahrrads als alltäglichem Verkehrsmittel vgl. Herlihy 2004, S. 309–342.
51 Vgl. etwa Guroff 2016, S. 33–43.
52 Jerome 1985, S. 187; zu den zuvor genannten Episoden ebd., S. 37–48.
53 Zuckmayer 1995, S. 83.
54 Bertz 2012, S. 19 f.
55 Lessing 2022, S. 242.
56 Angaben des Verbandes ZIV – Die Fahrradindustrie. Online unter: https://www.ziv-zweirad.de/ziv-marktdaten-fahrraeder-und-e-bikes-2023-die-zahlen-im-detail, abgerufen am 2. 4. 2025.
57 Lessing 2022, S. 249.
58 Friss 2015, S. 149 ff.
59 Angaben nach der Online-Publikation *Cycle Superhighway Bicycle Account 2020*, Sekretariatet for Supercykelstier, online unter: https://supercykelstier.dk/english, abgerufen am 2. 4. 2025.
60 Moreno [u. a.] 2021, S. 100, Zitat ebd., eigene Übersetzung.
61 Eine anschauliche grafische Darstellung der Pariser Pläne findet sich online

hier: https://www.groupepec.paris/2021/06/01/communication-le-paris-du-quart-dheure-big-bang-de-la-proximite-a-paris, abgerufen am 2. 4. 2025.
62 Zitiert nach einem Tagungsbericht (2021), online unter: https://www.lse.ac.uk/Cities/urban-age/debates/key-takeaways-3, abgerufen am 2. 4. 2025.
63 So die These von Bacqué/Vivoli 2001.
64 Dazu und zu den folgenden Zahlen der Bericht von *Spiegel Online* vom 5. 2. 2024, online unter: https://www.spiegel.de/auto/paris-verdreifacht-parkgebuehren-fuer-suv-a-7e427b69-158a-47fc-b01d-fd2448983e13, abgerufen am 2. 4. 2025.
65 Ernst Hubeli, »Wie lösen wir die Wohnungsnot?«, Gastbeitrag in der *Republik*, 22. 6. 2023, online unter: https://www.republik.ch/2023/06/22/wie-loesen-wir-die-wohnungsnot, abgerufen am 2. 4. 2025.
66 Dazu und zum Folgenden Sim 2022, S. 226–245.
67 Ebd., S. 234.
68 Marchetti 1994, S. 75.
69 Angaben des Statistischen Bundesamtes, online unter: https://www.destatis.de/DE/Themen/Arbeit/Arbeitsmarkt/Qualitaet-Arbeit/Dimension-3/zeitaufwand-weg-arbeit.html, abgerufen am 2. 4. 2025.

5. Mein Auto, unser Bus und eure Bahn. Pendeln als Kulturkampf

1 Für eine gut lesbare Aufarbeitung zentraler Ideen und Diskussionsmuster dieses Kulturkampfs vgl. Stößenreuther [u. a.] 2023.
2 Crawford 2022, S. 200.
3 Ebd., S. 22, 151, 175.
4 Ebd., S. 173.
5 Ebd., S. 147.
6 Ebd., S. 150.
7 Ebd., S. 27 f.
8 Ebd., S. 36, 53, 310.
9 Vgl. ebd., S. 49, 124, 235 f., 290, 350.
10 Ebd., S. 21.
11 Ebd., S. 268, 280.
12 Möser 2002, S. 201.
13 Poschardt 2019, S. 5 f.
14 Kerouac 1959, S. 224.
15 Etwa ebd., S. 248 f.
16 Ebd., S. 302.
17 Crawford 2022, S. 62.

18 Stößenreuther [u. a.] 2023, S. 26.
19 Ebd., S. 61, Hervorhebung im Original.
20 Adorno 1951, S. 213 (Abschnitt 102).
21 Crawford 2022, S. 338 und 416, Fn. 14.
22 Baudrillard 2007, S. 87.
23 Crawford 2022, S. 315.
24 Ebd., S. 279.
25 Wegerhoff 2023, S. 20.
26 Poschardt 2019, S. 6.
27 Sachs 1984, S. 212.
28 Crawford 2022, S. 39.
29 Götz 2007, S. 771. Der Text enthält zahlreiche Hinweise auf empirische Studien und Studienergebnisse zur Erforschung von Mobilitätsstilen.
30 Ebd.
31 Crawford 2022, S. 291.
32 Ebd., S. 59.
33 Ricœur 2005, S. 6 f., eigene Übersetzung.
34 Lessing 2022, S. 123.
35 Vgl. Friss 2015, S. 82–99; Guroff 2016, S. 51–60.
36 Dazu und zum Folgenden Lessing 2022, S. 31 f., 48–52, 72–74, 79, 91.
37 Zitiert nach ebd., S. 53.
38 Webb 2016, S. 122, dort auch die Zahlen.
39 Rechtsgutachten *Verfassungsrechtliche und grundsätzliche Aspekte einer Reform des Straßenverkehrsrechts*, hrsg. vom Umweltbundesamt, Texte 66/2023, S. 26, online unter: https://www.umweltbundesamt.de/sites/default/files/medien/11740/publikationen/2023-05-09_texte_66-2023_verfassungsrechtliche_aspekte_strassenverkehrsrecht_0.pdf, abgerufen am 2. 4. 2025.
40 Reichsgesetzblatt, Jg. 1937, Teil I, Nr. 123, 16. 11. 1937, S. 1180. Online verfügbar unter: https://alex.onb.ac.at/cgi-content/alex?aid=dra&datum=1937&page=1286&size=55, abgerufen am 2. 4. 2025.
41 Urteil des Bundesverwaltungsgerichtes vom 4. 3. 1966, Az. BVerwG IV C 2.65, Abschnitt II.5.
42 Ebd.
43 Vgl. zum Folgenden das Interview mit der Stadtplanerin Rebecca Clements auf dem Blog *Reinventing Parking*, online unter: https://www.reinventing-parking.org/2019/12/learn-from-japan.html, abgerufen am 2. 4. 2025.
44 Das Beispiel verdanke ich Maskit 2024, S. 81 ff.
45 Sommer [u. a.] 2021, S. 141–146.
46 Göpel 2020, S. 121.
47 Studie von Cuno Bieler und Daniel Sutter, *Externe Kosten des Verkehrs in*

Deutschland Straßen-, Schienen-, Luft- und Binnenschiffverkehr 2017, Zürich 2019, online unter: https://www.infras.ch/media/filer_public/b0/c9/b0c9923c-199c-4642-a235-9e2440f0046a/190822_externe_kosten_verkehr_2017.pdf, abgerufen am 2.4.2025.

48 Sommer [u. a.] 2021, S. 255 f.
49 Gössling [u. a.] 2022, S. 6.
50 Tatje 2014, S. 118.
51 Die Angaben folgen dem *Subventionssteckbrief Dienstwagenprivileg* des Forums Ökologisch-Soziale Marktwirtschaft von 2023, online unter: https://foes.de/publikationen/2023/2023-06_FOES_Subventionssteckbrief-Dienstwagenprivileg.pdf, abgerufen am 2.4.2025.
52 Zahlen des Kraftfahrt-Bundesamtes, veröffentlicht am 4.1.2024, online unter: https://www.kba.de/DE/Presse/Pressemitteilungen/Fahrzeugzulassungen/2024/pm01_2024_n_12_23_pm_komplett.html, abgerufen am 2.4.2025.
53 Zitiert nach Möser 2002, S. 327.
54 Hilpert 1984, S. 125 (Nr. 11).
55 Ebd.
56 Ebd., S. 161 (Nr. 84).
57 Ebd., S. 165 (Nr. 92).
58 Ebd., S. 148 (Nr. 57).
59 Reichow 1959, S. 88.
60 Ebd., S. 33.
61 Ebd., S. 39.
62 Vgl. Hilpert 1984, z. B. S. 149 f., 159 f. (Nr. 60, 62, 81).
63 Vgl. Schivelbusch 2023, S. 131.
64 Vgl. Nr. 41, 42 und 46 der *Charta*, Hilpert 1984, S. 140–143.
65 Reichow 1959, S. 83, 17; vgl. auch S. 55–58.
66 Ebd., S. 38.
67 Dazu Maskit 2024, S. 68 f.
68 Reichow 1959, S. 25.
69 Sachs 1984, S. 45.
70 Artikel »Bürgerkrieg am Zebrastreifen« von Günter Ciechowski, in: *hobby*, Nr. 16/64, 29.7.1964, S. 40–47, hier S. 42.
71 Alle weiteren Zitate in diesem Absatz ebd., S. 40–47.
72 Ähnlich Maskit 2024, S. 63 f., 117–125.
73 Projekt der »Agentur für clevere Städte« und der Best-Sabel-Hochschule, zahlreiche Berichte online verfügbar, zum Beispiel: https://www.boell.de/de/2018/11/30/mobilitaet-gerecht-gestalten?dimension1=ds_regionale_verkehrswende, abgerufen am 2.4.2025.
74 Colville-Andersen 2018, S. 95.

75 Maskit 2024, S. 84–92.
76 Zitiert nach Sachs 1984, S. 103.
77 Ebd., S. 94.
78 »Sie haben das Paradies gepflastert und einen Parkplatz gebaut«, so die Zeile aus Joni Mitchells berühmtem Song *Big Yellow Taxi* von 1970.
79 Diehl 2024.
80 Stanišić 2024, S. 35.
81 Vgl. dazu Ruhrort 2019, S. 229–234.
82 Studie *Rechtliche Hemmnisse und Innovationen für eine nachhaltige Mobilität – untersucht an Beispielen des Straßenverkehrs und des öffentlichen Personennahverkehrs in Räumen schwacher Nachfrage*, hrsg. vom Umweltbundesamt, Texte 94/2019, S. 307, online unter: https://www.umweltbundesamt.de/sites/default/files/medien/1410/publikationen/2020-11-20_texte_94-2019_rechtsinnmobil_1-teilbericht-recht-innovation.pdf, abgerufen am 2. 4. 2025.
83 Es existieren verschiedene Vorschläge zur konkreten Ausgestaltung, vgl. etwa die zugängliche Darstellung des Thinktanks Agora Verkehrswende, online unter: https://www.agora-verkehrswende.de/fileadmin/Projekte/2019/CO2-Bepreisung/Agora-Verkehrswende_Agora-Energiewende_CO2-Bepreisung_WEB.pdf, abgerufen am 2. 4. 2025.
84 Webb 2016, S. 127, eigene Übersetzung.
85 Schivelbusch 2023, S. 205.
86 Jacobs 1963, S. 180. Vgl. auch Diehl 2024, S. 74 f.

6. Pendeln als Schule der Demokratie

1 Zitiert nach Tucholsky 2006, S. 195.
2 Vgl. als Beispiel Barbara Stollberg-Rilingers Schilderung der Wahl und Krönung Ferdinands IV. zum römisch-deutschen König 1653 in Augsburg (Wahl) bzw. Regensburg (Krönung): In sorgfältiger hierarchischer Abstufung wurden die verschiedenen gesellschaftlichen Gruppen von der Führungsspitze des Reiches mit den Kurfürsten bis hin zur jeweiligen Stadtbevölkerung schrittweise in die komplexen ritualisierten Vorgänge einbezogen. Diese konnten sich so in der Wahrnehmung ihrer jeweiligen Rollen wechselseitig beobachten. Stollberg-Rilinger 2013, S. 176–189.
3 Keun 2022, S. 29 f., 34.
4 Siehe oben, Kapitel 2, Abschnitt »Gleichheit auf vier Rädern«, S. 32.
5 Taylor 2009, S. 16.
6 Ebd., S. 22.
7 Arendt 2002, S. 249.

8 Ebd., S. 219.
9 Ebd., S. 17.
10 Manthe 2024, S. 58.
11 Zitat nach Walker 2024, S. 39, eigene Übersetzung.
12 Ebd., S. 40, eigene Übersetzung.
13 Arendt 2002, S. 69.
14 Schönberger 2023, S. 42. Zu den angesprochenen Urteilen des BVerfG vgl. ebd., S. 38–49.
15 Artikel »Nicht abtauchen!«, in: *Die Zeit*, Nr. 31 (20. 7. 2023), S. 1; online unter: https://www.zeit.de/2023/31/freibad-gewalt-berlin-carsten-linnemann, abgerufen am 2. 4. 2025.
16 Zitat in einem Artikel von Johanna Wagner: »›Hier entscheidet sich, ob eine Gesellschaft funktioniert oder nicht.‹ Debatte über Gewalt in Freibädern«, in: *Spiegel Online*, 19. 8. 2023, online unter: https://www.spiegel.de/panorama/freibaeder-in-deutschland-symbol-einer-heilen-welt-a-49b8645f-e31c-4880-a780-be43a86e1f7a?, abgerufen am 2. 4. 2025.
17 Parks 1999, S. 116, eigene Übersetzung.
18 Die hier gewählte vorsichtige Formulierung soll zugleich andeuten, dass in Zeiten, in denen etwa das Fahren ohne gültiges Ticket als Straftat kriminalisiert wird und Busse und Bahnen für in ihrer Mobilität eingeschränkte Personen oftmals unerreichbar sind, viel zu tun bleibt, um vollumfängliche Anerkennung im Bereich der Mobilität zu verwirklichen.
19 Habermas 1998, S. 370.
20 Habermas vertritt ein sogenanntes konsenstheoretisches Verständnis von Wahrheit, wonach diejenigen Überzeugungen als wahr anzusehen sind, die in einem rationalen und freien Diskurs auf allgemeine Zustimmung stoßen: Eine Aussage ist gültig, deren Geltung sich im Diskurs »für uns erweist«; Habermas 1998, S. 29.
21 Ausführlich dargelegt hat Rawls seine Position in seinem Hauptwerk *Eine Theorie der Gerechtigkeit*, vgl. Rawls 1975, Kap. 1 und 3. Einen guten ersten Eindruck seiner Theorie vermittelt sein berühmter Aufsatz *Gerechtigkeit als Fairness*, vgl. Rawls 2020.
22 Taylor 2009, S. 23.
23 Arendt 2002, S. 220.
24 Ebd.
25 Böckenförde 1976, S. 60.
26 Ebd.
27 Ebd.
28 So der treffende Begriff von Manthe 2024, etwa S. 38.

7. Alltag in der pendelnden Gesellschaft

1 Angabe des Statistischen Bundesamtes vom 5. 9. 2023, online unter: https://www.destatis.de/DE/Presse/Pressemitteilungen/2023/09/PD23_N048_46.html, abgerufen am 2. 4. 2025.
2 Aktuelle Daten finden sich etwa in einem Beitrag von Alexander Klinge zur ländlichen Mobilität für die Bundeszentrale für politische Bildung vom 18. 11. 2021, online unter: https://www.bpb.de/themen/stadt-land/laendliche-raeume/335912/laendliche-mobilitaet, abgerufen am 2. 4. 2025.
3 Nobis/Herget 2020, S. 40 f.
4 Vgl. dazu als Überblick das Gutachten *Bauen für die neue Mobilität im ländlichen Raum* von Philipp Oswalt [u. a.] für das Bundesinstitut für Bau-, Stadt- und Raumforschung vom Januar 2021, online unter: https://www.bbsr.bund.de/BBSR/DE/veroeffentlichungen/bbsr-online/2021/bbsr-online-13-2021-dl.pdf?__blob=publicationFile&v=3, insb. S. 30–38, abgerufen am 2. 4. 2025.
5 Vgl. zum Folgenden die Informationen auf der Website der ÜSTRA Hannoversche Verkehrsbetriebe AG, online unter: https://www.uestra.de/fahrplan/flexible-angebote/sprinti, abgerufen am 2. 4. 2025.
6 Die Zahlen nach einer Auswertung von Stefanie Gäbler [u. a.] für das ifo Institut Dresden (2021) sowie eines Berichts der Allianz pro Schiene (2019), online unter: https://www.ifo.de/DocDL/ifoDD_21-04_03-06_Gaebler.pdf sowie https://www.allianz-pro-schiene.de/themen/aktuell/336-bahnhoefe-seit-2000-stillgelegt, beide abgerufen am 2. 4. 2025.
7 Rammert 2024, S. 32. Ähnlich auch Walker 2024, S. 130 f. und 208 f.: Viele Gebiete sind geradezu auf das Auto hin geplant.
8 Frie 2023, S. 21.
9 Vgl. dazu auch Fries Schilderung dieser Umbrüche in dem von ihm beschriebenen Dorf Nottuln, ebd., S. 22–24, 74–76, 109–113.
10 Sieverts 1999, S. 14 f.
11 So Zeller 2002, S. 212.
12 Henkel 2020, S. 121.
13 Ebd.
14 Kästner 1979, S. 132.
15 Hubeli 2020, S. 41.
16 Nobis/Herget 2020, S. 41 f.
17 Honneth 1994/2003, S. 144.
18 Fraser 2001, S. 25.
19 Ebd., S. 27 f.
20 Ebd., S. 24.
21 Ebd., S. 40.

22 Ebd., S. 41.
23 Ähnlich Fraser 2001, S. 86.
24 Otto [u. a.] 2017, S. 142.
25 Studie *Distance Caregiving – Unterstützung und Pflege auf räumliche Distanz* von Simon Eggert und Christian Teubner, hrsg. vom Zentrum für Qualität in der Pflege (ZQP), online unter: https://www.zqp.de/angebot/pflege-raeumliche-distanz, abgerufen am 2. 4. 2025. Für die folgenden Angaben siehe ebd., S. 4, 7 f.
26 Ebd., S. 3.
27 Die hier erwähnte, bereits existierende Mobilitätsprämie ist nicht mit dem Reformvorschlag für ein Mobilitätsgeld zu verwechseln, das im 5. Kapitel dieses Buches diskutiert wurde.
28 Dazu sehr anschaulich: *Warum die Verkehrswende feministisch sein muss*, 7. 3. 2025, online auf der Seite des Verkehrsclub Deutschland e. V. (VCD): https://www.vcd.org/artikel/feministische-verkehrspolitik, abgerufen am 2. 4. 2025.
29 Mitteilung vom 12. 10. 2023, online unter: https://www.bbsr.bund.de/BBSR/DE/startseite/topmeldungen/pendeln-2022.html, abgerufen am 2. 4. 2025.
30 Umfassende Forschungsüberblicke bei Danielzyk [u. a.] 2020 sowie Weichhart/Rumpolt 2015.
31 Cornelia Tippel in Danielzyk [u. a.] 2020, S. 95.
32 Honneth 1994/2003, S. 144.
33 Wagner in Wagner [u. a.] 2013, S. 123–163.
34 Ebd., S. 162.
35 Ebd., S. 155.
36 Mermer 2018, S. 78.
37 Ebd., S. 181.
38 Vgl. ebd., S. 124.
39 Tatje 2014, S. 184.
40 Marcus Menzl in Danielzyk [u. a.] 2020, S. 238.
41 Peter Weichhart in Danielzyk [u. a.] 2020, S. 45.
42 Schivelbusch 2023, S. 88.
43 Webb 2016, S. 54.
44 Schivelbusch 2023, S. 88 f.
45 Zu den Angaben in den folgenden Absätzen vgl. Wilson 1985, S. 49, 92, 99–108, 132, 144, 210, 258 f., 355–362, 374.
46 Schivelbusch 2023, S. 85 f.
47 Jacobs 2018.
48 Webb 2016, S. IX, vgl. auch S. 46, 57.
49 Schivelbusch 2023, S. 87.

50 Zitiert nach Wilson 1985, S. 105.
51 Online unter: https://undergroundnewyorkpubliclibrary.com, abgerufen am 2. 4. 2025.
52 Schivelbusch 2023, S. 28, 72, 82–84.
53 *Kritik der Urteilskraft*, § 2; Kant 1963, S. 72.
54 Zum Folgenden etwa Haapala 2005 und Diaconu 2016.
55 *Kritik der Urteilskraft*, § 23, 28; Kant 1963, S. 140, 165.
56 Schivelbusch 2023, S. 184.
57 Vgl. auch Tatje 2014, S. 60, 175.

8. Missverstandene Befreiung. Die Zukunft des Pendelns

1 Vgl. etwa den Bericht der BBC mit kurzen, lesenswerten Erfahrungsberichten, online unter: http://news.bbc.co.uk/2/hi/uk_news/4052861.stm, abgerufen am 2. 4. 2025. Dazu auch Tatje 2014, S. 45 f. Tatjes Buch enthält eine anschauliche Darstellung der gesundheitlichen (S. 45–64) und partnerschaftlichen Kosten (S. 86–106) des Pendelns.
2 Studie *Entspann dich, Deutschland!* der Techniker Krankenkasse, online unter: https://www.tk.de/resource/blob/2033600/dab-d321631964c329be93cf716020397/entspann-dich-deutschland-data.pdf, S. 16, abgerufen am 2. 4. 2025.
3 Studienbericht im *Deutschen Ärzteblatt*, online unter: https://www.aerzteblatt.de/archiv/145116/Berufsbedingte-Mobilitaet-Frauen-leiden-besonders-unter-dem-Pendeln, abgerufen am 2. 4. 2025.
4 Vgl. Überblicksdarstellung im Magazin der Techniker Krankenkasse, online unter: https://www.tk.de/techniker/magazin/life-balance/balance-im-job/pendeln-kostet-zeit-und-nerven-2048874, abgerufen am 2. 4. 2025.
5 Gerpott [u. a.] 2022.
6 Schivelbusch 2023, S. 143.
7 Als Single 1979 bei Jupiter Records veröffentlicht.

Literaturhinweise

Ackroyd, Peter: London. The Biography. New York: Anchor Books, 2000.

Adorno, Theodor W.: Minima Moralia. Reflexionen aus dem beschädigten Leben. Frankfurt a. M.: Suhrkamp, 1951.

Apel, Dieter: Leistungsfähigkeit und Flächenbedarf der städtischen Verkehrsmittel. In: Tilman Bracher [u. a.] (Hrsg.): Handbuch der kommunalen Verkehrsplanung. Kap. 2.5.1.1. Berlin: Wichmann, 1994. S. 1–18.

Arendt, Hannah: Vita activa oder Vom tätigen Leben. München: Piper, 2002. [Erstausg. 1958.]

Bacqué, Marie-Hélène / Vivoli, Sylvia: Peut-en penser Paris sans sa banlieue? In: Mouvement 13/1 (2001) S. 41–43.

Baudrillard, Jean: Das System der Dinge. Über unser Verhältnis zu den alltäglichen Gegenständen. Übers. von Joseph Garzuly. Frankfurt a. M. / New York: Campus, 2007.

Bendikat, Elfi: Öffentliche Nahverkehrspolitik in Berlin und Paris 1890–1914. Berlin / New York: De Gruyter, 1999.

Bertz, Eduard: Philosophie des Fahrrads. Hrsg. von Wulfhard Stahl. Hildesheim: Olms, 2012. [Erstausg. 1900.]

Böckenförde, Ernst-Wolfgang: Die Entstehung des Staates als Vorgang der Säkularisation. In: E.-W. B.: Staat, Gesellschaft, Freiheit. Studien zur Staatstheorie und zum Verfassungsrecht. Frankfurt a. M.: Suhrkamp, 1976. S. 42–64. [Erstausg. 1967.]

Bottles, Scott L.: Los Angeles and the Automobile. The Making of the Modern City. Berkeley: University of California Press, 1987.

Brinkmann, Ulrich: Vorsicht auf dem Wendehammer! Die Straße als Element des Städtebaus. Ansichtspostkarten in der DDR und Bundesrepublik. Berlin: DOM Publishers, 2023.

Christie, Agatha: Der ballspielende Hund. Übers. von Anna Schober. Bindlach: Loewe, 1994. [Erstausg. 1937.]

– Der blaue Express. Übers. von Gisbert Haefs. Frankfurt a. M.: Fischer, 2004. [Erstausg. 1928.]

– Die Halloween-Party. Übers. von Hiltgunt Grabler. Hamburg: Atlantik, 2018. [Erstausg. 1969.]

– Das Sterben in Wychwood. Übers. von Giovanni und Ditte Bandini. Hamburg: Atlantik, 2022. [Erstausg. 1939.]

Colville-Andersen, Mikael: Copenhagenize. The Definitive Guide to Global Bicycle Urbanism. Washington: Island Press, 2018.

Crawford, Matthew B.: Philosophie des Fahrens. Warum wir gern am Steuer sitzen und was das mit Freiheit zu tun hat. Übers. von Stephan Gebauer. Berlin: Ullstein, 2022.

Danielzyk, Rainer / Dittrich-Wesbuer, Andrea / Hilti, Nicolai / Tippel, Cornelia (Hrsg.): Multilokale Lebensführungen und räumliche Entwicklungen. Ein Kompendium (Forschungsberichte der ARL 13). Hannover: Verlag der ARL, 2020.

Demel, Walter (2005): Reich, Reformen und sozialer Wandel 1763–1806. Bd. 12. Stuttgart: Klett-Cotta, ^{10}2005.

Denton, William: Observations on the Displacement of the Poor by Metropolitan Railways and by Other Public Improvements. London: Bell & Daldy, 1861.

Diaconu, Mădălina (2016): De caelo urbis. Zur Bedeutung von Klima und Wetter für das Stadtleben. In: Forum Stadt 43 (2016) Nr. 4. S. 393–407.

Dickens, Charles: Der Weihnachtsabend oder Eine Geistergeschichte zum Christfest. Aus dem Engl. übers. von Hans-Christian Oeser. Stuttgart: Reclam, 2022.

Diehl, Katja: Autokorrektur. Mobilität für eine lebenswerte Welt. Frankfurt a. M.: Fischer, 2022.

– Raus aus der Autokratie. Rein in die Mobilität von morgen. Frankfurt a. M.: Fischer, 2024.

Dos Passos, John: Manhattan Transfer. Der Roman einer Stadt. Übers. von Paul Baudisch. Frankfurt a. M.: Suhrkamp, 1948. [Erstausg. 1925.]

Engels, Friedrich: Die Lage der arbeitenden Klasse in England. Ostberlin: Dietz, 1952. [Erstausg. 1845.]

Ernaux, Annie: Die Jahre. Übers. von Sonja Finck. Berlin: Suhrkamp, 2017. [Erstausg. 2008.]

Felsch, Philipp: Der Philosoph. Habermas und wir. Berlin: Propyläen, 2024.

Fischer, Alena / Rozynek, Caroline / Hertel, Franziska / Sommer, Carsten: Forschungsstand und Konzepte zum Zusammenhang zwischen Mobilität und sozialer Exklusion. In: C. S. / Martin Lanzendorf / Moritz Engbers / Tobias Wermuth (Hrsg.): Soziale Teilhabe und Mobilität. Wiesbaden: Springer VS, 2024. S. 17–41.

Fontane, Theodor: Wanderungen durch England und Schottland. Bd. 1. Hrsg. von Hans-Heinrich Reuter. Berlin: Verlag der Nation, 1991. [Erstausg. 1852/54.]

– Der Stechlin. Roman. Anm. von Hugo Aust. Stuttgart: Reclam, 1978.

Ford, Henry: My Life and Work. New York: Doubleday, Page & Comp., 1922.

Foster, Mark S.: From Streetcar to Superhighway. American City Planners and Urban Transportation, 1900–1940. Philadelphia: Temple UP, 1981.

Foucault, Michel: Überwachen und Strafen. Die Geburt des Gefängnisses. Übers. von Walter Seitter. Frankfurt a. M.: Suhrkamp, 1994. [Erstausg. 1975.]

Fraser, Nancy: Social Justice in the Age of Identity Politics. Redistribution, Recognition, and Participation. In: Grethe B. Peterson (Hrsg.): The Tanner Lectures on Human Value 19 (1998) S. 1–67.

- Die halbierte Gerechtigkeit. Schlüsselbegriffe des postindustriellen Sozialstaats. Übers. von Karin Wördemann. Frankfurt a. M.: Suhrkamp, 2001.
Frie, Ewald: Ein Hof und elf Geschwister. Der stille Abschied vom bäuerlichen Leben in Deutschland. München: C. H. Beck, 2023.
Friss, Evan: The Cycling City. Bicycles and Urban America in the 1890s. Chicago/London: Chicago UP, 2015.
Gerpott, Fabiola H. / Rivkin, Wladislaw / Unger, Dana: Stop and Go, Where Is My Flow? In: Journal of Applied Psychology 107 (2022) Nr. 2. S. 169–192.
Glass, Ruth: Aspects of Change. Introduction. In: London. Aspects of Change. Hrsg. von Centre for Urban Studies. London: MacGibbon & Kee, 1964. S. XIII–XLII.
Göpel, Maja: Unsere Welt neu denken. Eine Einladung. Berlin: Ullstein, 2020.
Gössling, Stefan / Kees, Jessica / Litman, Todd: The Lifetime Cost of Driving a Car. In: Ecological Economics 194 (2022) S. 1–10.
Götz, Konrad: Mobilitätsstile. In: Oliver Schöller / Weert Canzler / Andreas Knie (Hrsg.): Handbuch Verkehrspolitik. Wiesbaden: VS, 2007. S. 759–784.
Grieger, Manfred: Kleine Geschichte des Automobils in Deutschland. In: Aus Politik und Zeitgeschichte 69 (2019) Nr. 43. S. 12–18.
Grossmith, George / Grossmith, Weedon: The Diary of a Nobody. London: Penguin, 1995. [Erstausg. 1892.]
Güçyeter, Dinçer: Unser Deutschlandmärchen. Berlin: Mikrotext, 2022.
Guroff, Margaret: The Mechanical Horse. How the Bicycle Reshaped American Life. Austin: University of Texas Press, 2016.
Haapala, Arto: On the Aesthetics of the Everyday. Familiarity, Strangeness, and the Meaning of Place. In: Andrew Light / Jonathan M. Smith (Hrsg.): The Aesthetics of Everyday Life. New York: Columbia UP, 2005. S. 39–55.
Habermas, Jürgen: Faktizität und Geltung. Beiträge zur Diskurstheorie des Rechts und des demokratischen Rechtsstaats. Frankfurt a. M.: Suhrkamp, 1998. [Erstausg. 1992.]
Hegel, Georg Wilhelm Friedrich: Enzyklopädie der philosophischen Wissenschaften III. Ausg. von 1830. Dritter Teil: Die Philosophie des Geistes. Werke. Bd. 10. Neu ediert von Eva Moldenhauer und Karl Markus Michel. Frankfurt a. M.: Suhrkamp, 1986.
Henkel, Gerhard: Das Dorf. Landleben in Deutschland – gestern und heute. Bonn: bpb, 2020.
Herlihy, David V.: Bicycle. The History. New Haven / London: Yale UP, 2004.
Hilpert, Thilo (Hrsg.): Le Corbusiers »Charta von Athen«. Texte und Dokumente. Braunschweig: Vieweg, 1984.
Honneth, Axel: Der Kampf um Anerkennung. Zur moralischen Grammatik sozialer Konflikte. Frankfurt a. M.: Suhrkamp, 1994/2003.

Hubeli, Ernst: Die neue Krise der Städte. Zur Wohnungsfrage im 21. Jahrhundert. Zürich: Rotpunktverlag, 2020.
Ikäheimo, Heikki: Anerkennung. Übers. von Nadine Mooren. Berlin/Boston: De Gruyter, 2014.
Jacobs, Jane: Tod und Leben großer amerikanischer Städte. Übers. von Eva Gärtner. Berlin: Ullstein, 1963.
Jacobs, Stephanie (2018): Universal. Reclams Jahrhundertidee. In: Dialog mit Bibliotheken 30 (2018) Nr. 1. S. 48–50.
Jerome, Jerome K.: Drei Männer auf einem Bummel. Übers. von Silke Resinelli. Frankfurt a. M.: S. Fischer, 1985. [Erstausg. 1900.]
Jordan, David: Die Neuerschaffung von Paris. Baron Haussmann und seine Stadt. Übers. von Hans Günter Holl. Frankfurt a. M.: Fischer, 1996.
Kafka, Franz: Der Verschollene. Roman. Nachw. von Michael Müller. Stuttgart: Reclam, 1997. [Erstausg. 1911.]
Kant, Immanuel: Kritik der Urteilskraft. Hrsg. von Gerhard Lehmann. Stuttgart: Reclam, 1963. [Erstausg. 1781.]
Kästner, Erich: Wir leben im motorisierten Biedermeier. In: Klaus Wagenbach / Winfried Stephan / Michael Krüger (Hrsg.): Vaterland, Muttersprache. Deutsche Schriftsteller und ihr Staat von 1945 bis heute. Berlin: Wagenbach, 1979.
Kerouac, Jack: Unterwegs. Übers. von Werner Burkhardt. Hamburg: Rowohlt, 1959 [Erstausg. 1957].
Keun, Irmgard: Nach Mitternacht. Düsseldorf: Claassen, 2022. [Erstausg. 1937.]
Kukla, Quill R: City Living. How Urban Dwellers and Urban Spaces Make One Another. Oxford: Oxford UP, 2021.
Lefebvre, Henri: Das Recht auf Stadt. Übers. von Birgit Althaler. Hamburg: Nautilus, 2016. [Erstausg. 1968.]
Lessing, Hans-Erhard: Das Fahrrad. Eine Kulturgeschichte. 6., neu bebilderte Ausg. Stuttgart: Klett-Cotta, 2022.
London, Jack: The People of the Abyss. In: J. L.: Novels and Social Writings. Hrsg. von Donald Pizer. New York: Library of America, 1982. S. 1–184. [Erstausg. 1903.]
Lucas, Karen / Mattioli, Guilio / Verlinghieri, Ersilia / Guzman, Alvaro: Transport Poverty and Its Adverse Social Consequences. In: Transport (ICE Proceedings) 169 (2016) Nr. 6. S. 353–365.
Manthe, Rainald: Demokratie fehlt Begegnung. Über Alltagsorte des sozialen Zusammenhalts. Bielefeld: Transcript, 2024.
Marchetti, Cesare (1994): Anthropological Invariants in Travel Behavior. In: Technological Forecasting and Social Change 47 (1994) Nr. 1. S. 75–88.
Marx, Karl: Grundrisse der Kritik der politischen Ökonomie. In: Marx-Engels-Werke. Bd. 42. Ostberlin: Dietz, 1983. S. 47–768. [Erstausg. 1857/58.]

Maskit, Jonathan: Bicycle. New York / London: Bloomsbury Academic, 2024.
Mermer, Verena: Autobus Ultima Speranza. Salzburg/Wien: Residenz, 2018.
Monmerqué, Louis-Jean-Nicolas: Les carrosses à cinq sols ou Les omnibus du dixseptième siècle. Mit Abdruck zeitgenössischer Quellen. Paris: Didot, 1828.
Moreno, Carlos [u. a.]: Introducing the ›15-Minute City‹. Sustainability, Resilience and Place Identity in Future Post-Pandemic Cities. In: Smart Cities 4 (2021) Nr. 1. S. 93–111.
Möser, Kurt: Geschichte des Autos. Frankfurt a. M. / New York: Campus, 2002.
Nello-Deakin, Samuel (2019): Is There Such a Thing as a ›Fair‹ Distribution of Road Space? In: Journal of Urban Design 24 (2019) Nr. 5. S. 698–714.
NGBK / Neue Gesellschaft für Bildende Künste e. V., Arbeitsgruppe Berliner S-Bahn (Hrsg.): Die Berliner S-Bahn. Gesellschaftsgeschichte eines industriellen Verkehrsmittels. Berlin: Verlag Ästhetik und Kommunikation, 1984.
Nobis, Claudia / Herget, Melanie (2020): Mobilität in ländlichen Räumen. In: Internationales Verkehrswesen 72 (2020) Nr. 4. S. 40–43.
Otto, Friederike: Wütendes Wetter. Auf der Suche nach den Schuldigen für Hitzewellen, Hochwasser und Stürme. Mitarb. von Benjamin von Brackel. Berlin: Ullstein, 2020.
Otto, Ulrich [u. a.]: Wenn pflegende Angehörige weiter entfernt leben – Technik eröffnet Chancen für Distance Caregiving, ist aber nicht schon die Lösung. In: Guido Kempter / Isabella Hämmerle (Hrsg.): Umgebungsunterstütztes Leben. Lengerich: Pabst, 2017. S. 140–148.
Parks, Rosa / Haskins, Jim: My Story. New York: Puffin/Penguin, 1999.
Poschardt, Ulf (2019): Ein Herz fürs Auto. Warum das Automobil weiterhin Zukunft hat. In: Aus Politik und Zeitgeschichte 69 (2019) Nr. 43. S. 4–7.
Rammert, Alexander: Der Mobilitätsindex. Entwicklung eines integrierten Planungsinstruments für Mobilität. Münster: Lit, 2022.
– Mobilitätsplanung. Theorien, Aufgaben und Prozesse. Wiesbaden: Springer VS, 2024.
Rawls, John: Eine Theorie der Gerechtigkeit. Übers. von Hermann Vetter. Frankfurt a. M.: Suhrkamp, 1975. [Erstausg. 1971.]
Rawls, John: Justice as Fairness / Gerechtigkeit als Fairness. Übers. und hrsg. von Corinna Mieth und Jacob Rosenthal. Stuttgart: Reclam, 2020. [Erstausg. 1958.]
Reichow, Hans Bernhard: Die autogerechte Stadt. Ein Weg aus dem Verkehrs-Chaos. Ravensburg: Maier, 1959.
Ricœur, Paul: The Course of Recognition. Übers. von David Pellauer. Cambridge: Harvard UP, 2005.
Ruhrort, Lisa: Transformation im Verkehr. Erfolgsbedingungen für verkehrspolitische Schlüsselmaßnahmen. Wiesbaden: Springer VS, 2019.

Rumin, Marcel: Les omnibus nantais. In: Les Annales de Nantes et du Pays Nantais 294 (2004). L'Histoire des Transportes à Nantes. S. 1 f.

Sachs, Wolfgang: Die Liebe zum Automobil. Ein Rückblick in die Geschichte unserer Wünsche. Reinbek: Rowohlt, 1984.

Schivelbusch, Wolfgang: Geschichte der Eisenbahnreise. Zur Industrialisierung von Raum und Zeit im 19. Jahrhundert. Berlin: Wagenbach, 2023.

Schönberger, Sophie: Zumutung Demokratie. Ein Essay. München: C. H. Beck, 2023.

Schott, Dieter: Die Vernetzung der Stadt. Kommunale Energiepolitik, öffentlicher Nahverkehr und die ›Produktion‹ der modernen Stadt. Darmstadt – Mannheim – Mainz 1880–1918. Darmstadt: wbg, 1999.

Siep, Ludwig: Anerkennung als Prinzip der praktischen Philosophie. Untersuchungen zu Hegels Jenaer Philosophie des Geistes. Neuauflage. Hamburg: Meiner, 2014.

Sieverts, Thomas: Zwischenstadt. Zwischen Ort und Welt, Raum und Zeit, Stadt und Land. Braunschweig: Vieweg, ³1999.

Sim, David: Sanfte Stadt. Planungsideen für den urbanen Alltag. Übers. von Johanna Zajac-Heinken. Berlin: Jovis, 2022.

Simenon, Georges: Maigret und das Dienstmädchen. Übers. von Hainer Kober. Zürich: Diogenes, 2008. [Erstausg. 1942.]

Sommer, Carsten / Saighani, Assadollah / Leonhäuser, Daniel: Ökonomische Bewertung städtischer Verkehrssysteme. Kosten des Stadtverkehrs – welche Kosten verursachen verschiedene Verkehrsmittel wirklich? Wiesbaden: Springer Vieweg, 2021.

Stollberg-Rilinger, Barbara: Des Kaisers alte Kleider. Verfassungsgeschichte und Symbolsprache des Alten Reiches. München: C. H. Beck, ²2013.

Stanišić, Saša: Möchte die Witwe angesprochen werden, platziert sie auf dem Grab die Gießkanne mit dem Ausguss nach vorne. München: Luchterhand, 2024.

Stößenreuther, Heinrich / Bukowski, Michael / Hagel, Justus: Die Verkehrswesen. Miteinander den Kulturkampf beenden. Dortmund: Tremonia, 2023.

Tatje, Claas: Fahrtenbuch des Wahnsinns. Unterwegs in der Pendlerrepublik. München: Kösel, 2014.

Taylor, Charles: Multikulturalismus und die Politik der Anerkennung. Übers. von Reinhard Kaiser. Frankfurt a. M.: Suhrkamp, 2009. [Erstausg. 1992.]

Tucholsky, Kurt: Dein tiefstes Lebensgefühl. Gedichte. Wiesbaden, 2006.

Vidaurreta, Alicia: Spanish Immigration to Argentina, 1870–1930. In: Jahrbuch für Geschichte Lateinamerikas 19 (1982) S. 285–319.

Wagner, Mathias / Fiałkowska, Kamila / Piechowska, Maria / Łukowski, Wojciech: Deutsches Waschpulver und polnische Wirtschaft. Bielefeld: Transcript, 2013.

Walker, Jarrett: Human Transit. How Clearer Thinking About Public Transit Can Enrich Our Communities and Our Lives. Revised Edition. Washington: Island Press, 2024.

Webb, Simon: Commuters. The History of a British Way of Life. Barnsley: Pen & Sword, 2016.

Weichhart, Peter / Rumpolt, Peter A.: Mobil und doppelt sesshaft. Studien zur residenziellen Multilokalität. Wien: Institut für Geographie und Regionalforschung, 2015.

Wegerhoff, Erik: Automobil und Architektur. Ein kreativer Konflikt. Berlin: Wagenbach, 2023.

Wenzlaff, Adriana: »Made in Germany« – 125 Jahre Automobil. Eine nicht nur statistische Rückschau. In: Münchner Statistik (4/2011). Sonderbeitrag Verkehr. München: Statistisches Amt, 2011. S. 17–36.

White, Jerry: London in the Nineteenth Century. ›A Human Awful Wonder of God‹. London: Jonathan Cape, 2007.

Wilson, Charles: First With the News. The History of W. H. Smith 1792–1972. London: Cape, 1985.

Wirth, Louis (1938): Urbanism as a Way of Life. In: The American Journal of Sociology 44 (1938) Nr. 1. S. 1–24.

Young, Iris Marion: Responsibility for Justice. Oxford: Oxford UP, 2011.

Zeller, Thomas: Straße, Bahn, Panorama. Verkehrswege und Landschaftsveränderung in Deutschland von 1930 bis 1990. Frankfurt a. M. / New York: Campus, 2002.

Zuckmayer, Carl: Der Hauptmann von Köpenick. Theaterstücke 1929–1937. Hrsg. von Knut Beck / Maria Guttenbrunner-Zuckmayer. Frankfurt a. M.: Fischer, 1995 [Erstaufführung 1931].

Dank

Für anregende Gespräche, kreative Beispiele, herausforderndes Mitdenken, pointierte Kritik, ausführliches Feedback, Aufmunterung und Unterstützung in allen Arten und Formen danke ich den Mitgliedern des Instituts für Philosophie der Leibniz Universität Hannover, außerdem Petra Eggers, Hans-Peter Buohler, Hannes Fricke-Sonnenschein, Stefan Lenz, Reinold Schmücker, Eik Welker, den Göttinger Nachbarn, Freundinnen und Freunden, meiner Familie und vielen Kolleginnen und Kollegen, die hier nicht alle namentlich genannt werden können. Ich danke meiner Tochter Aino, die die Pendelbegeisterung ihres Vaters am Esstisch mit Geduld ertragen hat. Vor allem aber danke ich Reettakaisa Sofia Salo: wie immer, für alles.

Personenregister

Adorno, Theodor W. 108
Allen, Jimmie 106
Apel, Dieter 78
Arendt, Hannah 60, 144 f., 149, 156 f.

Baudrillard, Jean 89, 109
Baudry, Stanislas 28 f.
Ben-Haim, Ourit 183
Benz, Carl 52, 114
Bertz, Eduard 93
Blanco, Roberto 189
Böckenförde, Ernst-Wolfgang 159
Brinkmann, Ulrich 60
Carbon, Claus-Christian 150
Carstenn, Johann Anton Wilhelm von 49 f.
Christie, Agatha 71 f.
Citroën, André 123
Coelho, Paulo 166
Crawford, Matthew B. 104–113, 140

Darwin, Charles 183
Demel, Walter 26
Denton, William 40, 43
Dickens, Charles 22
Diehl, Katja 78, 86, 90, 132
Dos Passos, John 57, 71
Drais, Karl von 90, 114

Engels, Friedrich 20 f., 27, 35
Ernaux, Annie 87, 89

Felsch, Philipp 59
Fontane, Theodor 24, 31, 34
Ford, Henry 56
Foucault, Michel 11, 105
Fourquet, Jérôme 87
Fraser, Nancy 15, 170 f.

Frie, Ewald 164 f.
Friss, Evan 95

Glaeser, Edward 98
Glass, Ruth 73 f.
Gompertz, Lewis 114
Göpel, Maja 120
Gössling, Stefan 121
Götz, Konrad 111
Grossmith, George und Weedon 45
Güçyeter, Dinçer 62 f., 65

Habermas, Jürgen 59, 153 f.
Haussmann, Georges-Eugène 27 f., 138
Hegel, Georg Wilhelm Friedrich 47, 81 f., 97, 144
Henkel, Gerhard 166
Herget, Melanie 162, 166
Hidalgo, Anne 97
Honneth, Axel 47 f., 66, 169, 177
Hubeli, Ernst 82, 99, 166

Ikäheimo, Heikki 13, 81

Jacobs, Jane 139
Jerome, Jerome K. 34, 92 f.
Jordan, David 27

Kafka, Franz 52
Kant, Immanuel 184 f.
Kästner, Erich 166
Kees, Jessica 121
Kerouac, Jack 107
Kettler, Heinz 94
Keun, Irmgard 142
King, Martin Luther 151
Klinski, Stefan 116

Kremser, Simon 29
Kukla, Quill R 9

Lau, Mariam 149
Le Corbusier 124
Lefebvre, Henri 79
Leonhäuser, Daniel 119
Lessing, Hans-Erhard 92, 94
Lewis, David 187
Litman, Todd 121
London, Jack 27
Ludwig XIV., König von Frankreich 33
Luhmann, Niklas 59
Lüpke, Dieter von 65

Manternach, Sylvain 87
Manthe, Rainald 146
Marchetti, Cesare 101
Marx, Karl 19 f., 183
Maskit, Jonathan 92, 130
Maybach, Wilhelm 52
Mead, George Herbert 47, 144
Meinunger, Bernd 189
Mermer, Verena 178
Möser, Kurt 106
Musk, Elon 148

Napoleon III., Kaiser der Franzosen 27
Nobis, Claudia 162, 166

Opel, Adam 114

Parks, Rosa 151, 154
Pascal, Blaise 32 f.
Paxton, Joseph 31
Phillips, Samuel 183
Poschardt, Ulf 106, 110
Praisley, Brad 106

Rammert, Alexander 164
Rawls, John 153 f.
Reclam, Anton Philipp 183
Reichow, Hans Bernhard 125–128
Ricœur, Paul 113

Sachs, Wolfgang 110, 128
Saighani, Assadollah 119
Schivelbusch, Wolfgang 10, 51 f., 138, 183, 185, 187
Schönberger, Sophie 149
Shillibeer, George 29
Sieverts, Thomas 165
Sim, David 100
Simenon, Georges 72
Smith, William Henry II. 182 f.
Sommer, Carsten 119
Stanišić, Saša 132
Sternberger, Dolf 183
Stößenreuther, Heinrich 77, 108
Straubhaar, Thomas 122

Tatje, Claas 122, 178
Taylor, Charles 32, 143–145, 168
Thatcher, Margaret 136
Thompson, Hunter S. 109
Tocqueville, Alexis de 105
Tucholsky, Kurt 141

Wagner, Mathias 177
Walker, Jarrett 78, 148
Walser, Martin 59
Webb, Simon 115, 136, 183
Wegerhoff, Erik 110
Weichhart, Peter 179
Wilhelm I., deutscher Kaiser 38
Wirth, Louis 88

Young, Iris Marion 80, 84

Zuckmayer, Carl 93

Sachregister

andere, signifikante 144, 147, 149, 152, 154, 160, 168
Anerkennung 12–15, 25, 32, 42 f., 47 f., 61 f., 65 f., 75, 81–84, 86, 97, 111, 113, 120, 136 f., 143–147, 149–152, 154 f., 157, 160, 166 f., 170 f., 173 f., 177, 180
Anerkennungsordnungen 12, 15, 20, 23, 34, 36, 42, 51, 60, 62 f., 75, 111, 115, 119, 122 f., 131 f., 135, 137, 166, 169, 171, 177, 181, 188–190
Angestellte 22, 41, 45–47, 54, 92
Anwohnerparken s. Parken
Arbeiterschaft 18–21, 24–27, 35 f., 40 f., 49, 54, 67 f., 73 f., 178, 181, 183
Arbeitsstätte 8–12, 16, 23, 25, 33, 41, 44, 62–64, 79, 84, 95, 97, 122, 124–126, 161, 167, 169, 171, 175, 180
Ästhetik des Pendelns 183–186
Ausdifferenzierung, soziale 23, 124
Autobahn 58 f., 87, 94, 106, 109–113, 123, 126, 148, 185, 189
Autofahren 112 f., 121, 131, 140
Auto(mobil) 10 f., 52, 55–63, 65, 69, 77–80, 84–90, 93, 95 f., 99, 103–140, 162 f., 166 f., 185, 189

Bahn s. Eisenbahn
Bahnhof 36 f., 50, 67 f., 147 f., 150, 156, 162 f., 182 f.
Bankierszüge 49 f.
Banlieue 28, 98
Berlin 9, 21, 29, 36–38, 49 f., 130, 177
Berufsverkehr 7, 16, 71, 78, 101, 103, 108, 112, 135, 137, 149, 152, 155
Bus s. Omnibus

Care-Arbeit s. Sorgearbeit
Carsharing 90, 163

Charlottenburg 9, 21, 29, 38
Charta von Athen 124–126
City s. Innenstadt
Cluj 178

Demokratie 60, 105, 143–147, 149, 151–157, 160
Dezentralisierung 58, 61, 98, 127
Dichte (Stadttheorie) 88 f., 97–100
Dienstwagenprivileg 122 f., 135
Digitalisierung 89, 163, 167 f.
Diskurs, idealer 153
distance caregiving 173 f.
Donut-Effekt 166
dritte Orte 167 f.

Einfamilienhaus 59, 103, 188
Eisenbahn 7, 10, 13, 36 f., 39, 42, 45, 49–51, 53 f., 57, 61, 63, 65, 67 f., 88, 90, 92 f., 95, 101, 126, 128, 141, 148, 150 f., 154, 157, 164, 180 f., 183, 186 f.
Eisenbahngesellschaften 36 f., 39 f., 53 f., 182
Elite, soziale 17, 24, 26, 28, 49, 59, 74, 92, 105
Emissionen 76–78, 120
Entfernungspauschale 8, 60, 83, 121 f., 135, 165, 174
Erhabene, das 185

Fahren, autonomes 104
Fahrrad 42, 78 f., 90–97, 99, 114 f., 123, 127 f., 130, 140, 162

Fernpendeln 161, 177–180
Firmenwagen s. Dienstwagenprivileg
Flächenverbrauch 77 f., 180
Ford Model T 56
Freiheit 81, 92, 103–108, 111–113, 123, 131–133, 154 f., 158 f., 177, 181, 186
Führerschein 109, 167
Fußgängerinnen und Fußgänger 22 f., 52, 97, 99 f., 114 f., 119, 125–130, 140, 189

Gender s. Geschlecht
Gentrifizierung 69, 73–75, 80–82, 87, 97 f., 103, 161, 180
Gerechtigkeit 12 f., 15, 43, 79 f., 84, 88, 134 f., 170 f.
Geringschätzung 12, 61, 67, 69, 136, 156
Geschichte des Pendelns 19–43, 49–59, 71–75, 90–95
Geschlecht 60–62, 65, 92, 153 f., 166 f., 169–175
Gesundheit 21, 25, 77, 101, 134, 187 f.
Gleichheit 15, 32, 80 f., 99, 134, 137 f., 144 f., 151 f., 154 f., 160, 171

Hachette 182
Hamburg 7, 9, 37, 50
Hannover 7, 126
Hausarbeit 62, 170–172
Homeoffice 102, 167 f.
homo moto 104
Hygiene s. Gesundheit

Identität 9 f., 47, 100, 143–147, 154, 168, 175–180
Industrialisierung 16, 19–24, 43 f., 161
Innenstadt 20–25, 27 f., 30 f., 36, 38–41, 46, 49 f., 52, 57, 61 f., 74 f., 77, 82, 86, 126, 136, 139, 166, 172

Klimakrise 12, 69, 75–79, 83, 90, 100, 104, 112, 120, 162, 189 f.
Kopenhagen 96, 130
Kosten, externe 120 f., 190
Kulturkampf 13, 103 f., 113 f., 132
Kutsche 22, 28 f., 31, 33–35, 37, 44, 46, 51, 114, 181

ländlicher Raum 161–168
Landschaft 37, 72, 87, 183 f., 186
Lebensform, Lebensstil 43, 60, 66, 103, 143, 145 f., 161, 175 f.
Lektüre 181, 183
Lohnarbeit 9, 62, 161, 169–171, 174 f., 190
London 7, 21–24, 26, 28 f., 31, 35 f., 39, 41, 45, 49, 54, 71–74, 86, 182
Loreley 184

Manchester 20 f., 27
Maut für Pkw 86
Metro-land 54
Metropole 22, 26, 31, 59, 86 f.
Mittelschicht 22, 24–26, 28, 32, 36, 41, 45, 47, 52, 58 f., 73 f., 98
Mobilität, saisonale 17 f.
Mobilitätsarmut 62, 64–70
Mobilitätsgeld 135
Mobilitätsprämie 174
Mobilitätswende 7, 86, 88, 97, 102, 119, 133, 162, 190
Moderne 18 f., 32, 73, 138, 143, 183, 185
Montgomery Bus Boycott 151
Motorisierung 42, 56, 59, 117, 131
Motorismus 130
Multilokalität 176–179
München 59

New York 52 f.

219

Omnibus 10 f., 29–32, 34–36, 41 f.,
45, 54, 60–65, 67, 69, 78, 80,
84–86, 88, 95, 103, 119, 136 f., 141,
148–151, 154–157, 160, 162 f., 167,
178–180, 186
ÖPNV 28 f., 33, 63–65, 83, 85, 112, 116,
119 f., 163, 167, 187

Paddington 21, 29, 41
Paris 27–30, 33, 36 f., 72, 87, 91,
97–99, 138 f.
Parken 60 f., 79, 85 f., 90, 97, 99, 103,
117–119, 123, 130, 132–134, 136, 139
Pendeln, Definition 8–11
Pendlerpauschale s. Entfernungspauschale
Pferdebahn s. Straßenbahn
Pferdebus s. Omnibus
Pflegearbeit 169, 172–174
Pluralismus 18, 88 f., 97, 99, 126,
132 f., 141, 143, 145–148, 151–157,
159 f., 168
Potsdam 50

Radfahren s. Fahrrad
Raser 103, 111 f., 123
räumliche Trennung 9–12, 16, 23, 25 f.,
41, 44 f., 58, 62, 75, 79, 97 f., 122,
125–128, 161, 166, 169, 175 f., 180
Raum, öffentlicher 85, 88–90, 100,
115, 118, 123, 127, 130, 134, 138–141,
144 f., 147, 150 f., 155 f., 158,
190
Regeln des gesellschaftlichen
Miteinanders 109–111, 141–144,
146 f., 149, 151 f., 154–159
road movie 106
road novel 107
Rudnica 177
Rushhour s. Berufsverkehr

Schlafstadt s. Vorort
Schleier des Nichtwissens 153
Segregation s. räumliche Trennung
soccer mom 170
Sorgearbeit 161, 169–176, 179, 190
sprinti (ÜSTRA Hannover) 163
Stadt
15-Minuten- 97–99
autogerechte 124–132
Recht auf 79 f., 84–86, 97, 102,
180
Stadtbahn (Berlin) 37 f.
Stadtplanung 53, 57 f., 96–98,
124–126, 139, 166
Steuerpolitik 41, 60, 83, 121–123, 135,
165, 174, 179
Straßenbahn 30, 34 f., 42, 52–55, 78,
123, 127, 133
Straßenverkehrsordnung
(StVO) 115–117, 133 f., 170
Stress 178, 187
Suburbanisierung s. Vorort

Tempolimit 106, 109 f.
Territorium 9 f., 87, 96
Toleranz 146, 154 f., 158
Trennung, funktionale 58, 61, 98,
124–126, 165–167, 169 f., 175
Trennung, räumlich s. räumliche
Trennung

U-Bahn 41 f., 57, 86, 178, 182 f.
Umwelt, beim Pendeln erlebte
10 f., 95, 180 f., 183–185

Verkehrsinfrastruktur 42 f., 57,
68, 76 f., 84, 96, 102, 113, 123–128,
130 f., 135–140, 166
Verkehrssektor und Klimaschutz 76
Verkehrswende s. Mobilitätswende
Vielfalt s. Pluralismus

Villa, Villenvorstadt 24, 35 f., 45, 49 f., 136
Vorort 24, 26, 28, 40, 47, 49–54, 57–62, 69, 71–75, 79, 82, 84, 87, 103, 136, 139, 161, 164 f., 168, 170, 172, 188

Wertschätzung 12, 48 f., 60, 65, 67, 69, 122, 132, 169, 171, 177 f., 190
Wien 132 f., 178
W. H. Smith & Sons Ltd. 182
Wohlgefallen, interesseloses 184–186
Wohnort, Wohnstätte 8, 10–12, 16, 23, 25, 33, 35, 41, 44, 46, 54, 62–65, 71 f., 79, 83 f., 88, 95 f., 101, 122, 124–126, 161, 168 f., 171, 175 f., 180
Würde 32, 128, 143, 159
Zebrastreifen 129 f.
Zentrum, städtisches s. Innenstadt
Zweitwohnsitz 176–180
Zwischenstadt 165